教育部　财政部中等职业学校教师素质提高计划成果
金融事务专业师资培训包开发项目(LBZD058)

商业银行综合柜员业务与服务

Shangye Yinhang Zonghe Guiyuan Yewu Yu Fuwu

教育部　财政部　组编
朱孟楠　主编
喻海燕　执行主编

中国财政经济出版社

图书在版编目（CIP）数据

商业银行综合柜员业务与服务/朱孟楠主编．—北京：中国财政经济出版社，2011.9
教育部、财政部中等职业学校教师素质提高计划成果　金融事务专业师资培训包开发项目．LBZD058
ISBN 978－7－5095－3069－6

Ⅰ.①商…　Ⅱ.①朱…　Ⅲ.①商业银行－银行业务－中等专业学校－师资培训－教材
Ⅳ.①F830.33

中国版本图书馆 CIP 数据核字（2011）第 172871 号

责任编辑：付克华　　　　责任校对：王　英
封面设计：陈　瑶　　　　版式设计：董生萍

内容提要

本书是教育部和财政部“中等职业学校教师素质提高计划”中“金融事务专业师资培训包开发项目（LBZD058）”的成果之一，汇编了银行柜面业务与服务、银行卡业务与服务、银行结算业务与服务、国际结算业务与服务、银行中间业务与服务、银行后台柜员业务与服务以及个人理财业务与服务的相关内容。主要介绍了证券的种类、证券交易程序和机制、证券委托代理业务以及证券投资分析。围绕商业银行综合柜员业务与服务，给出了各种相关业务的处理方法。

本书可用于中等职业学校金融事务专业教师提高商业银行综合柜员业务与服务业务教学水平的培训指导用书，也可以作为各级商业银行综合柜员业务与服务专业教师培训的指导与参考用书。

中国财政经济出版社出版
URL：http：//www.cfeph.cn
E－mail：cfeph@cfeph.cn

社址：北京市海淀区阜成路甲 28 号　邮政编码：100142
营销中心电话：88190406　北京财经书店电话：64033436　84041336
北京牛山世兴印刷厂印刷　各地新华书店经销
787×1092 毫米　16 开　27.5 印张　668 000 字
2011 年 12 月第 1 版　2011 年 12 月北京第 1 次印刷
定价：62.00 元
ISBN 978-7-5095-3069-6/F·2602
（图书出现印装问题，本社负责调换）
质量投诉电话：010-88190744

教育部　财政部中等职业学校教师素质提高计划成果
系列丛书

教育部 财政部中等职业学校教师素质提高计划成果
系列丛书

金融事务专业师资培训包开发项目
(LBZD058)

项目牵头单位 厦门大学
项 目 负 责 人 朱孟楠

出版说明

根据2005年全国职业教育工作会议精神和《国务院关于大力发展职业教育的决定》（国发［2005］35号），教育部、财政部2006年12月印发了《关于实施中等职业学校教师素质提高计划的意见》（教职成［2006］13号），决定“十一五”期间中央财政投入5亿元用于实施中等职业学校师资队伍建设相关项目。其中，安排4 000万元，支持39个培训工作基础好、相关学科优势明显的全国重点建设职教师资培养培训基地牵头，联合有关高等学校、职业学校、行业企业，共同开发中等职业学校重点专业师资培训方案、课程和教材（以下简称“培训包项目”）。

经过四年多的努力，培训包项目取得了丰富成果。一是开发了中等职业学校70个专业的教师培训包，内容包括专业教师的教学能力标准、培训方案、专业核心课程教材、专业教学法教材和培训质量评价指标体系5方面成果。二是开发了中等职业学校校长资格培训、提高培训和高级研修3个校长培训包，内容包括校长岗位职责和能力标准、培训方案、培训教材、培训质量评价指标体系4方面成果。三是取得了7项职教师资公共基础研究成果，内容包括中等职业学校德育课教师、职业指导和心理健康教育教师培训方案、培训教材，教师培训项目体系、教师资格制度、教师培训教育类公共课程、职业教育教学法和现代教育技术、教师培训网站建设等课程教材、政策研究、制度设计和信息平台等。上述成果，共整理汇编出300多本正式出版物。

培训包项目的实施具有如下特点：一是系统设计框架。项目成果涵盖了从标准、方案到教材、评价的一整套内容，成果之间紧密衔接。同时，针对职教师资队伍建设的基础性问题，设计了专门的公共基础研究课题。二是坚持调研先行。项目承担单位进行了3 000多次调研，深度访谈2 000多次，发放问卷200多万份，调研范围覆盖了70多个行业和全国所有省（区、市），收集了大量翔实的一手数据和材料，为提高成果的科学性奠定了坚实基础。三是多方广泛参与。在39个项目牵头单位组织下，另有110多所国内外高等学校和科研机构、260多个行业企业、36个政府管理部门、277所职业院校参加了开发工作，参与研发人员2 100多人，形成了政府、学校、行业、企业和科研机构共同参与的研发模式。四是突出职教特色。项目成果打破学科体系，根据职业学校教学特点，结合产业发展实际，将行动导向、工作过程系统化、任务驱动等理念应用到项目开发中，体现了职教师资培训内容和方式方法的特殊性。五是研究实践并进。几年来，项目承担单位在职业学校进行了1 000多次成果试验。阶段性成果形成后，在中等职业学校专业骨干教师国家级培训、省级培训、企业实践等活动中先行试用，不断总结经验、修改完善，提高了项目成果的针对性、应用性。六是严格过程管理。两部成立了专家指导委员会和项目管理办公室，在项目实施过程中先后组织研讨、培训和推进会近30次，来自职业教育办学、研究和管理一线的数十位领导、专家和实践工作者对成果进行了严格把关，确保了项目开发的正确方向。

作为“十一五”期间教育部、财政部实施的中等职业学校教师素质提高计划的重要内容，培训包项目的实施及所取得的成果，对于进一步完善职业教育师资培养培训体系，推动职教师资培训工作的科学化、规范化具有基础性和开创性意义。这一系列成果，既是职教师资培养培训机构开展教师培训活动的专门教材，也是职业学校教师在职自学的重要读物，同时也将为各级职业教育管理部门加强和改进职教教师管理和培训工作提供有益借鉴。希望各级教育行政部门、职教师资培训机构和职业学校要充分利用好这些成果。

为了高质量完成项目开发任务，全体项目承担单位和项目开发人员付出了巨大努力，中等职业学校教师素质提高计划专家指导委员会、项目管理办公室及相关方面的专家和同志投入了大量心血，承担出版任务的11家出版社开展了富有成效的工作。在此，我们一并表示衷心的感谢！

编写委员会

2011年10月

前　言

中职学校金融事务专业师资培训包开发项目，由厦门大学经济学院金融系组织申报，通过有关专家评选后得到了教育部、财政部专项资金资助。项目于 2007 年 11 月底开始立项，由厦门大学经济学院副院长、博士生导师朱孟楠教授担任项目课题组组长，原厦门大学经济学院金融系主任杜朝运教授（现为泉州经贸职业技术学院院长）、金融系副主任陈善昂副教授担任副组长。课题组成立后，组建了研究团队，展开了广泛的调研，在此基础上进行了为期三年的研究，并通过了项目专家组的中期和终期论证，最终保质保量地完成了以下主要研究成果：

（1）教材《金融事务专业教师教学能力标准、培训方案和培训质量评价指标体系》。本书由朱孟楠教授担任主编，厦门大学经济学院金融系副教授喻海燕博士、金融系杜朝运教授担任执行主编。喻海燕副教授负责能力标准的制定，杜朝运教授负责培训质量评价指标体系的设计，宗彩云老师负责培训方案的设计。

（2）核心教材《商业银行综合柜员业务与服务》。由朱孟楠教授担任主编，由厦门大学经济学院金融系喻海燕副教授担任执行主编。参与本教材编写的骨干教师包括：上海经济管理学校杨静讲师、王峥讲师、许罗英讲师负责项目一和项目二的撰写；厦门大学经济学院金融系喻海燕副教授负责项目三的撰写；北京商贸学校何冯虚高级讲师、王宇讲师负责项目四的撰写；上海商业会计学校李小可高级讲师负责项目五的撰写；上海商业会计学校汪正干高级讲师负责项目六的撰写；广西银行学校许棣高级讲师负责项目七的撰写。

（3）核心教材《证券代理咨询业务与服务》。由朱孟楠教授担任主编，厦门大学经济学院金融系陈善昂副教授、厦门工商旅游学校陈爱华老师担任执行主编。项目一、项目二由陈爱华老师编写，项目三由广西银行学校廖玲玲等老师编写，项目四由国泰君安证券研究所王俊辉等编写。

（4）核心教材《保险代理业务与服务》。由朱孟楠教授任主编，厦门大学经济学院金融系杜朝运教授、赵正堂副教授担任执行主编。

（5）教材《金融事务专业教学法》。本书由朱孟楠教授担任主编，由厦门工商旅游学校宗彩云高级讲师担任执行主编。各章作者分别为：北京商贸学校何冯虚高级讲师（第 1、5

章)，宗彩云高级讲师（第 2、3、4、6、10 章），陕西银行学校熊湘辉讲师（第 7 章），北京商贸学校王宇讲师（第 8 章），厦门工商旅游学校陈雪松高级讲师（第 9 章）。

在项目开发与研究的过程中，教育部有关部门与领导予以了大力支持与指导。华东师范大学职业教育与成人教育研究所所长石伟平教授、教育部职业技术教育中心研究所主任邓泽民教授、上海经济管理学校沈汉达校长、同济大学职教学院师慧丽博士、同济大学职教学院王奕俊副教授等专家组成员，对本项目研究给予了大力支持，感谢他们的指导意见和宝贵建议。同济大学项目办、厦门大学继续教育与职业教育学院、厦门大学经济学院金融系的各位领导与老师，在项目的实施与研究过程中，也予以了大力帮助，在此一并表示衷心的感谢。本项目组调研过程中，得到了北京商贸学校、北京现代职业学校、北京商务管理学校、北京市经济管理学校、上海商业会计学校、上海市逸夫职业学校、上海市震旦中等职业学校、上海市南湖职业学校、上海市经济管理学校、武汉市财贸学校、武汉市财政学校、武汉市财经学校、青岛华夏职教中心学校、陕西银行学校、沈阳市金融学校、广西银行学校、厦门工商旅游学校、福建金融管理干部学院等中高职学校及教师的大力支持，在此表示衷心的感谢。

本项目研究与中期成果论证过程中，还得到厦门大学副校长邬大光教授、职业教育与继续教育学院王传金副院长、教育研究院副院长史秋衡教授、中国建设银行厦门分行生柳荣副行长、人事部总经理林瑜高级经济师，中国农业银行湖北省分行谭志河高级经济师、厦门证券郑学军高级经济师、招商银行厦门分行章英男总经理、中国人民财产保险股份有限公司连锦泉、中国太平洋保险（集团）股份有限公司王奕渲、爱建证券厦门湖滨一里营业部罗小萍经理、民生证券南京雨花西路证券营业部邢华秀总经理、杨卫东先生和中英人寿厦门分公司人力资源部廖燕红主任等国内职教行业专家及行业技术专家的指导。在此，谨向所有真诚帮助过我们的专家和领导表示衷心的谢意！还应该说明的是，在教材编写过程中，我们参考了国内外很多优秀教改教材和文献，从中得到了不少启示和帮助，在此表示衷心的感谢。

厦门大学经济学院金融系 2008 级博士生吴惠平，2007 级硕士研究生朱丹、郑荫立、张雪鹿、王韦湛、宋君、谭曙娟、丁琳、高婧、刘文华等同学在课题调研中付出了大量时间与努力，陈飞燕、黄荔、赖尚伟、彭博、黄振、段润华、史金月、魏琳、李志伟、黄敏大等同学在资料收集及调研工作方面也付出了劳动，在此表示真诚的感谢。

当然，由于水平有限，加之时间仓促，本项目研究成果及系列核心教材在撰写过程中难免存在不足和疏漏，恳请广大读者批评指正。

编　者

2011 年 12 月于厦门大学

目 录

项目 1

银行柜面业务与服务

银行柜面业务与服务包括日初业务、人民币储蓄柜员业务、储蓄特殊业务、外币储蓄柜面业务、单位存款业务、日终业务。该项目是商业银行最重要的业务和服务，要求岗位职员必须掌握从日初到日终期间每一工作任务的专业基本技能，熟悉银行柜面业务操作基本规定和服务规范。通过该项目的培训，要求学员能够整体把握银行柜面业务与服务的业务流程，熟练完成每个业务环节的操作。

本项目围绕以下几个模块展开：日初处理、人民币、外币储蓄柜员业务、储蓄特殊业务的处理、单位存款业务、日终处理。

模块一　日初处理

学习目标

熟悉日初签到及现金、重要单证出库的要求及处理程序。

学习准备

1. 营业场所准备；

2. 各类机器设备，如计算机主、从工作站，打印机，存折补登机，信用卡压卡机，点钞机，验钞器，电子日历牌；

3. 金融软件教学系统。

任务一　主机开机、柜员签到

【任务描述】

业务场景：某银行营业厅；

业务角色：柜员张宏、营业室主管李明、库管员杨晨；

业务内容：

（1）主机开机业务操作；

（2）柜员日初签到业务操作。

【业务流程】

主机开机、柜员签到流程如图 1－1 所示。

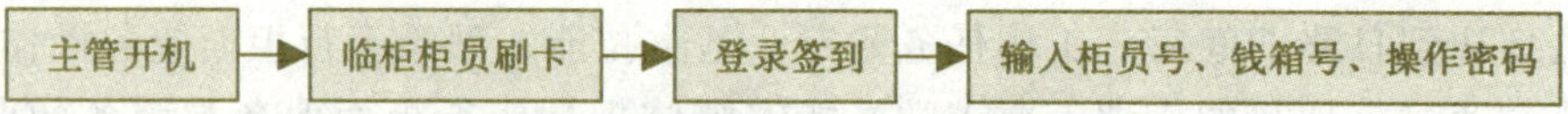

图 1－1　主机开机、柜员签到流程

【操作要点】

步骤 1：主管开机

业务开始前，先由网点业务主管进行主机开机。

步骤 2：临柜柜员刷卡

主机开启成功后，柜员用自己的权限卡，登录签到界面，如图 1－2 所示。

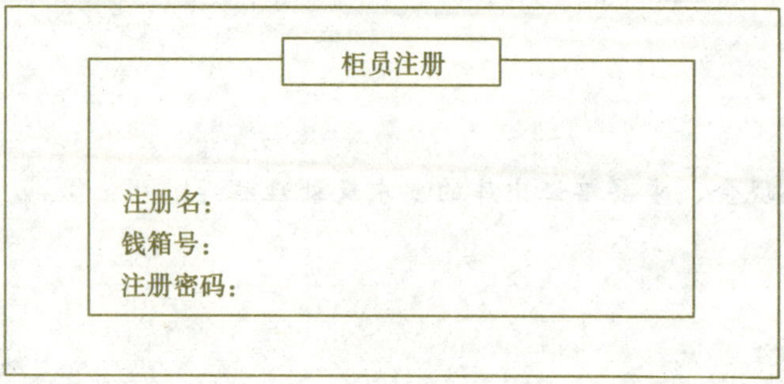

图 1－2　柜员刷卡签到界面

步骤 3：输入柜员号、钱箱号、操作密码

输入密码、钱箱号、柜员号后，签到即告完成，系统进入如图 1－3 所示的交易界面。

系统日期：[2010/01/06]　　操作员：H0001　　钱箱号：10001

1. 通用模块	6. 结算业务
2. 个人储蓄	7. 其他业务
3. 对公存款	8. 网银业务
4. 个人消费贷款	9. 非银业务
5. 代理业务	10. 退出

图1－3　柜台交易选择界面

步骤4：修改密码

如需要修改密码，则通过输入交易代码，进入如图1－4所示的“修改密码”界面。

系统日期：[2010/01/06]　　操作员：H0001　　钱箱号：10001

操作员 [　　　]
卡　号 [　　　]
旧密码 [　　　]
新密码 [　　　]
新密码重复 [　　　]

执行

图1－4　修改密码界面

【岗位实训】

1. 实训场所：安装有银行模拟软件的金融实训室。

2. 扮演角色：临柜柜员张明、营业所主任杨红、业务主管吴林、主库管员江原、副库管员沈星。

3. 实训内容：模拟业务主管吴林、临柜柜员张明进行日初签到业务操作，并按照实际操作结果，填写“签到”界面，如图1－5所示。

柜员注册

注册名：
钱箱号：
注册密码：

图1－5　签到界面

按照实际操作结果，填写“建立钱箱”界面，如图1－6所示。

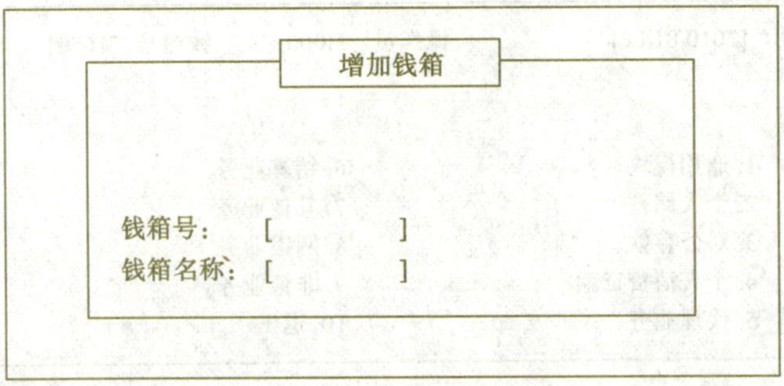

图 1－6　建立钱箱界面

【岗位考核】

岗位考核评价表如表 1－1 所示。

表 1－1　　岗位考核评价表

考核项目	要　求	3～3.5 分	3～2 分	2～0 分
着装要求	统一着装、整洁、大方	完全符合	基本符合	有不符之处
修改密码	快速、准确、记忆深刻	完全符合	基本符合	有不符之处
建立钱箱	快速、准确	完全符合	基本符合	有不符之处
总　分	10 分			

任务二　现金出库

【任务描述】

业务场景：某银行营业厅。

业务角色：柜员张宏、库管员杨晨、副库管员李彬。

业务内容：柜员张宏到现金库房领取现金，主库管员杨晨和副库管员李彬发放现金。

【业务流程】

现金出库业务流程如图 1－7 所示。

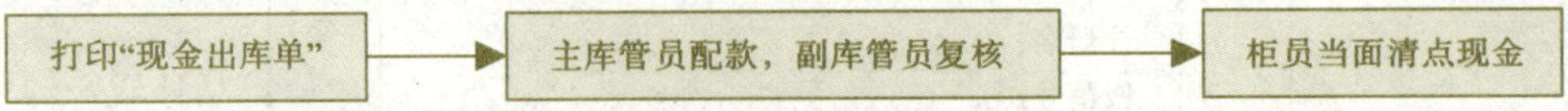

图 1－7　现金出库业务流程图

【操作要点】

步骤 1：打印"现金出库单"

步骤 2：配款和复核

步骤3：当面清点现金

【岗位实训】

1. 实训场所：在安装有银行模拟软件的金融实训室。

2. 扮演角色：临柜柜员张明，营业所主任杨红，业务主管吴林，主库管员江原，副库管员沈星。

3. 实训内容：模拟临柜柜员张明、主库管员江原、副库管员沈星进行现金出库业务操作。

【岗位考核】

岗位考核评价表如表1－2所示。

表1－2　　岗位考核评价表

考核项目	要　求	3～3.5分	3～2分	1.0～0分
着装要求	统一着装、整洁、大方	完全符合	基本符合	有不符之处
点　钞	设备开启快速、故障排查准确	完全符合	基本符合	有不符之处
现金复核	快速、整齐、干净	完全符合	基本符合	有不符之处
总　分	10分			

任务三　重要空白凭证出库

【任务描述】

业务场景：某银行营业厅。

业务角色：柜员张宏、库管员杨晨、副库管员李彬。

业务内容：柜员张宏到现金库房领用重要空白凭证，库管员杨晨发放空白凭证。

【业务流程】

重要空白凭证出库业务流程如图1－8所示。

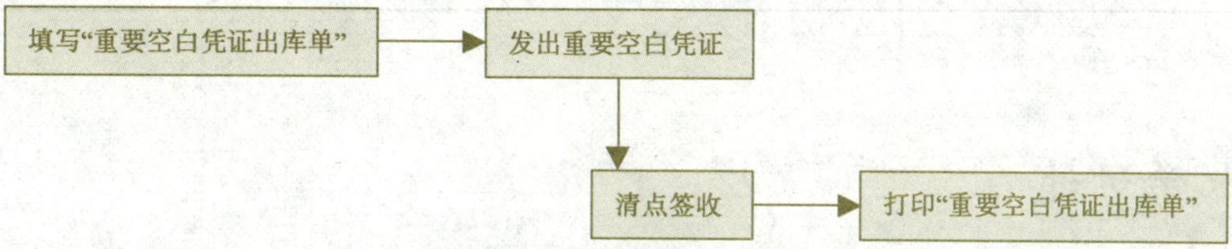

图1－8　重要空白凭证出库业务流程

【操作要点】

步骤1：柜员填写“重要空白凭证出库单”，交库管员

步骤2：库管员发放重要空白凭证

步骤3：柜员清点签收

步骤4：柜员打印“重要空白凭证出库单”交库管员

【岗位实训】

1. 实训场所：安装有银行模拟软件的金融实训室。

2. 扮演角色：临柜柜员张明、营业所主任杨红、业务主管吴林、主库管员江原、副库管员沈星。

3. 实训内容：扮演临柜柜员张明、主库管员江原、副库管员沈星进行现金和重要空白凭证的出库清点操作。并填写活期存折出库信息，如图1－9所示。

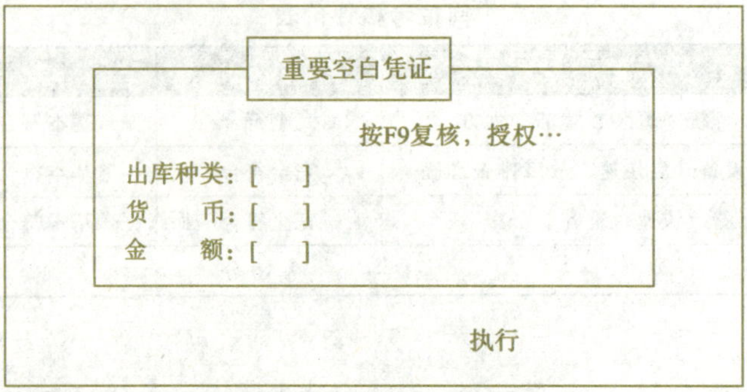

图1－9 活期存折出库界面

【岗位考核】

岗位考核评价表如表1－3所示。

表1－3 岗位考核评价表

考核项目	要 求	3～3.5分	2～1分	1～0分
着装要求	统一着装、整洁、大方	完全符合	基本符合	有不符之处
出库单填写	规范、准确	完全符合	基本符合	有不符之处
清点出库单	规范、准确	完全符合	基本符合	有不符之处
总 分	10分			

教学研讨

1. 安全检查、打扫卫生、清洁设备、整理用具比较简单，可以通过选取某些银行的画面，尤其是设备摆放、营业厅的用具摆放，然后让学生按照画面进行操作。

2. 主机开机、柜员签到要结合学校购买的银行软件系统操作进行，一般不可能到银行实地体验。

3. 现金和重要空白凭证的领取可以采用现场模拟的形式展开，让同学们提出模拟者不足之处，从而形成正确的业务操作习惯。

4. 如果学校没有银行教学软件，怎样进行教学设计才能保障较好的教学效果，值得我们好好思考。

模块二 人民币存款服务

本模块通过情景设置、任务介绍、流程示意、凭证展示等方法，具体讲述折（单）类存款的开户、续存、取款和销户业务的操作过程，卡类业务将在模块三（银行卡业务与服务）中加以阐述。在实际工作中，整存整取、存本取息、定活两便、通知存款一般没有续存业务，整存整取、通知存款、教育储蓄等业务还存在提前支取问题。

学习目标

1. 熟悉相关操作界面和所涉及的银行凭证的基本格式和内容；
2. 掌握人民币存款服务的开户、取款、销户、换折等业务的操作流程；
3. 具有明确的客服意识和规范的客服礼仪；
4. 具备顺利处理该类业务的岗位能力。

学习准备

1. 银行模拟教学平台软件；
2. 各种业务凭证、印章、现金（练功券可替代）等；
3. 小组教学，每小组3～4名学员。

任务一 折（单）类现金开户业务

——以“活期一本通”存折开户为例

【任务描述】

业务场景：某市模拟银行第一支行个人业务专柜。

业务角色：客户王澜、柜员王小华、营业经理李晓露。

业务内容：

（1）2009年9月27日，客户王澜到银行申请一结算户存折，存入人民币现金2500元，其中有一张面额为100元的假币。

（2）王澜女士的相关资料如下：身份证号码：3201811987010142494；住址：上海市普

陀区真北路788号，邮编：200060；电话：62088438。

【业务流程】

个人存款折（单）类现金开户业务操作流程如图1－10所示。

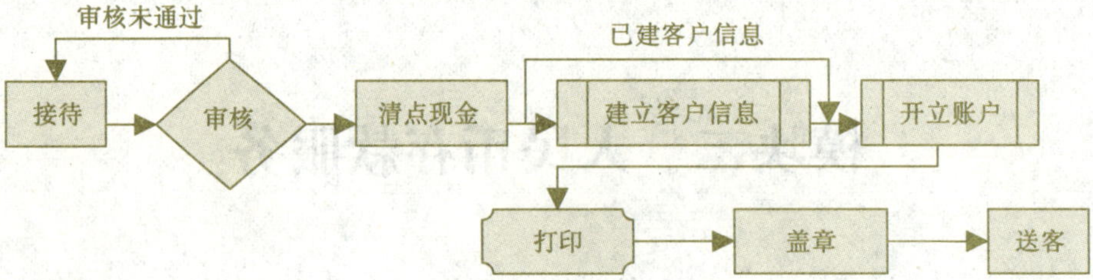

图1－10　个人存款折（单）类现金开户业务操作流程

【操作要点】

步骤1：接待受理

接过客户填写的开户申请书、有效身份证件和现金。在目前的金融市场中，中国工商银行、建设银行、招商银行等部分商业银行已经取消存折开户，只办理借记卡服务。

在本例中，柜员王小华（编号：001）应提请指导客户王澜按要求认真填写开户申请书。

相关知识

柜员文明服务规范

- 保持良好的精神状态，情绪饱满，乐观进取。
- 坐姿端正，站姿挺拔。女柜员就座应双膝并拢，柜员站立不宜双手交叉抱在胸前或放在背后。
- 客户前来柜面办理业务时应主动起身招呼。
- 对客户要彬彬有礼，使用文明用语，有热心、诚心和耐心。
- 对客户一视同仁，尊重客户，不与客户争执，严禁使用禁忌语。
- 业务操作熟练，为客户提供便捷的服务，减少客户等待的时间。

步骤2：审核

审核开户申请书填写的完整性和正确性；鉴别身份证件的有效性，提防出现过期、伪造等无效身份证件。如为代理人开户，同时审核代理人的身份证件。

步骤3：清点现金

柜员收到客户递交的现金后，先询问客户存款金额，然后应在监控下和客户视线内的柜台口清点。清点时，柜员一般须在点钞机上正反清点两次，金额比较小的，也可手工清点，但要注意假币的识别，并再次与客户唱对金额。完成后，应将现金放置于桌面上，待开户业务办理结束后再予以分票入箱。

在本例中，收到王澜女士的100元假币，柜员（两名或两名以上）应明确告知客户并予以收缴，并向客户出示“假币收缴凭证”，如表1－4所示。

表1－4　　“假币收缴凭证”

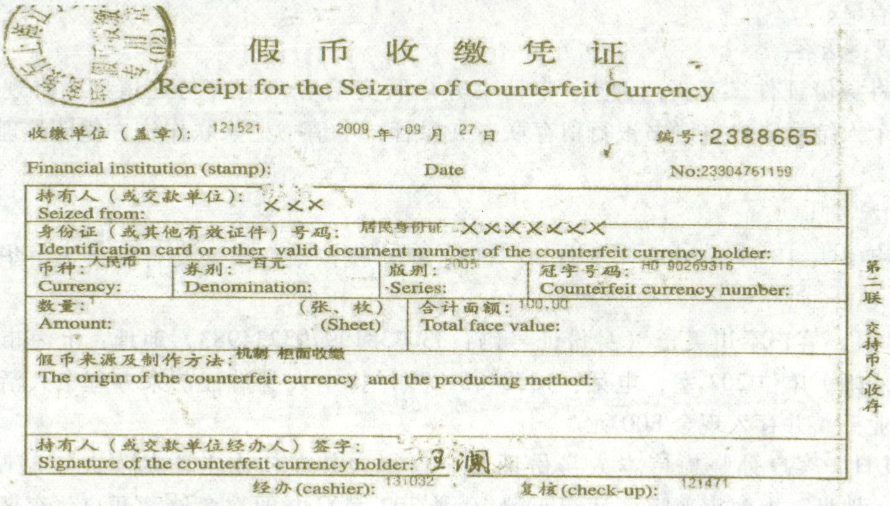
假币收缴凭证
Receipt for the Seizure of Counterfeit Currency

收缴单位（盖章）：121521　2009年09月27日　编号：2388665
Financial institution (stamp):　Date　No:23304761159

持有人（或交款单位）：×××
Seized from:

身份证（或其他有效证件）号码：居民身份证 ×××××××
Identification card or other valid document number of the counterfeit currency holder:

币种：人民币 Currency:　券别：一百元 Denomination:　版别：2005 Series:　冠字号码：HD 90269316 Counterfeit currency number:

数量：1（张、枚）Amount: (Sheet)　合计面额：100.00 Total face value:

假币来源及制作方法：机制 柜面收缴
The origin of the counterfeit currency and the producing method:

持有人（或交款单位经办人）签字：王澜
Signature of the counterfeit currency holder:

经办(cashier): 131032　复核(check-up): 121471

第二联 交持币人收存

步骤4：系统处理（开立账户）

（1）柜员输入业务交易代码，进入“折（单）类现金开户”界面，录入相关信息。

（2）进入“折（单）类现金开户”界面后，若该客户已在本行建议过客户信息，系统会自动反馈出户名、证件号码。若客户尚未在本行建立过客户信息，则根据客户提供的资料录入户名、地址、电话等，以建立客户信息。需凭密码支取的，请客户设置密码（一般要求输入两遍），确认无误后提交。

步骤5：打印

柜员取出新折，进行划折操作；根据系统提示，打印存折和个人结算账户申请书。如图1－11所示。

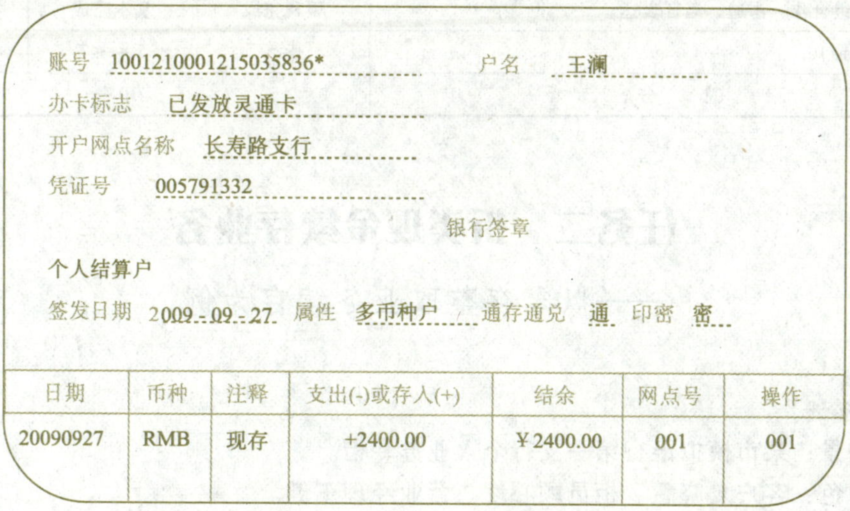
账号 1001210001215035836*　户名 王澜
办卡标志 已发放灵通卡
开户网点名称 长寿路支行
凭证号 005791332
银行签章
个人结算户
签发日期 2009-09-27　属性 多币种户　通存通兑 通　印密 密

日期	币种	注释	支出(-)或存入(+)	结余	网点号	操作
20090927	RMB	现存	+2400.00	¥2400.00	001	001

图1－11　“活期一本通”存折

步骤6：盖章

柜员在存折（单）上加盖存折（单）专用章，在申请书留存联和客户联加盖业务公章、经办柜员名章。

步骤7：送客

柜员将身份证件、存折（单）、申请书客户联交给客户后，与之道别。将现金分票入箱，并将个人结算账户申请书银行留存联专夹保管，申请书记账联作贷方凭证整理存放。

【岗位实训】

2008年8月18日至2008年8月20日间，某市模拟银行第一支行柜员王小华受理以下业务：

1. 18日，客户泰川美子（身份证号码：330738199703234983，地址：上海市浦东新区新光大厦4幢1单位202室，电话：13584061789）持本人身份证前来办理个人活期结算户存折开户业务，并存入现金800元。

2. 20日，客户孙晓梅持本人身份证及户口簿为其在初中上学的女儿王晓晓（户号：06152789，地址：上海市普陀区武宁小镇10号302室）办理教育储蓄开户，存期一年，每月存款100元。

【岗位考核】

岗位考核评价表如表1-5所示。

表1-5　　岗位考核评价表

实训内容	2~1.5分	1.5~0.5分	0.5~0分
职业礼仪：柜员文明服务规范的遵守。	遵守	基本遵守	违反
专业技能：个人结算账户开户申请书审核、界面录入等。	正确	基本正确	错误
专业知识：通知存款业务品种、操作流程、相关知识等熟悉程度。	非常熟悉	基本熟悉	不熟悉
团队精神：小组合作、沟通、语言表达。	顺利完成	基本完成	未完成
完成时间（分钟）	t≤5	5<t≤7	t>7
总　分	10分		

任务二　折类现金续存业务

——以零存整取业务续存为例

【任务描述】

业务场景：某市模拟银行第一支行个人业务专柜。

业务角色：客户夏晓慧、柜员顾心凌、营业经理王健。

业务内容：

(1) 2009年10月8日，客户夏晓慧到银行用已开的一个零存整取定期储蓄存款账户，存入人民币现金500元（与个人活期一本通开户基本相同，略）。

（2）2009年11月起，客户夏晓慧每月存入人民币现金500元，8日存入时发现一张面额为100元的假币。

（3）夏晓慧女士的相关资料如下：身份证号码：310724198003040321；零存整取账号：6222001003456800902340。

【业务流程】

个人存款折类续存业务操作流程如图1-12所示。

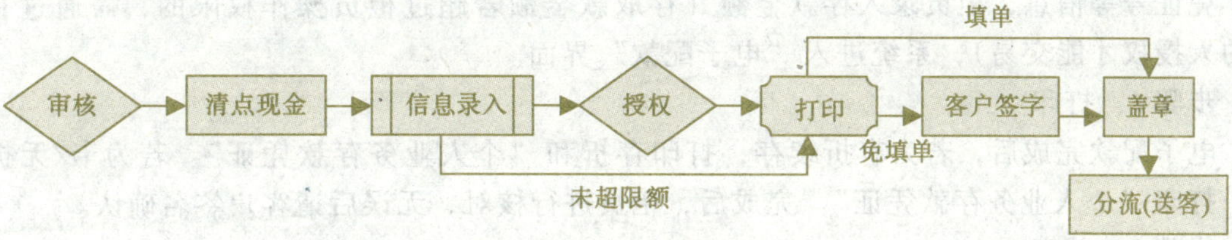

图1-12 个人存款折类续存业务操作流程

【操作要点】

步骤1：审核

续存业务存在以下两种情况：

（1）若为有折续存，客户可免填单，只需提交存折和现金（若金额大于或等于20万元，应提供存款人有效身份证件）；

（2）若为无折续存，则客户需填写个人业务存款凭证，按汇款业务处理。无折续存的，柜员应审核其填写的个人业务存款凭证的内容是否完整、正确。

在本例中，柜员应审核客户存折是否本行签发，是否漏存；客户应带好存折方可办理零存整取续存业务。目前，大部分银行实行免填单服务，客户不必填写存取款凭条。

步骤2：清点现金及假币处理（参见图1-13）

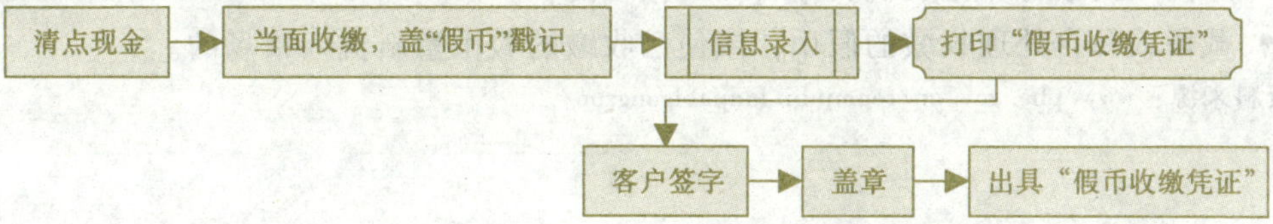

图1-13 假币收缴业务操作流程

清点时，若发现假币应做到：

（1）发现假币，应立即告知客户，并由两名（含）以上持有"反假币上岗资格证书"的业务人员当面（假币不得离开监控范围）予以收缴；

（2）对假人民币纸币，应当面加盖"假币"字样的戳记（同时加盖收缴人、复核人名章）；

（3）告知客户权利义务；

（4）收缴的假币，不得再交予持有人。

假币处理：柜员输入交易代码，进入“假币收缴”界面，录入相关信息后，打印假币收缴凭证，并请客户签字确认。然后在假币收缴凭证上加盖两名经办柜员名章和“假币收缴专用章”。

在本例中，收到夏晓慧女士的100元假币，柜员（两名或两名以上）应明确告知客户并予以收缴，并向客户出示“假币收缴凭证”。

步骤3：系统处理（存款）

柜员输入交易代码，进入“折类账户现金存款”界面，划折后系统自动反馈账号、户名、凭证号等信息，柜员录入存款金额（存取款金额若超过柜员操作权限的，需通过有权限的人授权才能交易），系统进入“电子配款”界面。

步骤4：打印

电子配款完成后，若为有折续存，打印存折和“个人业务存款凭证”。若为卡/无折续存，打印“个人业务存款凭证”。完成后，柜员进行核对，无误后请客户签名确认。

步骤5：盖章

柜员在存款凭证上加盖业务清讫章和经办柜员名章。

步骤6：送客

柜员将存折或个人业务（卡/无折）存款凭证回单交给客户，并与其道别。最后，柜员将现金分票入箱，并将存款凭证记账联按规定整理存放。

相关知识

《中国人民银行假币收缴、鉴定管理办法》（节选）

金融机构有下列行为之一，但尚未构成犯罪的，由中国人民银行给予警告、罚款，同时，责成金融机构对相关主管人员和其他直接责任人给予相应的纪律处分：

- 发现假币而不收缴的；
- 未按照本办法规定程序收缴假币的；
- 应向人民银行和公安机关报告而不报告的；
- 截留或私自处理收缴的假币，或使已收缴的假币重新流入市场的。

资料来源：www.pbc.gov.cn/renminbi/fanjiabigongzuo/。

【岗位实训】

2009年11月18日至2009年11月20日间，某市模拟银行第一支行柜员顾心凌受理如下业务：

1. 18日，客户孙杰持活期存折和现金300元前来办理个人活期存折续存业务。

2. 20日，客户陈旭续存一笔定期3年的存款2万元，存入时，3年期存款年利率为3.24%（定期一本通）。

【岗位考核】

岗位考核评价表如表1-6所示。

表1－6　　岗位考核评价表

实训内容	2～1.5分	1.5～0.5分	0.5～0分
职业礼仪：柜员文明服务规范的遵守。	遵守	基本遵守	违反
专业技能：假币收缴、界面录入等。	正确	基本正确	错误
专业知识：定期一本通业务品种、操作流程、相关知识。	非常熟悉	基本熟悉	不熟悉
团队精神：小组合作、沟通、语言表达。	顺利完成	基本完成	未完成
完成时间（分钟）	t≤4	4＜t≤6	t＞6
总　分	10分		

任务三　折（单）类现金取款业务

——以人民币活期储蓄取款业务为例

【任务描述】

业务场景：某市模拟银行第一支行个人业务专柜。

业务角色：客户张英超、柜员杨莉莉、营业经理董杰。

业务内容：

（1）2009年12月8日，客户张英超支取人民币现金6万元；

（2）张英超先生的相关资料如下：身份证号码：330768197908090324。

【业务流程】

个人存款折（单）类现金取款业务操作流程如图1－14所示。

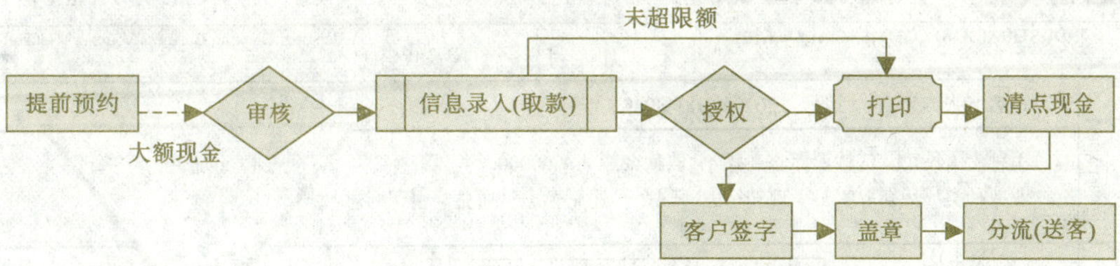

图1－14　个人存款折（单）类现金取款业务操作流程

【操作要点】

步骤1：审核

一般商业银行规定取款金额超过人民币5万元（含）需提前一天预约。若客户当日累计现金取款金额超过人民币5万元（含）或单类账户部分提前支取，还需提供取款人身份证件，他人代理的还应提供代理人的身份证件。

在本例中，客户取款金额为6万元，柜员应审核客户张英超提交的身份证件的有效性和合法性；同时，应在待打印的个人业务取款凭证上摘录证件名称、号码、发证机关等信息。

相关知识

“四不”纪律要求

为严格遵守储户保密原则，储蓄机构及其储蓄工作人员应遵守“四不”纪律要求：

- 柜台上不议论储户的存款数据；
- 回家后对亲戚朋友不议论储户存款的情况；
- 未经储户同意，不得引用储户的真实姓名及其他个人信息作为宣传材料；
- 没有合法的手续，不得向任何单位或个人提供储户的任何个人信息。

步骤2：系统处理（取款）

（1）折类账户取款。输入交易代码，进入业务处理界面。根据系统提示刷存折磁条后屏幕显示凭证号码和账号等内容，然后录入取款金额；系统提示客户输入正确的密码，同时系统要求配款操作。

（2）单类账户部分提前支取。输入交易代码，进入业务处理界面。根据原始存单录入账号、原凭证号、本金、部分支取金额、证件类型、证件号码和新凭证号；待客户输入密码无误后，系统要求配款操作，无误确认提交。

步骤3：打印

（1）折类账户，打印取款凭证和活期存折。按取款凭证分票出箱、清点现金，请客户在“取款凭证”上签字确认。

（2）单类账户部分提前支取，系统提示依次打印旧存单、储蓄存款利息清单、新存单和“个人业务存款凭证”，核对后请客户在存款凭证上签名确认。个人业务取款凭证如图1－15所示。

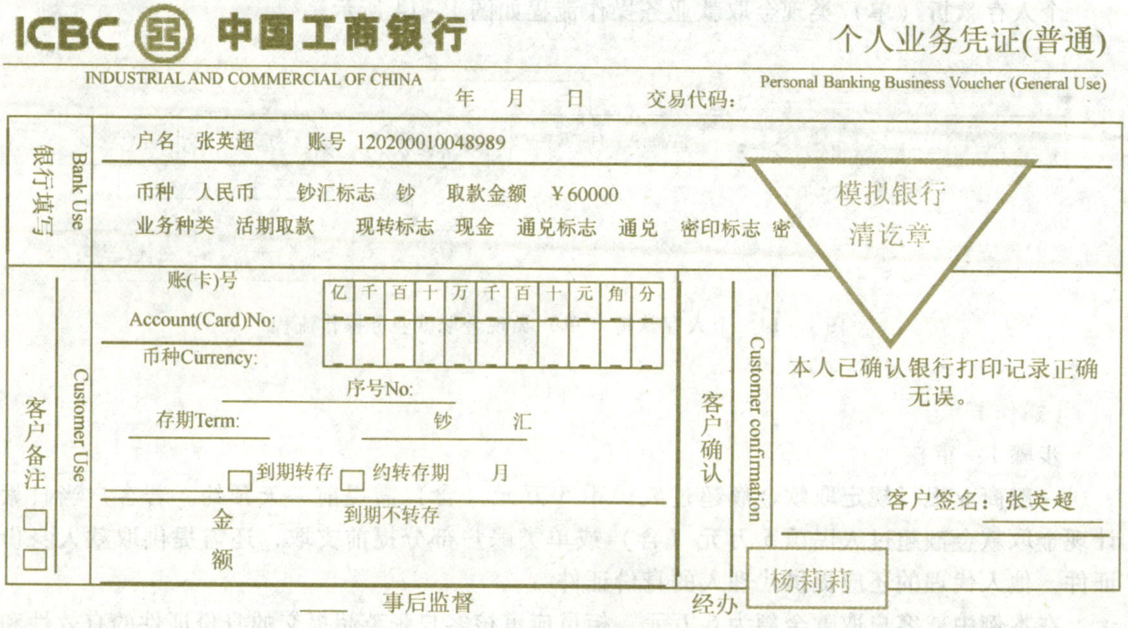
ICBC 中国工商银行
INDUSTRIAL AND COMMERCIAL OF CHINA
个人业务凭证(普通)
Personal Banking Business Voucher (General Use)
年 月 日 交易代码:

银行填写 Bank Use
户名 张英超 账号 120200010048989
币种 人民币 钞汇标志 钞 取款金额 ¥60000
业务种类 活期取款 现转标志 现金 通兑标志 通兑 密印标志 密

模拟银行 清讫章

客户备注 Customer Use
账(卡)号 Account(Card)No:
亿 千 百 十 万 千 百 十 元 角 分
币种Currency:
序号No:
存期Term: 钞 汇
到期转存 约转存期 月
到期不转存
金额

客户确认 Customer confirmation
本人已确认银行打印记录正确无误。
客户签名：张英超

事后监督 经办 杨莉莉

图1－15 个人业务取款凭证

步骤4：盖章

步骤5：分流（送客）

柜员与客户唱对金额，将现金、身份证件、存折（或新存单和利息清单客户联）交给客户，并将取款凭证按规定整理存放。

【岗位实训】

2009年11月21日，某市模拟银行第一支行柜员杨莉莉受理如下业务：

1. 21日，客户陈文军持本人身份证和活期存折支取现金8万元。

2. 21日，客户王婷持定期一本通存折到期支取现金3万元。

【岗位考核】

岗位考核评价表如表1－7所示。

表1－7　　岗位考核评价表

实训内容	2～1.5分	1.5～0.5分	0.5～0分
职业礼仪：柜员文明服务规范的遵守。	遵守	基本遵守	违反
专业技能：有效证件的识别、利息计算、信息录入、印章使用。	正确	基本正确	错误
专业知识：支取大额现金的相关规定。	非常熟悉	基本熟悉	不熟悉
团队精神：小组合作、沟通、语言表达。	顺利完成	基本完成	未完成
完成时间（分钟）	$t \leq 4$	$4 < t \leq 6$	$t > 6$
总　分	10分		

任务四　折（单）类现金销户业务

——以整存整取销户业务为例

【任务描述】

业务场景：某市模拟银行第一支行个人业务专柜。

业务角色：客户张英超、柜员杨莉莉、营业经理董杰。

业务内容：2009年12月26日，客户张英超要求将3年期的个人整存整取存单销户。

【业务流程】

个人存款折（单）类现金销户业务操作流程如图1－16所示。

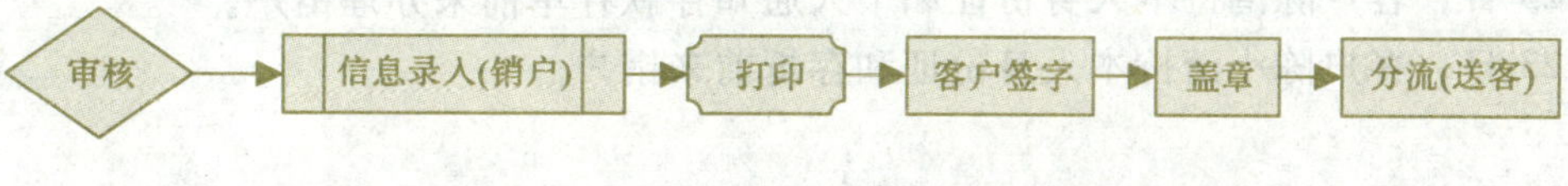

图1－16　个人存款折（单）类现金销户业务操作流程

【操作要点】

步骤 1：审核

客户凭整存整取定期存单支取存款时，若大额取款或全部提前支取，客户还必须出示本人身份证件。若委托他人代销户，则必须同时出示代理人的身份证件。

审核整存整取定期存单的各项要素是否完整，印章是否齐全，存单是否本行签发。

步骤 2：系统处理（销户）

使用“整存整取销户”交易，预留密码的，由取款人输入密码。大额取款还必须经有权人授权。本例中，为单类销户，手工录入账号、凭证号、证件类型、证件号码和取款金额，系统要求配款操作，完成后提交。“折（单）类现金销户”界面与取款界面基本相似。

步骤 3：打印

（1）折类账户，根据系统提示依次打印存折、变更、“撤销个人银行结算账户申请书”（或个人业务取款凭证）、储蓄存款利息清单。

（2）单类账户，根据系统提示依次打印存单和利息清单。利息清单请客户签字确认收回。

定期储蓄存单如图 1－17 所示。

ICBC 中国工商银行　　定期储蓄存单

户名：　　账号：　　储种：

币种：　　金额（大写）：

开户行名：

存入日期	金额	存期	年利率%	起息日	到期日	支取方式	转存标志
2006－12－25	30000	3 年	3.24%	2006－12－25	2009－12－26	密	不转存

凭本存单支取　　复核：　　经办：

图 1－17　定期储蓄存单

步骤 4：盖章

（1）折类销户，已销户存折加盖“销户章”后剪角。

（2）整存整取定期存单和利息清单上加盖“业务清讫章”，利息清单上加盖经办柜员名章。

步骤 5：分流（送客）

柜员与客户唱对金额后，将现金（本息）、利息清单客户联交给客户，同时，柜员还应将整存整取定期存单和利息清单（第一联）作为业务凭证送监督中心，结束该笔交易。

【岗位实训】

2009 年 11 月 23 日，某市模拟银行第一支行柜员杨莉莉受理如下业务：

1. 23 日，客户陈鸿持本人身份证和个人通知存款存单前来办理销户。

2. 23 日，客户陈小潇持本人身份证和存折前来销户。

【岗位考核】

岗位考核评价表如表 1－8 所示。

表1－8　　岗位考核评价表

实训内容	2～1.5分	1.5～0.5分	0.5～0分
职业礼仪：柜员文明服务规范的遵守。	遵守	基本遵守	违反
专业技能：利息计算、信息录入、凭证审核。	正确	基本正确	错误
专业知识：通知存款业务品种。	非常熟悉	基本熟悉	不熟悉
团队精神：小组合作、沟通、语言表达。	顺利完成	基本完成	未完成
完成时间（分钟）	$t \leq 5$	$5 < t \leq 7$	$t > 7$
总　　分	10分		

教学研讨

1. 利用实训环境，如何更好地运用任务引领与项目驱动相结合的教学方式开展本课程的教学，更多地体现学生的参与性、实践性、岗位性。

2. 课外活动建议：请选定一家银行并以你的名义开立活期存款账户，同时将零用钱存入；2天后取出部分存款；15天后到开户银行办理销户业务。请将每次办理业务的程序以及柜员的操作情况记录下来，回到学校后和同学互换角色进行模拟训练，并小组合作完成一份此次活动的心得体会或调研报告，进行交流。

模块三　储蓄特殊业务的处理

客户的存折（存单、银行卡）丢失，或密码错记、遗忘，印鉴丢失后，客户会到银行办理挂失，柜员该如何处理？查询、冻结、解冻和扣划业务是银行业务中政策性较强、执行较特殊的业务，柜员又该如何处理？

学习目标

1. 熟悉相关操作界面和所涉及的银行凭证的基本格式和内容；
2. 掌握挂失、冻结存款、扣划等储蓄特殊业务的操作流程和相关要求；
3. 严格执行授权审批制度；增强优质客服意识；
4. 具备顺利处理该类业务的法律法规知识和应变、沟通等岗位能力。

学习准备

1. 银行模拟教学平台软件；
2. 各种业务凭证、印章、现金（练功券可替代）等；
3. 小组教学，每小组3～4名学员。

任务一　存折（单）挂失业务

——以“存折挂失”业务为例

【任务描述】

业务场景：某市模拟银行第一支行个人业务专柜。

业务角色：客户陆文、柜员胡喆、营业经理王晓好。

业务内容：

（1）2009 年 12 月 29 日，客户陆文存折丢失，到银行办理挂失业务；

（2）陆文女士的相关资料如下：身份证号码：3201811978010144694。

【业务流程】

挂失业务操作流程如图 1－18 所示。

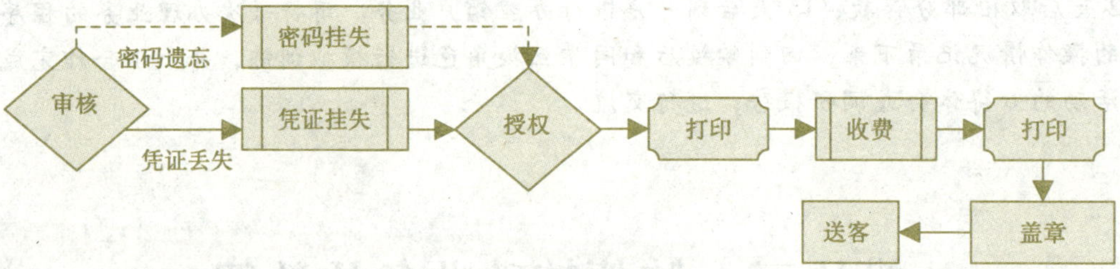

图 1－18　挂失业务操作流程

【操作要点】

步骤 1：柜员审核资料

储户在特殊情况下，可根据实际需要选择向银行申请正式挂失或口头挂失。若为口头挂失，可通过电话委托、网上银行或者到营业网点办理。储户必须在办理口头挂失后的 5 天之内，到原开户行办理正式挂失手续，否则挂失无效；若为正式挂失，客户应向柜员提供本人身份证件，并填写一式三联的储蓄挂失申请书。

柜员收进上述资料后，应审核身份证件是否真实、有效，储蓄挂失申请书上的内容填写是否为完整、正确。

步骤 2：系统处理（挂失）

（1）柜员输入交易码，进入“查询账户基本信息”界面，录入账户类型和账号，经营业经理授权后提交。系统反馈出所查询账户的基本信息，并将查询结果与客户核对确认。

（2）柜员输入交易代码，进入“凭证（密码）挂失”界面，录入挂失账户信息，经营业经理审核并授权后确认提交。

步骤 3：打印

完成上述操作后，柜员打印储蓄挂失申请书。

步骤4：收费

若是正式挂失，需进行业务收费操作，步骤如下：

（1）向客户收取手续费，清点确认；

（2）进入“现金业务收费”界面，录入相关信息；

（3）完成交易，打印一式三联业务收费凭证，并由客户签名后收回，登记挂失登记簿。

步骤5：盖章

储蓄挂失申请书加盖业务公章和经办柜员名章，收费凭证各联上加盖业务清讫章和经办柜员名章。

步骤6：送客

柜员将储蓄挂失申请书客户联、收费凭证回单联和身份证交客户，并告知客户持本凭证3个工作日后前来重置密码（每个商业银行规定日期有所不同）；将客户身份证复印件和储蓄挂失申请书银行留存联专夹保管，业务收费凭证记账联按规定整理存放。

【岗位实训】

2010年1月5日至2010年1月6日间，某市模拟银行第一支行柜员胡喆受理如下业务：

1. 5日，客户朱玲玲（身份证号码：331425196707234515，地址：上海市浦东新区远景小区228弄20号302室）在本市出差期间发现同省另一城市开户的活期存折（账号：120200001758534，开户日期：2008年9月11日）遗失，当即持本人身份证到与开户行隶属同一银行的本储蓄所来办理口头挂失业务，申请书编号为1745087。

2. 6日，客户朱玲玲持本人身份证、挂失申请书客户收执联、活期存折前来办理活期存折密码重置业务，新密码为654321。

【岗位考核】

岗位考核评价表如表1-9所示。

表1-9 岗位考核评价表

实训内容	2~1.5分	1.5~0.5分	0.5~0分
职业礼仪：柜员文明服务规范的遵守。	遵守	基本遵守	违反
专业技能：挂失申请书的审核、界面录入。	正确	基本正确	错误
专业知识：挂失业务的相关规定、操作流程。	非常熟悉	基本熟悉	不熟悉
团队精神：小组合作、沟通、语言表达。	顺利完成	基本完成	未完成
完成时间（分钟）	$t\leq5$	$5<t\leq7$	$t>7$
总分		10分	

任务二 存款冻结业务

【任务描述】

业务场景：某市模拟银行第一支行个人业务专柜。

业务角色：客户陆文、柜员胡喆、营业经理王晓好。

业务内容：

（1）2009 年 1 月 8 日，执法人员来本行查询陆文个人银行存款账户信息；

（2）2009 年 1 月 9 日，执法人员来本行冻结陆文的账户；

（3）陆文女士的相关资料如下：身份证号码：320181197801O144694。

【业务流程】

存款冻结业务操作流程如图 1－19 所示。

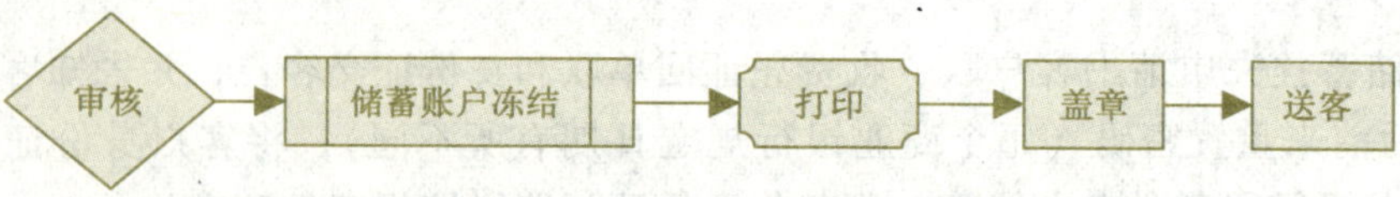

图 1－19　存款冻结业务操作流程

【操作要点】

步骤 1：柜员审核资料

执法人员应当出示本人工作证和执行公务证，并出具法院的“冻结存款裁定书”和检察院、公安机关“协助冻结存款通知书”。

柜员审核身份证件、工作证是否为客户（执法人员）本人，是否真实有效。认真审查协助冻结存款通知书上填写的被冻结账户户名、账号、金额、行长签名等内容，并与“冻结存款裁定书”相关内容核对一致，确保无误。

步骤 2：系统处理（存款冻结）

柜员输入交易代码，进入“储蓄账户冻结”界面，录入相关信息。经有权人授权后，完成存款冻结的系统处理。

步骤 3：打印

柜员打印出特殊业务凭证。

步骤 4：盖章

特殊业务凭证，经有权人审核无误后，和柜员分别加盖名章。随后，柜员根据冻结情况如实填写“协助冻结存款通知书”（回执）并加盖业务公章和柜员名章，同时按要求登记协助查询、冻结、解冻、扣划登记簿。

步骤 5：送客

柜员将身份证件、工作证（或执行公务证）、“协助冻结存款通知书”回执交还给客户，向其道别，并将“协助冻结存款通知书”专夹包选。

【岗位实训】

2010 年 1 月，A 市模拟银行第一支行柜员胡喆受理如下业务：

1. 查询。

2. 8 日，执行公务人员在要求查询吴红存款信息时，同时提供了“冻结存款裁定书”和“协助冻结存款通知书”，要求冻结上述存款（账号：62200010023894，冻结种类：欠款冻结；冻结方式：只收不付）全部款项。

【岗位考核】

岗位考核评价表如表1－10所示。

表1－10　　岗位考核评价表

实训内容	2～1.5分	1.5～0.5分	0.5～0分
职业礼仪：柜员文明服务规范的遵守。	遵守	基本遵守	违反
专业技能：冻结存款决定书、通知书的审核、界面录入、印章使用。	正确	基本正确	错误
专业知识：冻结存款的相关规定、操作流程。	非常熟悉	基本熟悉	不熟悉
团队精神：小组合作、沟通、语言表达。	顺利完成	基本完成	未完成
完成时间（分钟）	$t\leq6$	$6<t\leq8$	$t>8$
总　分	10分		

教学研讨

1. 根据银行柜面与服务的课程特点，可采用材料学习法和“做中学”教学法，掌握各种凭证的阅读与填写，根据工作岗位内容的需要来学习各种业务理论与专业技能。

2. 若采用小组教学法，如何更好地设置教学环境以及加强小组的分工与协作能力有待教师探讨。

模块四　单位存款业务与服务

学习目标

1. 熟悉相关操作界面和所涉及的银行凭证的基本格式、内容和填写要点；
2. 掌握单位存款开户和销户、现金存取、转账存取、利息处理等业务的操作流程；
3. 掌握单位活期存款、单位定期存款、单位通知存款、单位保证金存款、单位协定存款各项业务处理的区别；
4. 具有明确的客服意识和规范的客服礼仪；
5. 具有顺利处理该类业务的岗位能力。

学习准备

1. 银行模拟教学平台软件；
2. 各种模拟企业证照、人员证件、业务凭证、印章、现金（练功券可替代）等；
3. 小组教学，每小组3~4名学员。

任务一　单位活期存款账户的开户业务

——以开立基本存款账户为例

【任务描述】

业务场景：某市模拟银行第一支行对公业务专柜。

业务角色：星光科技服务有限公司法定代表人丁一定、柜员李微、客户经理张萍。

业务内容：

（1）2009年9月1日星光科技服务有限公司法定代表人丁一定到银行申请开立基本存款账户。丁一定相关资料如下：身份证号码：3201811987010142495；住址：上海市普陀区真北路800号，邮编：200060；电话：62088438。

（2）星光科技服务有限公司相关资料如下：企业法人营业执照、组织机构代码证、税务登记证正本和副本。

【业务流程】

开立基本存款账户业务操作流程如图1-20所示。

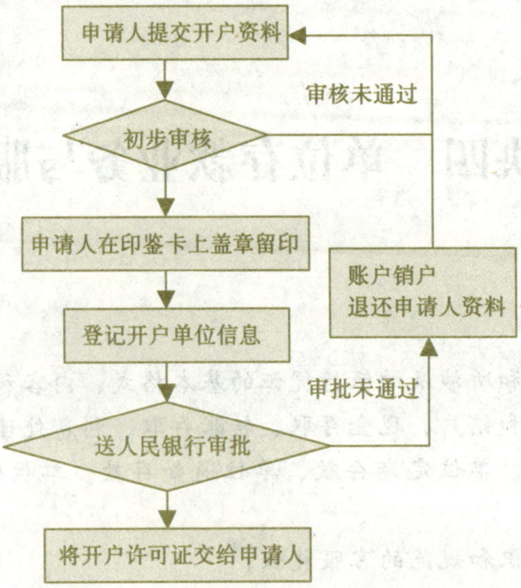

图1-20　开立基本存款账户业务操作流程

【操作要点】

步骤1：接待受理

柜员李微（编号：004）初步检查客户有效身份证件和各种证明文件完整、有效后，将所有资料复印一式两份，一份留在开户银行办理开户手续，另一份上报人民银行核准备案。

柜员李微指导客户按要求认真填写以下三份资料：

（1）开立单位银行结算账户申请书；

（2）客户开立补充/变更信息申请表的客户填写部分；

（3）单位账户开户补充/变更辅助信息表（代客户开立账户通知书）的客户填写部分。

表1-11为本例中客户填写使用的上海银行“开立单位银行结算账户申请书”一式三联。如果人民银行加盖核准章后，一联中国人民银行上海市分行留存，一联开户银行留存，一联交开户单位。

相关知识

单位申请开户应提交的证明文件

根据《人民币银行结算账户管理办法》的规定单位（企业法人）申请开立基本存款账户时，申请人（法定代表人）须向开户银行出具“企业法人营业执照”正本、“组织机构代码证”正本、“税务登记证”正本、法定代表人的身份证件。如果授权他人办理，还应出具法定代表人亲笔签名的授权书以及被授权人的身份证件。

因借款或其他结算需要开立一般存款账户或开立专用存款账户时，除上述文件外，还须出具基本存款账户开户许可证和借款合同或其他相关证明。

开立临时存款账户还须出具临时经营地工商行政管理机关核发的临时执照或批文。

单位申请开户的费用

目前，各商业银行对单位开户将收取300~2000元不等的开户费用。

表1-12为本例中客户填写使用的“上海银行 客户开立补充/变更信息申请表”一式三联。开户完成后，一联交开户单位，一联开户银行留存，一联送事后监督部门审核存档。

表1-13为本例中客户填写使用的“上海银行单位账户开户补充/变更辅助信息表（代客户开立账户通知书）”一式三联。开户完成后，一联交开户单位，一联开户银行留存，一联送事后监督部门审核存档。

步骤2：初步审核

客户经理张萍完成以下程序：

（1）鉴别身份证件和各种证明文件的有效性；法定代表人授权他人办理开户手续的，客户经理应当场要求拨打法定代表人的电话，确认授权。

（2）审核三份客户填写的资料的完整性和正确性，与各种证件、文件信息一致。检查确认三份资料每一联上加盖客户的单位公章、法定代表人名章以及本人签字。

以上资料准确无误后，三份资料逐联盖柜员名章、客户经理名章、业务专用章。

表 1－11　　开立单位银行结算账户申请书（注：来源于上海银行）

开立单位银行结算账户申请书

存款人名称			电话	
地址			邮编	
存款人类别			组织机构代码	
法定代表人（ ） 单位负责人（ ）	姓名			
	证件种类		证件号码	
行业分类	A（ ）B（ ）C（ ）D（ ）E（ ）F（ ）G（ ）H（ ）I（ ）J（ ） K（ ）L（ ）M（ ）N（ ）O（ ）P（ ）Q（ ）R（ ）S（ ）T（ ）			
注册资金	币种：	金额：	地区代码	
经营范围				
证明文件种类			证明文件编号	
国税登记证号			地税登记证号	
关联企业	关联企业信息填列在“关联企业登记表”上。			
账户性质	基本（ ）一般（ ）专用（ ）临时（ ）			
资金性质			有效日期至	年 月 日

以下为存款人上级法人或主管单位信息：

上级法人或主管单位名称				
基本存款账户开户许可证核准号			组织机构代码	
法定代表人（ ） 单位负责人（ ）	姓名			
	证件种类		证件号码	

以下栏目由开户银行审核后填写：

开户银行名称			
开户银行代码		账号	
账户名称			
基本存款账户开户许可证核准号		开户日期	
本存款人申请开立单位银行结算账户，并承诺所提供的开户资料真实、有效。 存款人（公章） 年 月 日	开户银行审核意见： 经办人（签章） 开户银行（签章） 年 月 日	人民银行审核意见： （非核准类账户除外） 经办人（签章） 人民银行（签章） 年 月 日	

填写说明：

1. 申请开立临时存款账户，必须填列有效日期；申请开立专用存款账户，必须填列资金性质。

2. “行业分类”中各字母代表的行业种类如下：A：农、林、牧、渔业；B：采矿业；C：制造业；D：电力、燃气及水的生产供应业；E：建筑业；F：交通运输、仓库和邮政业；G：信息传输、计算机服务及软件业；H：批发和零售业；I：住宿和餐饮业；J：金融业；K：房地产业；L：租赁和商务服务业；M：科学研究、技术服务和地质勘查业；N：水利、环境和公共设施管理；O：居民服务和其他服务业；P：教育业；Q：卫生、社会保障和社会福利业；R：文化、教育和娱乐业；S：公共管理和社会组织；T：其他行业。

3. 带括号的选项填“√”。

4. 申请开立核准类账户，填写本表一式三联，三联申请书由开户银行报送人民银行上海分行，加盖审核章后，一联开户单位留存，一联开户银行留存，一联中国人民银行上海分行留存；申请开立备案类账户，填写本表一式二联，一联存款人留存，一联开户银行留存。

表1－12　　开立客户开立补充/变更信息申请表（注：来源于上海银行）

上海银行
Bank of Shanghai

上海银行客户开立补充/变更信息申请表

编号：

客户资料—基本信息（以下为客户填写资料，* 为客户必填项）							
客户全称*（CN/GB）				客户号			
				企业简称	同前		
所在街道*（CN/GB）		所在城市*（CN/GB）		所在国家*（CN/GB）			
联系地址*（CN/GB）		邮政编码*		公司电话*			
传真		电报号码		电子邮件			
公司成立日期		证件类型*		证件号码*			
客户类别		行　业		券商代码			
公司国籍		公司所在地		公司所在城市			
公司所在省		地区代码		特别经济区域			
金融法人许可证代码				外商投资批准证书号			
客户资料—注册登记信息							
贷款证号				基本账户许可证号			
经营范围				注册类型		注册登记号	
注册起始日		注册到期日				注册地址	
注册币种		注册资本				实收资本	
法定代表人姓名		证件种类		证件号			
家庭地址				邮　编		电话	
单位负责人姓名		证件种类		证件号			
家庭地址				邮　编		电话	
财务主管姓名		证件种类		证件号			
家庭地址				邮　编		电话	
被授权人姓名		证件种类		证件号			
家庭地址				邮　编		电话	
股东姓名		所属国家		客户代码		所持比例	
股东姓名		所属国家		客户代码		所持比例	
股东姓名		所属国家		客户代码		所持比例	
客户资料—营销和关联管理信息（以下为客户经理填写信息）							
营销目标定位		客户评级		共同分担债务客户		回访频率	
关联关系号		关联关系客户				关联关系	
关联关系号		关联关系客户				关联关系	
关联关系号		关联关系客户				关联关系	
非本行关联客户名称						关联关系	
是否中小企业		首次与客户联系日		介绍人			
客户开户原因							
客户经理号		姓名		管理系数			
客户经理号		姓名		管理系数			
客户经理号		姓名		管理系数			
客户资料—客户结算信息（以下为开户银行填写信息）							
归属支行		是否签发支票		账户限制		原客户号	
支付系统代码				电子联行号			
开户户名				开户银行			
资金账号				债券账号			

本存款人申请开立单位银行结算账户，并承诺所提供的开户资料真实、有效。 存款人签章 年　月　日	开户银行审核意见： 经办人　　开户银行签章 年　月　日	事后监督审核意见： 负责人　　监督人 年　月　日

130301-2008(9)600本 25×3

第一联 银行留存

填写说明：

1. 本申请为开立或变更客户信息时需要填写。
2. 填写本表一式三联，一联加盖开户银行审核章后交开户单位；一联开户银行随同开户资料一同保管；二联开户银行送事后监督部门审核存档。

表 1－13　　单位账户开户补充/变更辅助信息表（代客户开立账户通知书）

（注：来源于上海银行）

上海银行
Bank of Shanghai

上海银行单位账户开户补充/变更辅助信息表

（代客户开立账户通知书）

银行打印							
客户账户辅助信息							
客户号		开户银行		账号			
单位名称				开户银行			
单位地址				邮编			
邮寄地址				邮编			
电子邮箱				收件人			
账页打印	是/否	账页打印周期	年/月/周/日	领取方式	柜面/邮寄		
以下栏目由开户银行审核后填写							
开户银行名称			开户银行行号				
同城交换号			开户银行地址				
利率代码		上下浮动比例		利率			
借贷限制							
客户经理号		姓名		部门		比例	
客户经理号		姓名		部门		比例	
客户经理号		姓名		部门		比例	
本存款人申请开立单位银行结算账户，并承诺所提供的开户资料真实、有效。 存款人签章 年　月　日			开户银行审核意见： 经办人　开户银行签章 年　月　日		事后监督审核意见： 负责人　监督人 年　月　日		

第一联 银行留存

130302-2006(5)6000本 25×3

填写说明：

1. 本申请由客户开立账户或变更账户辅助信息时填写，第一联代客户开立账户通知书。
2. 填写本表一式三联，一联加盖开户银行审核章后交开户单位；一联开户银行随同开户资料一同保管；一联开户银行送事后监督部门审核存档。

步骤3：在印鉴卡上盖章留印

发给申请人空白印鉴卡，正面盖单位财务专用章和法定代表人名章，背面加盖单位公章。客户经理严格检查预留印鉴的清晰度、填写内容是否完整。

表1－14为本例中客户填写使用的上海银行“印鉴卡”正面。

表1－14　“印鉴卡”正面（注：来源于上海银行）

上海银行 Bank of Shanghai

印　鉴　卡

开户行名称：　　　　　　　　　　　　　　　　　　　　　　　编号：

192301

<table>
<tr><td colspan="3">账户名称：</td><td>账号：</td></tr>
<tr><td colspan="2">联系人：</td><td>电话：</td><td>手机：</td></tr>
<tr><td colspan="3">单位联系地址：</td><td>邮政编码：</td></tr>
<tr><td rowspan="2">预留印鉴</td><td rowspan="2"></td><td></td><td>启用日期：　　年　月　日
使用说明：预留印鉴共　　枚，凭公章　枚，私章　枚有效。</td></tr>
<tr><td></td><td>注销日期：　　年　月　日</td></tr>
<tr><td>建库复核：</td><td>建库经办：</td><td>开户行复核：</td><td>开户行经办：</td></tr>
</table>

步骤4：系统处理（登记信息、开户交易）

柜员根据客户资料“选择客户登记资料”交易，输入客户信息。

步骤5：送人民银行审批

开户银行将客户相关资料送人民银行核准，约两周后通知客户是否获得批准。

未获核准的，在账户销户后，注销账户开户登记的客户资料（在所有资料的盖银行业务专用章的位置上，加盖注销章），将资料退还客户。

步骤6：发放开户许可证，资料存档

中国人民银行审批后开出“开户许可证”。柜员通知开户单位前来办理。

柜员在印鉴卡上注明启用日期等内容，将印鉴卡片专夹保管。

相关知识

单位开立哪些银行结算账户须经人民银行核准

单位开立基本存款账户、临时存款账户和预算单位开立专用存款账户必须经中国人民银行核准，但存款人因注册验资需要开立的临时存款账户除外。

除以上三种银行结算账户外，存款人开立其他银行结算账户不需经中国人民银行核准，但开户银行必须在规定期限内向中国人民银行备案。

柜员在“单位账户开户补充/变更辅助信息表”（代客户开立账户通知书）上打印“开户通知书”内容（户名、账号、客户号等）。

与开户单位签订“单位银行结算账户管理协议”（开户银行和开户单位各执一份）和“银行代理划转税款委托书”（开户银行、开户单位、税务部门各执一份）。

柜员将全套资料整理齐全交业务主管存档。包括：

（1）“开立单位银行结算账户申请书”；

（2）“客户开立补充/变更信息申请表”；

（3）“单位账户开户补充/变更辅助信息表”（代客户开立账户通知书）；

（4）“单位银行结算账户管理协议”；

（5）“银行代理划转税款委托书”；

（6）印鉴卡片；

（7）“开户许可证”（副本）；

（8）开户单位提交的证明文件和身份证明的复印件。

柜员将“开户许可证”（正本）和上述（1）至（6）的另外一联（份）交开户单位留存。

相关知识

为开立单位银行结算账户的客户办理网上银行业务

企业开立结算账户后，可以申请注册企业网上银行服务，填写“企业网上银行开户及数字证书申请表”，审核合格后，与开户银行签订“企业网上银行服务协议”，企业可以通过网上银行办理账户查询、支付结算、集团理财、代理业务等业务。

【岗位实训】

2008 年 8 月 18 日某市模拟银行第一支行柜员王小东受理如下业务：

1. 泰川电器公司法定代表人李川（身份证号码：330738197110254984，电话：13545634563）委托张泰兰（身份证号码：330739196807234994，电话：13567676767）前来办理基本存款户开户。

2. 北方农药厂法定代表人孙晓海因借款需要，前来办理一般存款账户。

要求：准备客户应提交的证明文件，配合模拟教学软件完成操作流程。

实训提示：

- 银行为客户开立一般存款账户、专用存款账户、临时存款账户的，应自开户之日起 3 个工作日内书面通知基本存款账户开户银行，寄送资料留存备查。

【岗位考核】

岗位考核评价表如表 1－15 所示。

表 1-15 岗位考核评价表

实训内容	2~1.5 分	1.5~0.5 分	0.5~0 分
职业礼仪：柜员文明服务规范的遵守。	遵守	基本遵守	违反
专业技能：单位结算账户开户申请书等资料审核签章、界面录入等。	正确	基本正确	错误
专业知识：单位存款业务品种、操作流程、相关知识等熟悉程度。	非常熟悉	基本熟悉	不熟悉
团队精神：小组合作、沟通、语言表达。	顺利完成	基本完成	未完成
完成时间（分钟）	t≤5	5<t≤7	t>7
总 分	10 分		

任务二 单位活期存款账户现金存款业务

——以“支票户”现金存款为例

【任务描述】

业务场景：某市模拟银行第一支行对公业务专柜。

业务角色：星光科技服务有限公司出纳刘慧、柜员李微、客户经理张萍。

业务内容：

（1）2009 年 11 月 8 日，刘慧提交现金缴款单和现金 4000 元；

（2）星光科技服务有限公司在该行基本存款账户账号：31661203031191234。

【业务流程】

单位存款账户现金存款业务操作流程如图 1-21 所示。

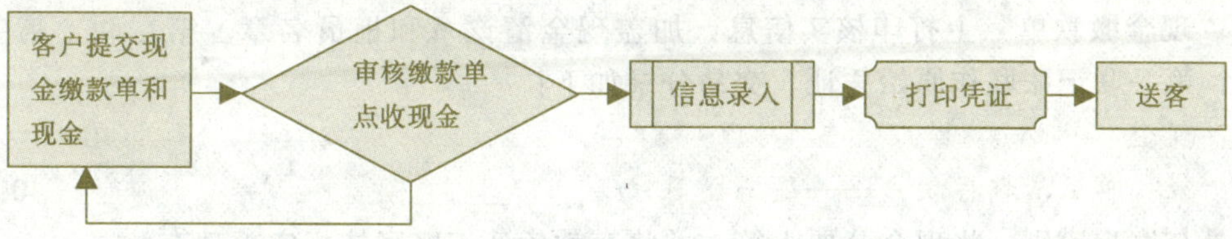

图 1-21 单位存款账户现金存款业务操作流程

【操作要点】

步骤 1：受理

柜员接受客户填写的现金缴款单和现金。现金缴款单一式三联，第一联为记账凭证，第二联为收款通知联，第三联为受理回执，如图 1-22 所示。

步骤 2：审核缴款单，点收现金

出纳柜员审核缴款单日期、户名、账号、大小写金额、卷别、款项来源等要素填写是否正确完整、有无涂改，点收现金注意事项同前。

中国工商银行现金存款凭条

年　月　日　　　　№沪 24183659

付款人	全　称			
	账　号		款项来源	
	开户行		交款人	

金额大写（币种）	百	十	万	千	百	十	元	角	分

票面	张数	金额	票面	张数	金额	
100 元			5 角			
50 元			2 角			
20 元			1 角			
10 元			5 分			
5 元			2 分			
2 元			1 分			
1 元						复核：　经办：

第一联 银行核对联

652

图 1－22　现金缴款单

步骤 3：信息录入

柜员启动"现金存入"交易，根据现金缴款单录入信息，注意系统将自动显示"收款人二级账簿名称"，无需输入。

步骤 4：打印凭证、送客

在"现金缴款单"上打印核实信息，加盖现金清讫章和柜员名章。第二联、第三联交还客户，第一联记账联作原始凭证。交易分录如下：

借：现金　　4000

　　贷：单位活期存款户——星光公司户　　4000

柜员与客户道别，将现金分票入箱，并将存款凭证记账联按规定整理存放。

【岗位实训】

2009 年 11 月 18 日某市模拟银行第一支行柜员李微受理如下业务：

泰川电器公司出纳以现金 5000 元存入银行活期账户（在该行已开立基本存款账户，账号：313290005656）。

【岗位考核】

岗位考核评价表如表 1－16 所示。

表 1-16　　　　岗位考核评价表

实训内容	2~1.5 分	1.5~0.5 分	0.5~0 分
职业礼仪：柜员文明服务规范的遵守。	遵守	基本遵守	违反
专业技能：点收现金、界面录入等。	正确	基本正确	错误
专业知识：凭证处理、操作流程、相关知识。	非常熟悉	基本熟悉	不熟悉
团队精神：小组合作、沟通、语言表达。	顺利完成	基本完成	未完成
完成时间（分钟）	t≤4	4＜t≤6	t＞6
总　分	10 分		

任务三　单位活期存款账户现金支取业务

【任务描述】

业务场景：某市模拟银行第一支行对公业务专柜。

业务角色：星光科技服务有限公司出纳刘慧、柜员李微、客户经理张萍。

业务内容：

（1）2009 年 12 月 3 日，刘慧提交现金支票，支取备用金 5000 元；

（2）星光科技服务有限公司在该行基本存款账户账号：31661203031191234。

【业务流程】

单位现金支取业务操作流程如图 1-23 所示。

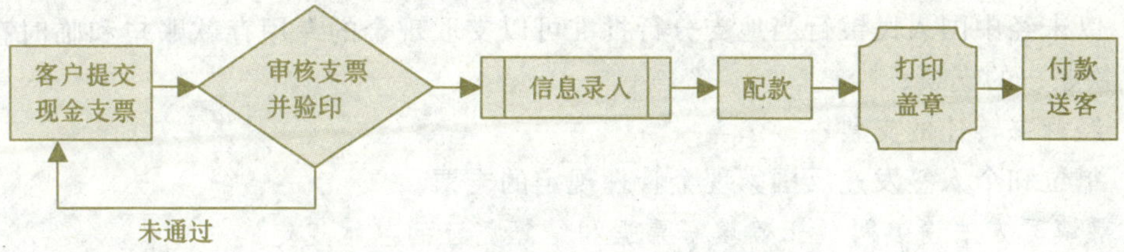

图 1-23　单位现金支取业务操作流程

【操作要点】

步骤 1：受理审核现金支票

审核支票具体要求：

（1）支票是否真实，提示付款期是否超过；

（2）出票人签章是否符合规定，签章与银行预留印鉴是否相符，使用支付密码的，其密码是否正确；

（3）支票大小写金额是否一致；

（4）支票必须记载的事项是否齐全，填写是否符合规范，出票日期、出票金额、收款人名称是否更改，背面是否背书，背书是否正确；

（5）出票人是否有足够支付的款项；

（6）支取现金是否符合国家现金管理的规定；

（7）收款人为个人的，应审查其身份证件，是否在支票背面“收款人签章”处注明身份证件名称、号码、发证机关。

支票如图 1 – 24 所示。

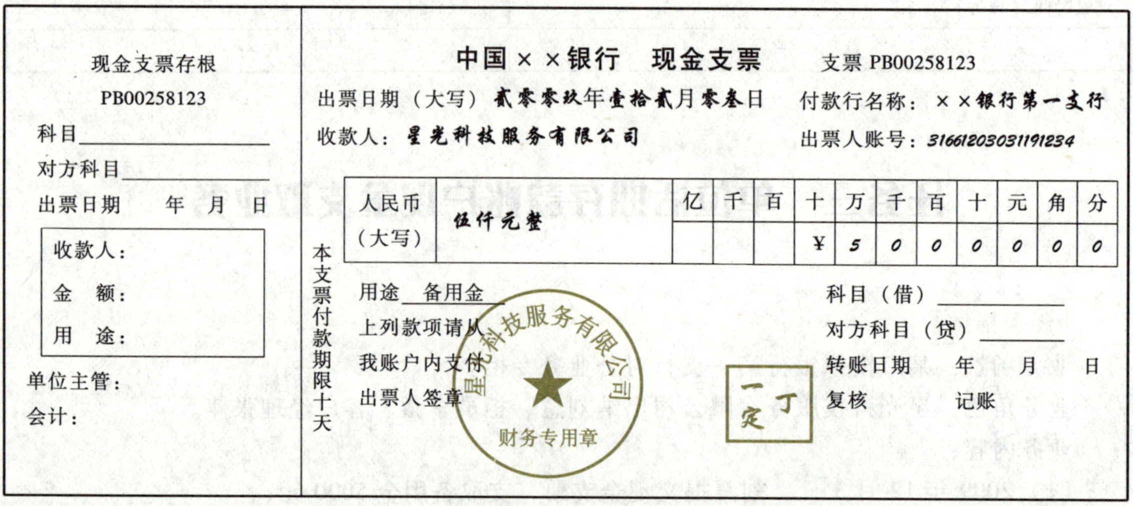

现金支票存根
PB00258123
科目
对方科目
出票日期　年　月　日
收款人：
金　额：
用　途：
单位主管：
会计：

中国××银行　现金支票　　支票 PB00258123
出票日期（大写）贰零零玖年壹拾贰月零叁日　　付款行名称：××银行第一支行
收款人：星光科技服务有限公司　　出票人账号：3166120303119l234
本支票付款期限十天

人民币（大写）	伍仟元整	亿	千	百	十	万	千	百	十	元	角	分
					¥	5	0	0	0	0	0	

用途　备用金
上列款项请从
我账户内支付
出票人签章
科目（借）
对方科目（贷）
转账日期　年　月　日
复核　记账

图 1 – 24　现金支票正面

相关知识

下列情况的支票即使支票未划线，也不能支取现金，只能转账：

- 以一般存款账户为付款账户的支票；
- 以未经中国人民银行当地支分行批准可以支取现金的专用存款账户和临时存款账户为付款账户的支票；
- 经背书转让的支票；
- 单位和个人签发违反国家现金管理规定的支票。

支票填写方法请参阅《正确填写票据和结算凭证的基本规定》。

步骤 2：系统处理（录入信息）

柜员启动“现金支取”交易录入信息，注意系统将自动显示“付款人户名、付款人二级账簿名称、摘要”，无需输入。

交易成功，打印记账凭证。

交易分录如下：

借：单位活期存款户——星光公司户　　5000

　贷：现金　　5000

步骤 3：配款

柜员根据凭证金额，按照从大到小的顺序逐位配款，并依次按实物券别录入系统，审核无误。

步骤4：打印、盖章

柜员在现金支票的背面打印取款信息，并加盖业务清讫章和柜员名章。

步骤5：付款、送客

柜员审核整理凭证，复点现金，付清款项，送别客户。

【岗位实训】

2009年12月21日，某市模拟银行第一支行柜员李微受理如下业务：

泰川电器公司出纳提交现金支票，要求支取备用金3800元（在该行已开立基本存款账户，账号：313290005656）。

【岗位考核】

岗位考核评价表如表1－17所示。

表1－17 岗位考核评价表

实训内容	2～1.5分	1.5～0.5分	0.5～0分
职业礼仪：柜员文明服务规范的遵守。	遵守	基本遵守	违反
专业技能：有效证件的识别、支票填写、信息录入、印章使用。	正确	基本正确	错误
专业知识：支票审核的相关规定、凭证处理。	非常熟悉	基本熟悉	不熟悉
团队精神：小组合作、沟通、语言表达。	顺利完成	基本完成	未完成
完成时间（分钟）	$t \leq 4$	$4 < t \leq 6$	$t > 6$
总　分	10分		

任务四　单位活期存款账户转账存取业务

——以同城网内业务为例

【任务描述】

业务场景：某市模拟银行第一支行对公业务专柜。

业务角色：星光科技服务有限公司出纳刘慧、柜员李微、客户经理张萍。

业务内容：

（1）2009年11月8日，刘慧提交转账支票和进账单，金额59000元，系支付泰川电器公司货款；

（2）星光科技服务有限公司在该行基本存款账户账号：31661203031191234；泰川电器公司在另一银行的通存通兑账号：313290005656。

【业务流程】

单位存款账户转账业务操作流程如图1－25、图1－26所示。

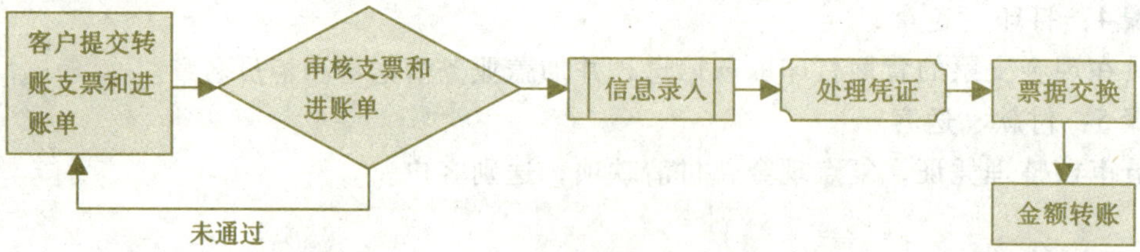

图 1－25　单位存款账户转账业务出票人（付款人）送交支票的操作流程

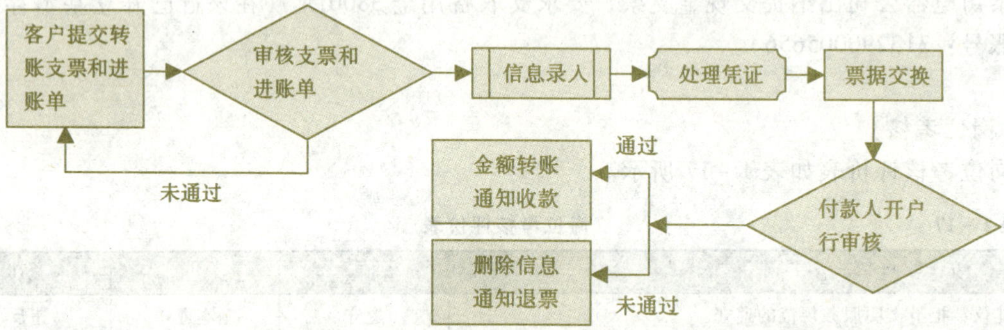

图 1－26　单位存款账户转账业务持票人（收款人）送交支票的操作流程

相关知识

三种单位活期存款转账业务

- 本转或本账：收、付款单位在同一行处开户的转账；
- 网转：收、付款单位在计算机联网通存通兑的不同行处开户的转账；
- 网外：收、付款单位的一方在计算机联网以外的不同行处开户的转账。

前两者柜面处理流程相同，称为同城网内业务，如本例；

第三种情况的转账需通过同城交换处理，这里不作讲解。

【操作要点】

步骤 1：受理

客户（可以是收款单位，也可以是付款单位，本例为付款单位）向开户银行提交转账支票（如图 1－27 所示）和进账单（如图 1－28 所示）。

步骤 2：审核

柜员审核转账支票和进账单。

转账支票的审核要求与现金支票相同。进账单填写内容与支票内容相符，一式三联，第一联为回单，第二联为银行记账凭证，第三联为收账通知。

步骤 3：信息录入

柜员启动“网转”交易，根据审核无误的凭证录入信息。

步骤 4：处理凭证、票据交换

现金支票存根
PB10321772
科目
对方科目
出票日期　年　月　日
收款人：
金　额：
用　途：
单位主管：
会计：

本支票付款期限十天

中国××银行　转账支票　　支票 PB00258589

出票日期（大写）贰零零玖年壹拾壹月零捌日　　付款行名称：××银行第一支行
收款人：泰川电器公司　　出票人账号：3166120303119l234

人民币（大写）	伍万玖仟元整	千	百	十	万	千	百	十	元	角	分
				¥	5	9	0	0	0	0	0

用途　支付货款
上列款项请从
我账户支付
出票人签章　星光科技服务有限公司 财务专用章　丁一定

科目（借）
对方科目（贷）
转账日期　年　月　日
复核　记账

图1－27　转账支票

中国××银行进账单

年　月　日

付款人	全　称	星光科技服务有限公司	收款人	全　称	泰川电器公司
	账　号	31661203031191234		账　号	313290005656
	开户银行			开户银行	

人民币（大写）	伍万玖仟元整	亿	千	百	十	万	千	百	十	元	角	分
					¥	5	9	0	0	0	0	0

票据种类	转账支票	票据张数	1张
票据号码	PB00258589		

单位主管　会计　复核　记账　　收款人开户行盖章

此联是收款人开户银行给收款人的回单

图1－28　进账单

转账支票加盖转讫章和柜员名章，作借方记账凭证借记出票人账户，提出交换单据作贷方凭证。交易分录如下：

借：单位活期存款户——星光公司户　　59000
　　贷：同城票据清算　　59000

第一联进账单（回单）加盖转讫章交还出票人；第二联进账单（收款银行记账凭证）加盖业务公章连同第三联（收账通知）按票据交换的规定及时提出交换。

步骤5：金额转账

收款人开户银行收到交换提入的第二联、第三联进账单，审查无误后，第二联进账单加盖转讫章作贷方凭证，第三联进账单加盖转讫章作收账通知交收款人。支票金额转账。

【岗位实训】

2009年11月15日某市模拟银行第一支行柜员李微受理如下业务：

泰川电器公司出纳以支票 55000 元转存货款（在该行已开立基本存款账户，账号：313290005656），支票为在通存通兑的另一银行开户的付款方开具。

【岗位考核】

岗位考核评价表如表 1－18 所示。

表 1－18　　岗位考核评价表

实训内容	2～1.5 分	1.5～0.5 分	0.5～0 分
职业礼仪：柜员文明服务规范的遵守。	遵守	基本遵守	违反
专业技能：支票填写、审核、界面录入等。	正确	基本正确	错误
专业知识：凭证处理、操作流程、相关知识。	非常熟悉	基本熟悉	不熟悉
团队精神：小组合作、沟通、语言表达。	顺利完成	基本完成	未完成
完成时间（分钟）	t≤4	4＜t≤6	t>6
总　　分	10 分		

任务五　单位活期存款账户销户业务

【任务描述】

业务场景：某市模拟银行第一支行对公业务专柜。

业务角色：客户腾太科技公司、柜员杨莉、营业经理董亿杰。

业务内容：2010 年 1 月 10 日，客户腾太科技公司因迁址需要变更开户银行，向开户银行提出撤销银行结算账户的申请。

【业务流程】

单位活期存款账户销户业务操作流程如图 1－29 所示。

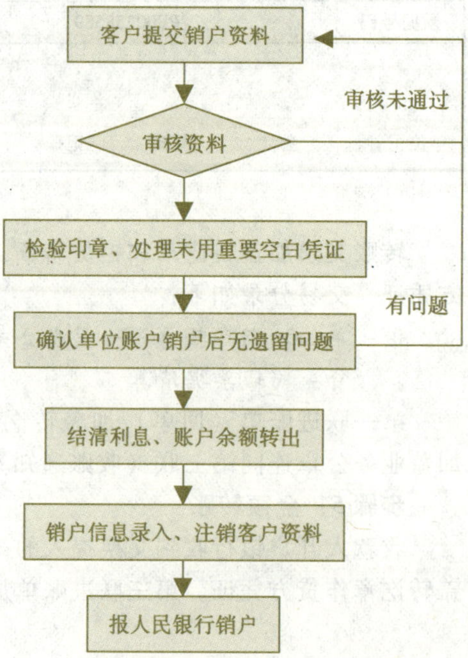

图 1－29　单位活期存款账户销户业务操作流程

【操作要点】

步骤 1：审核客户提交的销户资料

客户提交“撤销银行结算账户申请书”（见表 1－19）、单位未用完的空白重要凭证、基本账户许可证、合同、单位公章、经办及主管签章等资料，柜员审核上述资料的完整性、真实性、有效性。

表 1－19　　撤销银行结算账户申请书

账户名称			
开户银行名称			
开户银行代码		账号	
账户性质	基本（　）专用（　）一般（　）临时（　）个人（　）		
开户许可证核准号			
销户原因	1. 转户（　）；2. 撤并（　）；3. 解散（　）；4. 宣告破产（　）；5. 关闭（　）；6. 被吊销营业执照或执业登记证（　）		
交回空白票据和凭证	凭证名称	张数	起讫号码
本存款人申请撤销上述银行结算账户，承诺所提供的证明文件真实、有效。 存款人（签章）： 年　月　日	开户银行审核意见： 业务人员：　业务主管： 会计经办：　会计主管： 开户银行（签章）： 年　月　日	人民银行审核意见： 经办人（签章）： 人民银行（签章）： 年　月　日	

填表说明：

（1）带括号选项填√。

（2）撤销基本存款账户、临时存款账户和预算单位专用存款账户，填写本表一式四联，一联存款人留存，二联开户银行留存，一联中国人民银行上海分行留存。

（3）撤销一般存款账户、非预算单位专用存款账户、个人银行结算账户，填写本表一式二联，一联存款人留存，一联开户银行留存。

相关知识

撤销银行结算账户的原因和规定

存款人有下列情形之一的，应向开户银行提出撤销银行结算账户的申请：

- 被撤销、解散、宣告破产或关闭的；
- 注销、被吊销营业执照的；
- 因迁址需要变更开户银行的；
- 其他原因。

存款人申请撤销银行结算账户应遵守以下规定：

- 清偿开户银行债务包括贷款、利息、费用；
- 与开户银行核对银行结算账户存款余额；
- 交回重要空白票据、结算凭证和开户登记证。存款人未按规定交回重要空白凭证和结算凭证的，应出具有关证明，造成损失的，由其自行承担。

步骤2：处理未用重要空白凭证

柜员操作“查询往来户凭证管理信息”交易，确认客户的全部凭证均已退回，然后操作“往来户凭证作废销号”交易，完成后，清点客户交回的未用重要空白凭证，当面切角作废。

步骤3：确认单位账户销户后无遗留问题

（1）操作“查询费用记账登记簿”交易，确认该账户没有未归还的记账费用；

（2）操作“查询贷款借据余额、欠息”交易，确认该账户已归还所有贷款和欠息；

（3）操作“查询往来户浮动余额”交易，确认该账户不存在浮动余额；

（4）确认不存在已承兑的票据、应承付的托收承付凭证、贴现未到期的商业汇票等；

（5）核对账户余额。

步骤4：结清利息，账户余额转出

操作“销户计息”交易，结清账户利息，打印“利息清单”，加盖业务章和名章。

交易分录如下：

借：应付存款利息——应付单位活期存款利息户

　　贷：单位活期存款户——腾太科技公司户

操作“现金支出”或“同城网内一借一贷”等交易，将账户余额支现或转出。

相关知识

撤销银行结算账户时如何划转款项

1. 存款人销户时，款项划转至同城银行结算账户的，应使用贷记凭证；划转至异地银行结算账户的，应通过电汇方式。一般不得使用银行本票、银行汇票或现金方式销户。如确有特殊情况，需使用银行本票或银行汇票的，必须在正面记载“不得转让”字样。

2. 因撤并、解散、破产、关闭等停止经营或其他原因注销或被吊销营业执照的开户单位，必须出具工商管理局核发的相应证明和款项划转的相关合法证明，方可划转款项或提取现金。

3. 撤销一般存款账户、专用存款账户、临时存款账户的，款项应划转至其基本存款账户，账户名称要一致。

步骤5：销户信息录入、注销客户资料

柜员填制两联“调整账户信息通知书”，交业务主管审批，经批准后，操作“客户销户”交易，注销客户信息资料。

打印“销户通知书”一式两份，加盖业务章和名章。一联销户申请书、销户通知书、利息清单交客户，另一联存档。

交易分录如下：

借：单位活期存款户——腾太科技公司户

　　贷：同城票据清算

步骤6：报人民银行

撤销银行结算账户之日起2个工作日内向中国人民银行报告。

【岗位实训】

2009年11月23日，某市模拟银行第一支行柜员李莉受理如下业务：

泰川电器公司驻南京分公司因安装工程结束，申请撤销临时存款账户。

【岗位考核】

岗位考核评价表如表1－20所示。

表1－20　　岗位考核评价表

实训内容	2～1.5分	1.5～0.5分	0.5～0分
职业礼仪：柜员文明服务规范的遵守。	遵守	基本遵守	违反
专业技能：利息计算、信息录入、凭证审核。	正确	基本正确	错误
专业知识：划转款项的规定等。	非常熟悉	基本熟悉	不熟悉
团队精神：小组合作、沟通、语言表达。	顺利完成	基本完成	未完成
完成时间（分钟）	t≤5	5＜t≤7	t＞7
总　分	10分		

任务六　单位定期存款业务

【任务描述】

业务场景：某市模拟银行第一支行对公业务专柜。

业务角色：星光科技服务有限公司财务人员、柜员李微、客户经理张萍。

业务内容：

（1）2010年1月3日，星光科技服务有限公司财务人员提交转账支票和进账单，要求转存6个月的单位定期存款60万元；

（2）2010年7月3日，星光科技服务有限公司提交单位定期存款证实书和进账单，支取到期的单位定期存款。

【业务流程】

单位定期存款转账开户业务操作流程如图1－30所示。

单位定期存款转账支取业务操作流程如图1－31所示。

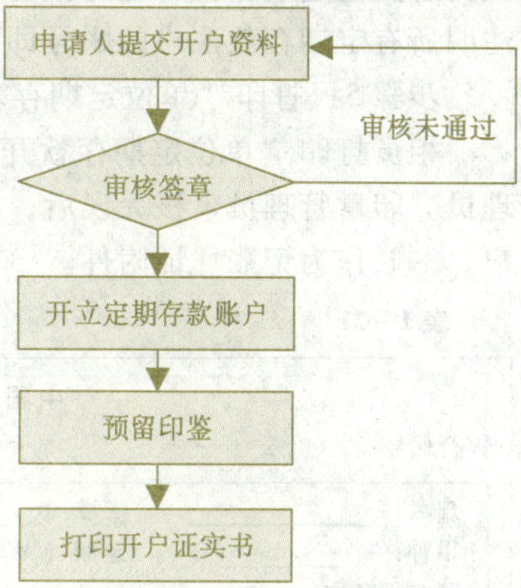

图1－30　单位定期存款转账开户业务操作流程

【操作要点】

一、单位定期存款开户操作要点

步骤1：客户提交申请开户资料

客户提交企业法人营业执照正本、组织机构代码证副本以及两份复印件，经银行审核无误后，向银行领取并填写一式三联的“开户申请书”，加盖单位公章和法定代表人或授权人名章。

步骤2：银行审核签章

银行会计主管审核“开户申请书”和相关资料无误后，同意并签章，交经办柜员办理开户手续。

柜员使用“查询单位客户”交易，查询是否存在该客户的信息。如果没有客户信息，则使用“单位客户基本信息”交易，登记客户基本信息，生成客户编号。

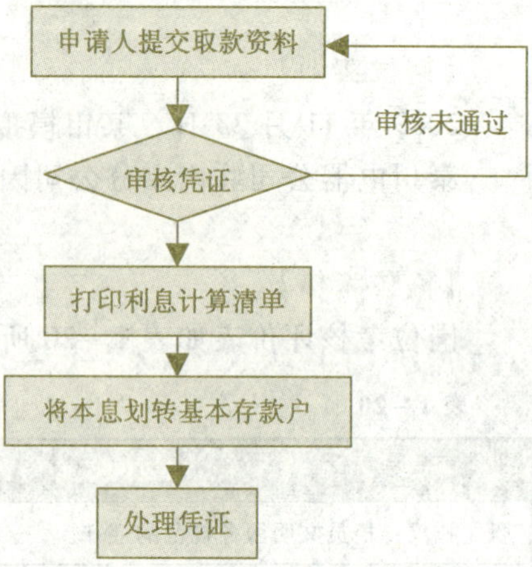

图1－31　单位定期存款转账支取业务操作流程

步骤3：开立定期存款账户，进行系统操作

请客户提交转账支票和进账单或“单位定期存款缴款凭证”一式两联，柜员审查是否填写完整、正确。

柜员操作“单位定期存款开户”交易，输入存款基本信息，为客户开立定期存款账户，打印一式两联“开户通知书”，加盖业务章和名章，操作“单位定期存款转账存入”交易。

交易分录如下：

借：单位活期存款户——星光科技服务有限公司户

　　贷：单位定期存款户——星光科技服务有限公司户

步骤4：预留印鉴

单位定期存款的支控方式为凭印鉴，请客户在印鉴卡上预留印鉴。如果客户在同一营业机构有多笔定期存款，经与银行协议，多个定期存款账户可共用一套预留印鉴，在印鉴卡上注明所有定期存款账户的账号即可。

步骤5：打印“单位定期存款开户证实书”

柜员打印“单位定期存款开户证实书”一式三联（见表1－21），加盖名章后交印章管理员。印章管理员审核无误后，加盖存款专用章和名章。一联作为银行留底保管，一联交客户，一联作为记账凭证附件。

表1－21　　单位定期存款开户证实书

中国××银行单位定期存款开户证实书

银行代号：

户名：＿＿＿＿＿＿　　账号：＿＿＿＿＿＿

币种：＿＿＿＿＿＿　　金额（大写）：＿＿＿＿＿＿

开户行名称：＿＿＿＿＿＿＿＿＿＿　　银行签章

存入日期	存入金额（小写）	存期	年利率%	起息日	到期日	支取方式	经办柜员

制票：　　　　复核：

二、单位定期存款支取操作要点

步骤1：审核客户提交的取款资料

客户提交“单位定期存款证实书”，填写“单位定期存款支款凭证”一式三联。

柜员审核“单位定期存款证实书”是否为本行签发（与留底相符），有无涂改，是否到齐，加盖的印鉴是否与预留印鉴一致。

步骤2：计算利息，打印利息清单

柜员操作“单位定期存款利息”交易，查明存单本息，打印利息清单。加盖业务清讫章和名章。

步骤3：将本息划转基本存款户

柜员操作“转账取款销户”交易，将单位定期存款本息转入单位基本存款户。

交易分录如下：

借：单位定期存款户——星光科技服务有限公司户

　　应付利息——定期存款利息户

　　贷：单位活期存款户——星光科技服务有限公司户

步骤4：处理凭证

柜员在单位定期存款支款凭证各联加盖业务清讫章和名章，将回单联和利息清单交客户，支款凭证的借方联作为付款记账凭证，支款凭证的贷方联作为收款记账凭证。“单位定期存款证实书”收回后，两联加盖“注销”章，作为付款记账凭证的附件。

【岗位实训】

某市模拟银行第一支行柜员李莉受理如下业务：

1. 2009年12月20日，泰川电器公司财务人员提交转账支票和进账单，要求转存一天通知存款200万元。

2. 2010年4月1日，泰川电器公司财务人员通知银行将于4月2日到银行支取通知存款100万元。当日3个月期限的单位定期存款利率为1.44%。

【岗位考核】

岗位考核评价表如表1－22所示。

表1－22　　岗位考核评价表

实训内容	2～1.5分	1.5～0.5分	0.5～0分
职业礼仪：柜员文明服务规范的遵守。	遵守	基本遵守	违反
专业技能：利息计算、信息录入、凭证填写。	正确	基本正确	错误
专业知识：各种存款的规定、业务流程等。	非常熟悉	基本熟悉	不熟悉
团队精神：小组合作、沟通、语言表达。	顺利完成	基本完成	未完成
完成时间（分钟）	t≤5	5＜t≤7	t＞7
总　分	10分		

教学研讨

1. 利用校内实训环境，学生分角色扮演，按照银行柜面岗位的工作业务和服务礼仪要求，办理企业各种类型存款的开户、销户、取款、转账等业务，练习各种凭证的填制。

2. 本模块涉及较多金融基础知识，也涉及很多工作流程，教师需要研讨在教学过程中运用任务引领、项目导向等方法指导学生将二者融会贯通。

模块五　外币储蓄柜面业务与服务

学习目标

1. 了解外币储蓄的种类及业务规定；
2. 掌握外币的活期、定期开户、销户、支取、计息的柜面业务操作；
3. 掌握外币的兑换和兑回的柜面业务操作。

学习准备

1. 营业场所准备；
2. 各类机器设备如计算机主、从工作站，打印机，存折补登机，信用卡压卡机，点钞机，验钞器，电子日历牌；
3. 少量教学用外币和人民币；
4. 金融软件教学系统。

任务一　外币活期储蓄现金开户

【任务描述】

业务场景：某银行营业厅。

业务角色：客户王明、柜员张平。

业务内容：2009 年 12 月 4 日，王明来到营业厅柜员张平的面前，要将 5000 美元现钞存入银行，业务为活期外币存款。

【业务流程】

外币活期储蓄存款现金开户业务的处理流程和人民币的操作基本相同，这里不再复述。

【操作要点】

步骤1：审核客户填写的存款凭条（见表1－23）

步骤2：点收现金

如是单人临柜，必须配备有摄像头，录像一般保留3个月，清点现金必须在客户视线范围内。

步骤3：进入系统操作，开设外币活期储蓄账户

步骤4：打印存折与凭条

步骤5：存折签章后交客户

表1－23　客户填写的外币活期存款凭条

储蓄存款凭条

科目：（贷）：　　2009年12月4日　　交易代码：

银行填写	
客户填写	储种：活期√　活一本通　整整　定一本通　零整　教育　定活　通知　存本　整零　国债　其他 户名＿王明＿　账号＿＿　密码＿＿　印鉴＿＿　通兑＿＿　其他＿＿ 存期＿＿　转存期＿＿　币种＿美元＿　钞＿√＿汇＿＿　假汇＿＿金融 5000.00 新开户填写：地址 上海市中山北路234号　电话 021－6277434　备注

【岗位实训】

1. 实训场所：安装有银行模拟软件的金融实训室；

2. 扮演角色：临柜柜员肖静、法籍客户BUCK；

3. 实训内容：

（1）法籍客户BUCK来到营业厅，要将2000法郎存入银行，要求能方便随时取款，但是他还没有账号。

（2）柜员肖静接受申请，仔细核对凭条、清点现金，在电脑上进行系统操作。打印存折和凭条，让BUCK在凭条上签字，将存折盖好章后交给客户。

【岗位考核】

岗位考核评价表如表1－24所示。

表1－24　岗位考核评价表

考核项目	要　求	2.5分	1.5～0.5分	0.5～0分
识别外币	准确无误	完全符合	基本符合	有不符之处
点钞	快速、准确	完全符合	基本符合	有不符之处
外宾接待用语、礼仪	用语规范、沟通顺畅	完全符合	基本符合	有不符之处
系统业务操作	熟练、规范、准确	完全符合	基本符合	有不符之处
总　分	10分			

任务二　外币活期储蓄支取

【任务描述】

业务场景：某银行营业厅。

业务角色：客户王明、柜员张平。

业务内容：2009 年 12 月 15 日，王明来到营业厅柜员张平的前面，要从自己的外币账户中取出 800 美元现钞。

【业务流程】

外币活期储蓄支取业务处理流程和人民币的操作基本相同，这里不再复述。

【操作要点】

步骤 1：柜员审核客户存折是否为本行签发，审核该账户是否被挂失、止付

步骤 2：进行系统操作

步骤 3：打印存折和凭条，将取款凭证交给客户，请其审核无误后签名确认

步骤 4：柜员核对顾客签名无误后，将存折和现金交给客户

【岗位实训】

1. 实训场所：安装有银行模拟软件的金融实训室。

2. 扮演角色：临柜柜员肖静、法籍客户 BUCK。

3. 实训内容：

（1）法籍客户 BUCK 来到营业厅，要求从其活期外币账户中支取 1000 法郎。

（2）柜员肖静接收申请，仔细核对取款凭条，在电脑上进行系统操作。打印存折和凭条，请 BUCK 在凭条上签字，将存折和清点好的现金交给客户。

【岗位考核】

岗位考核评价表如表 1 - 25 所示。

表 1 - 25　　岗位考核评价表

考核项目	要　求	3 ~ 3.5 分	2 ~ 1 分	1 ~ 0 分
点钞	快速、准确	完全符合	基本符合	有不符之处
外宾接待用语、礼仪	用语规范、沟通顺畅	完全符合	基本符合	有不符之处
系统业务操作	熟练、规范、准确	完全符合	基本符合	有不符之处
总　分	10 分			

任务三 外币活期储蓄销户

【任务描述】

业务场景：某银行营业厅。

业务角色：客户王明、柜员张平。

业务内容：2009年12月20日，王明来到营业厅柜员张平面前，要求把其外汇活期储蓄账户销户。

【业务流程】

外币活期储蓄账户销户业务流程和人民币的操作基本相同，这里不再复述。

【操作要点】

步骤1：柜员审核客户存折是否为本行签发，审核该账户是否被挂失、止付

步骤2：客户填写取款单，柜员核对是否正确

步骤3：进行系统操作

步骤4：打印存折和凭条，将取款凭证交给客户，请其审核无误后签名确认

步骤5：柜员核对顾客签名无误后，将存款及其利息交给客户，撕下存折明细交给客户

【岗位实训】

1. 实训场所：安装有银行模拟软件的金融实训室。

2. 扮演角色：临柜柜员赵明、法籍客户BUCK。

3. 实训内容：

（1）法籍客户BUCK来到营业厅，要求将其外币活期存款销户。

（2）柜员赵明接收申请，仔细核对取款凭条和金额，在电脑上进行系统操作。打印凭条，让BUCK在凭条上签字，将存折明细和清点好的现金交给BUCK。

【岗位考核】

岗位考核评价表如表1-26所示。

表1-26 岗位考核评价表

考核项目	要求	3~3.5分	2~1分	1~0分
点钞	快速、准确	完全符合	基本符合	有不符之处
外宾接待用语、礼仪	用语规范、沟通顺畅	完全符合	基本符合	有不符之处
系统业务操作	熟练、规范、准确	完全符合	基本符合	有不符之处
总分	10分			

任务四　外币定期储蓄现金开户

【任务描述】

业务场景：某银行营业厅。

业务角色：客户李萍、柜员王晨。

业务内容：2009 年 12 月 4 日，李萍来到营业厅柜员王晨面前，要求把 1 万元港币存入银行，存期 1 年，她还没有外币账户。

【业务流程】

外币定期储蓄账户开户业务流程和人民币的操作基本相同，这里不再复述。

【操作要点】

步骤 1：审核客户填写的存款凭条是否正确，如表 1－27 所示

表 1－27　　储蓄存款凭条

科目：（贷）：　　2009 年 12 月 4 日　　交易代码：

银行填写	
客户填写	储种：活期　活一本通　整整　定一本通√　零整　教育　定活　通知　存本　整零　国债　其他 户名 李萍 账号 ____ 密码 ____ 印鉴 ____ 通兑 ____ 其他 ____ 存期 12 个月 转存期 ____ 币种 港币 钞 √ 汇 ____ 假汇 ____ 金融 10000.00 新开户填写：地址 上海市常德路 234 号　电话 021－6277434　备注

存款人对上述银行记录确认无误后签名：李萍　事后监督　复核　柜员

步骤 2：点收现金

步骤 3：进行系统业务操作

表 1－28　　外币定期存款开户

```
交易名称：定期一本通                    操作员：777

摘要码 [1]                     开存折密码 [        ]
姓名 [  李萍]
证件类型 [1]
证件号码 [340 ***************]      校验证件号码 [340 ***************]
电话 [021－6277434]                 邮政编码 [200060]
地址 [上海市常德路 234 号]
EMAIL [                ]
账号 [01090520501420107001356]      销存折密码 [******]
________________________________________________
交易成功!!
```

步骤4：打印存折和凭条

打印好的存折如表1－29所示。

表1－29　　定期一本通存折

定期一本通存折

账号 1002302020003781902　　户名 李萍

办卡标志 无

开户网点名称 田林路支行

凭证号 002787675　　银行签章 **银行业务专用章

签发日期 20101204　　通存通兑　　印密

序号 NO	交易 日期 DATE	属性 NATURE	注释 NOTES	存期 TERM	到期 日期 DUE DATE	转存期 R. T.	币种钞/汇 CURR. (E/C)	本金/利息 PRINCIPAL /INT	利率%/ 利税 INT. R/ TAX	网点号 S. N.	操作 OPER.
1001	2009 1204	001	存款	12	2011 1204	12	HKE	HK $10000	2. 1400	2048	777

步骤5：存折签章后交给客户

柜员审核客户签名无误，在存款凭条上加盖“现讫章”和柜员名章后留存，在存折上加盖业务公章、个人名章后交客户。

【岗位实训】

1. 实训场所：安装有银行模拟软件的金融实训室。

2. 扮演角色：临柜柜员沈其、新加坡籍客户李新洪。

3. 实训内容：

（1）新加坡籍客户李新洪来到营业厅，要求将其持有的2000新加坡元存入银行。他在这个银行没有开户，存期6个月。

（2）柜员沈其接收申请，仔细核对存款凭条和金额，在电脑上进行系统操作。打印凭条和存折，让李新洪在凭条上签字，并将存折盖章后交给李新洪。

【岗位考核】

岗位考核评价表如表1－30所示。

表 1－30　　岗位考核评价表

考核项目	要　求	2～2.5 分	0.5～1.5 分	0～0.5 分
外币识别	准确无误	完全符合	基本符合	有不符之处
点钞	快速、准确	完全符合	基本符合	有不符之处
外宾接待用语、礼仪	规范、得体、专业	完全符合	基本符合	有不符之处
系统业务操作	熟练、规范、准确	完全符合	基本符合	有不符之处
总　分	10 分			

任务五　外币定期储蓄支取

【任务描述】

业务场景：某银行营业厅。

业务角色：客户李萍、柜员王晨。

业务内容：2009 年 12 月 15 日，李萍来到营业厅柜员王晨的面前，要从自己的定期外币账户中取出 2000 港币现钞。

【业务流程】

外币定期储蓄存款到期或过期支取业务操作流程和人民币业务相同，这里不再复述。

【操作要点】

步骤 1：柜员审核客户存折是否为本行所发，是否到期，账户是否被挂失、止付。客户填写取款凭条，如表 1－31 所示。

表 1－31　　外币支取凭条

储蓄取款凭条

科目：（贷）：　　2009 年 12 月 15 日　　交易代码：

银行填写	
客户填写	储种：活期　活一本通　整整　定一本通　零整　教育　定活　通知　存本　整零　国债　其他 户名 李萍　账号 100230202000378190 2　密码＿＿　印鉴＿＿　通兑＿＿　其他＿＿ 定期一本通序号　币种 外币　币种 港币　钞＿＿　汇＿＿　假汇＿＿　金融 2000.00 新开户填写：地址 上海市常德路 234 号　电话 021－6277434　备注

存款人对上述银行记录确认无误后签名：李萍　事后监督　复核　柜员

步骤 2：进行系统操作，外币定期储蓄支取交易界面如表 1－32 所示。

表 1－32　　外币定期储蓄支取交易界面

交易名称：储蓄账户存取销户　　　　　　　　　　　　操作员：777
摘要码［003］［现金支取］　　　　　　　　　　分账号［001］
币种［12］　　　　　　　　发生额［2000.00］
印密［0］　　　　　　　　储户密码［　　　　］　　无折标志［1］

付　款：2000.00

壹佰圆	：20	伍拾圆	：
贰拾圆		拾圆	
伍圆		贰圆	
壹圆		伍角	
贰角		壹角	
伍分		贰分	
壹分			

合计金额：2000.00
差计金额：0.00

步骤3：打印存折和凭条，让客户在凭条上签字确认。存折打印取款信息后如表1－33所示。

表 1－33　　外币定期支取一本通存折

定期一本通存折

账号 1002302020003781902　　户名 李萍
办卡标志 无
开户网点名称 田林路支行
凭证号 002787675　　银行签章 **银行业务专用章

签发日期 20101215　　通存通兑 ______　　印密 ______

序号 NO	交易日期 DATE	属性 NATURE	注释 NOTES	存期 TERM	到期日期 DUE DATE	转存期 R.T.	币种钞/汇 CURR.(E/C)	本金/利息 PRINCIPAL/INT	利率%/利税 INT.R/TAX	网点号 S.N.	操作 OPER.
1001	2009 1204	001	存款	12	2011 1204	12	HKE	HK $10000	2.1400	2048	777
2	2009 1215	001	取款	12	2011 1204	12	HKE	HK $2000	11.88	2048	777
3											

步骤4：柜员审核客户签名无误后，将存折和现金交给客户。

【岗位实训】

1. 实训场所：安装有银行模拟软件的金融实训室。
2. 扮演角色：临柜柜员彭晓、新加坡籍客户李新洪。

3. 实训内容：

（1）新加坡籍客户李新洪来到营业厅，要求从存折中支取出 500 新加坡元。

（2）柜员彭晓接收申请，仔细核对取款凭条，在电脑上进行系统操作。打印凭条和存折后，让李新洪在凭条上签字，将清点好的现金和存折交还李新洪。

【岗位考核】

岗位考核评价表如表 1－34 所示。

表 1－34　岗位考核评价表

考核项目	要　　求	3～3.5 分	1～2 分	0～1 分
点钞	快速、准确、规范	完全符合	基本符合	有不符之处
外宾接待用语、礼仪	用语规范、得体、专业	完全符合	基本符合	有不符之处
系统业务操作	熟练、规范、准确	完全符合	基本符合	有不符之处
总　　分	10 分			

任务六　外币兑换

【任务描述】

业务场景：某银行营业厅。

业务角色：美籍客户 Julie、柜员陈亮。

业务内容：2009 年 12 月 15 日，美籍客户 Julie 来到营业厅外汇业务柜员陈亮面前，要把自己的 2000 美元现钞兑换成人民币。

【业务流程】

外币兑换业务流程如图 1－32 所示。

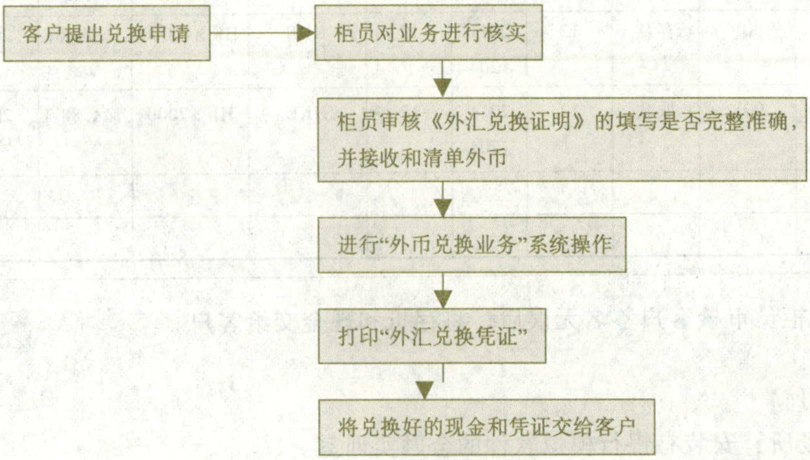

图 1－32　外币兑换业务流程

【操作要点】

步骤1：客户提出兑换申请

需要填写“外汇兑换证明”一式三联，并提交外汇。客户要填写的信息有姓名、国籍、证件号码、电话、地址、兑换种类、兑换金额、兑换货币等内容。

步骤2：柜员审核

柜员审核外汇兑换证明是否规范、准确。

步骤3：进行系统操作

交易界面如图1－33所示。

交易名称：外币兑换业务　　操作员：666

** 是否授权 [ ]　** 是否申报 [ ]　** 申报号码 [ ]

** 原业务号 [0]　** 业务号码 [ ]

** 收款方式 [ ]　** 支取方式 [ ]

** 买入币种：[ ]　** 买入汇率 [0.0000]　** 买入货币 [0.00]

** 卖出币种：[ ]　** 卖出汇率 [0.0000]　** 卖出货币 [0.00]

** 借方账号 [ ]　* 借方现金项目编码 [ ]

** 贷方账号 [ ]　* 贷方现金项目编码 [ ]

收款人账号 [ ]

收款人户名 [ ]

附言 [ ]

** 证件种类 [0]　证件号码 [ ]

业务号码 [ ]

差计金额：0.00

图1－33　外币兑换交易界面

步骤4：柜员将外汇兑换证明加盖经办员、复核员印章和现讫章，和兑换好的现金一起交给客户

相关知识

大众化的外币防伪常识——“看”

一看制版：真钞主景、主建筑、正面人像制版采取手工雕刻和机器雕刻相结合，防伪效果较好，底纹和边缘位置线条复杂。

二看纸张：真钞纸张光洁度好，耐磨，对水和油有耐腐蚀性，长时间流通不易发毛。

三看印刷：真钞有凹凸感。

四看油墨：真钞长时期流通不脱色，假钞则色彩暗淡、易脱色。

真钞内还加入了水印、纤维丝、安全线等防伪措施。

真钞水印加在纸内，影像逼真，立体感强，水印有一定阴影，且过渡自然；假钞缺少立体感，有些较为模糊，透光性不好，有的水印印在钞纸的表面。

【岗位实训】

1. 实训场所：安装有银行模拟软件的金融实训室。

2. 扮演角色：临柜柜员周芳、日本籍客户石川恩惠。

3. 实训内容：

(1) 石川恩惠来到营业厅，要求将手中的1万日元兑换成人民币；

(2) 柜员周芳接受申请，仔细审核“外汇兑换证明”，在电脑上进行系统操作；

(3) 按照表1-35中的外汇牌价计算兑换金额。

表1-35 外汇牌价

币种	交易单位	中间价	现汇买入价	现钞买入价	卖出价
日元（JPY）	100	7.60	7.57	7.33	7.63

【岗位考核】

岗位考核评价表如表1-36所示。

表1-36 岗位考核评价表

考核项目	要求	2分	1~2分	0~1分
识别外币	准确无误	完全符合	基本符合	有不符之处
点钞	快速、准确	完全符合	基本符合	有不符之处
外宾接待用语、礼仪	用语规范、服务热情	完全符合	基本符合	有不符之处
单据审核、盖章	快速、正确	完全符合	基本符合	有不符之处
系统业务操作	熟练、规范、准确	完全符合	基本符合	有不符之处
总分	10分			

任务七 外币兑回

【任务描述】

业务场景：某银行营业厅

业务角色：美籍客户Julie、柜员陈亮。

业务内容：2009年12月15日，美籍客户Julie来到营业厅外汇业务柜员陈亮面前，要把自己未用完的3000元人民币兑换为美元。

【业务流程】

外币兑回业务操作流程如图1-34所示。

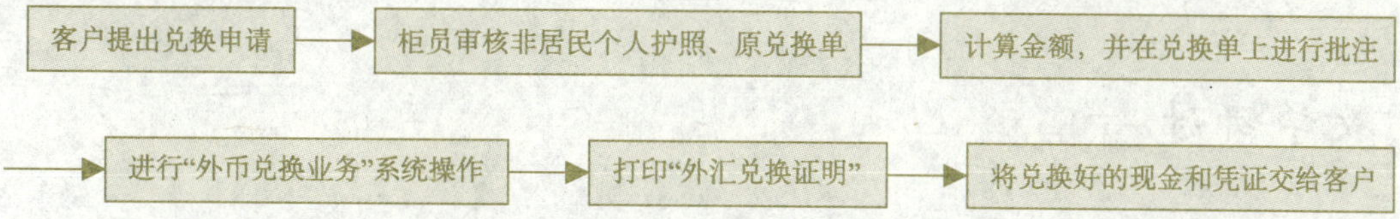

图 1－34　外币兑回业务操作流程

【操作要点】

步骤 1：客户提出人民币兑换外币的申请，需提供本人护照、原兑换水单

步骤 2：柜员审核提交的本人护照和原兑换水单的有效性和真实性

步骤 3：柜员计算兑换后的外币金额

步骤 4：柜员在原兑换水单正本上批注已兑回的日期、金额，留存原兑换水单和护照复印件，以备查

【岗位实训】

1. 实训场所：安装有银行模拟软件的金融实训室。

2. 扮演角色：临柜柜员李婷、日本籍客户石川恩惠。

3. 实训内容：

（1）石川恩惠来到营业厅，要求将手中留有的 300 元人民币兑换成日元。

（2）柜员李婷接受申请，仔细审核护照、原兑换水单，计算金额，在电脑上进行系统操作，然后在兑换水单上批注日期和金额，并留存水单和护照复印件。将清点好的现金交给石川恩惠。

（3）写出兑换的计算过程。

（4）按照表 1－37 中的外汇牌价计算将 300 元人民币兑换成日元后的金额。

表 1－37

币种	交易单位	中间价	现汇买入价	现钞买入价	卖出价
日元（JPY）	100	7.60	7.57	7.33	7.63

【岗位考核】

岗位考核评价表如表 1－38 所示。

表 1－38　　岗位考核评价表

考核项目	要　求	2 分	0.5～1.5 分	0～0.5 分
计算金额	准确无误	完全符合	基本符合	有不符之处
点钞	快速、准确	完全符合	基本符合	有不符之处
外宾接待用语、礼仪	用语规范、专业、热情	完全符合	基本符合	有不符之处
单据审核、盖章	快速、正确	完全符合	基本符合	有不符之处
系统业务操作	熟练、规范、准确	完全符合	基本符合	有不符之处
总　分	10 分			

教学研讨

1. 完成本模块教学后，让学生家长陪同去银行购买少量外汇，并将部分存入银行，10天后取出部分存款，再过5天到银行办理销户业务。

2. 通过练习，让学生学会计算外汇兑换。

3. 学生要学会辨别护照真假。

4. 让学生扮演外宾和柜员的角色，学会填制单证和准备相应的证件及资料。

模块六　日终处理

学习目标

1. 掌握柜员日终平账的操作要点及注意事项；
2. 掌握柜员日终签退的操作方法；
3. 了解网点日终平账的操作要点及注意事项。

学习准备

1. 营业厅模拟环境准备；
2. 银行模拟教学平台软件；
3. 各类机器设备如计算机主、从工作站，打印机，存折补登机，信用卡压卡机，点钞机，验钞器，电子日历牌。

任务一　临柜柜员日终平账和签退

【任务描述】

业务场景：某银行营业厅。

业务角色：临柜柜员张明、营业所主任杨红、业务主管吴林、主库管员江原、副库管员沈星。

业务内容：柜员张明进行日终平账和签退业务操作。

【业务流程】

柜员日终平账和签退操作流程如图1－35所示。

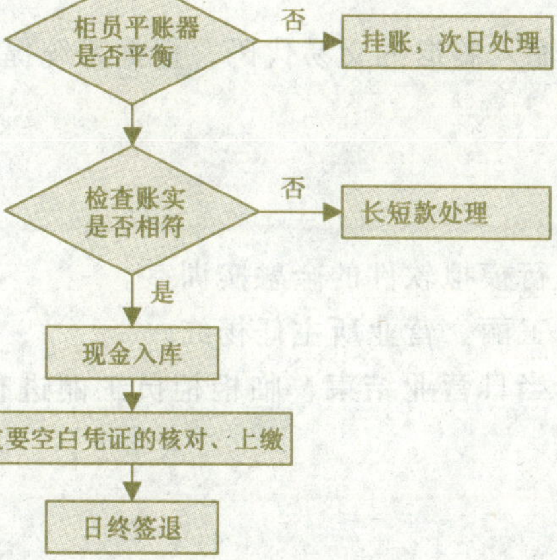

图1－35 柜员日终平账和签退操作流程图

【操作要点】

步骤1：检查柜员平账器

输入流水平账的交易代码，系统自动进行平账。如果平衡，说明当天的账务正确，可以打印流水账和轧账单。

步骤2：打印柜员平账报告表、柜员重要空白凭证核对表

步骤3：整理核对交易清单

步骤4：检查账实是否一致

（1）柜员清点现金实物；

（2）电子钱箱与实物钱箱余额核对；

（3）上缴钱箱及现金；

（4）现金入库。

步骤5：重要空白凭证的核对与上缴

当天经营结束后，柜员将重要空白凭证与登记簿核对，确保相符，如图1－36所示。

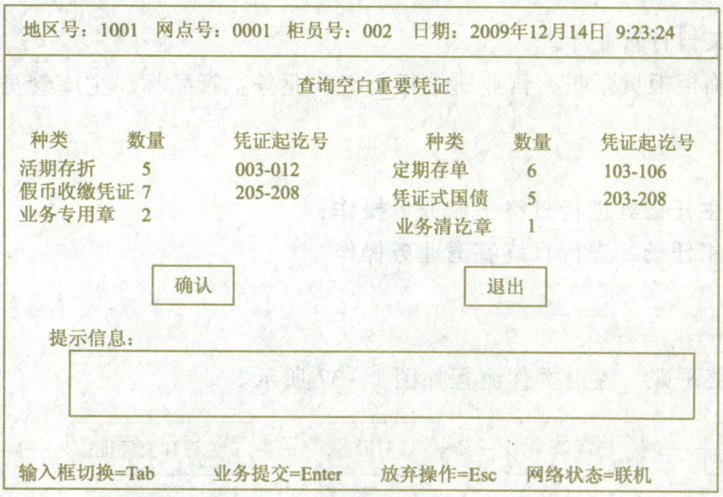

图1－36 “查询空白重要凭证”界面

步骤6：临柜柜员签退

临柜柜员签退时，只需输入签退的交易代码，根据系统提示选择相应的签退的方式进行日终签退。

【岗位实训】

1. 实训场所：安装有银行模拟软件的金融实训室。

2. 扮演角色：临柜柜员王丽、营业所主任杨红。

3. 实训内容：模拟银行当日营业结束，临柜柜员王丽进行日终平账和签退，营业所主任杨红进行点评指导。

【岗位考核】

岗位考核评价表如表1－39所示。

表1－39　　岗位考核评价表

考核项目	要　求	2分	0.5～1.5分	0～0.5分
计算金额	准确无误	完全符合	基本符合	有不符之处
点钞	快速、准确	完全符合	基本符合	有不符之处
系统业务操作	熟练、规范、准确	完全符合	基本符合	有不符之处
空白凭证核对	快速、准确	完全符合	基本符合	有不符之处
单据打印整理	快速、规范	完全符合	基本符合	有不符之处
总　分	10分			

任务二　营业网点日终平账、签退

【任务描述】

业务场景：某银行营业厅。

业务角色：临柜柜员张明、营业所主任杨红、业务主管吴林、主库管员江原、副库管员沈星。

业务内容：

（1）营业所主任杨红进行日终平账业务操作；

（2）营业所主任杨红进行日终签退业务操作。

【业务流程】

营业网点日终平账、签退操作流程如图1－37所示。

图1－37　营业网点日终平账、签退操作流程

【操作要点】

步骤1：汇总轧差

各柜员轧账平衡后，由营业主管对本营业厅当日处理的业务进行汇总轧差，确保网点借贷发生额与各柜员轧账发生额汇总数一致。如图1－38所示。

地区号：1001　网点号：0001　柜员号：002　日期：2009年12月14日 17:54:26

轧账2

币种：人民币

现金借方：56	金额：50000.00	已平
现金贷方：46	金额：64000.00	已平
转账借方：31	金额：126400.00	已平
转账贷方：11	金额：142100.00	已平
表外借方：9	金额：142100.00	已平
表外贷方：6	金额：20.00	已平
单边借方：0	金额：15.00	已平
单边贷方：0	金额：0.00	已平
重要空白凭证：26	金额：26	已平

确认　　退出

提示信息：

如发现有"未平"情况，柜员应查明原因。

输入框切换=Tab　业务提交=Enter　放弃操作=Esc　网络状态=联机

图1－38　"轧账"界面

步骤2：打印清单

网点轧差平衡后，要打印各种清单，包括网点平衡报告表、会计凭证移交单、现金收付汇总表、现金借贷汇总表等。

步骤3：核对财务

核对内容包括：营业网点平账报告表上的现金余额与各柜员实际现金余额加库存现金余额的合计数相符，并与现金余额统计表相符；报告表上的凭证余额应与各柜员实际凭证余额加库房存放凭证金额的合计数相符。

步骤4：整理移交凭证

营业厅主任将柜员移交的凭证整理后交事后监督负责人。

步骤5：签退

营业厅主管输入签退交易的代码，根据系统提示选择相应的签退方式，便可完成签退。

【岗位实训】

1. 实训场所：安装有银行模拟软件的金融实训室。

2. 扮演角色：临柜柜员张明、营业所主任杨红、业务主管吴林、主库管员江原、副库管员沈星。

3. 实训内容：

（1）临柜柜员张明进行日终平账：检查柜员平衡器，打印柜员平账报告表、柜员重要空白凭证核对表，整理核对交易清单，检查账实是否相符。

（2）临柜柜员张明进行日终签退：移交平账报告表、交易清单，输入交易代码进行签退。

（3）营业所主任杨红进行营业完毕之后的平账和签退。

【岗位考核】

岗位考核评价表如表1－40所示。

表1－40　　岗位考核评价表

考核项目	要　求	2分	1～2分	0～1分
汇总轧差	快速、准确	完全符合	基本符合	有不符之处
打印和整理清单	快速、准确	完全符合	基本符合	有不符之处
核对财务	快速、准确	完全符合	基本符合	有不符之处
整理移交凭证	快速、准确	完全符合	基本符合	有不符之处
签退	快速、准确	完全符合	基本符合	有不符之处
总　分	10分			

教学研讨

1. 在教学中，老师在演示完正确的日终处理业务流程后，往往会让学生也实践业务流程。但是这种方法似乎有局限于模仿的嫌疑，就是通过反复的练习让学生机械地学会完成一项任务，缺乏创新思维的激发。如何解决这一问题，值得我们多下功夫思考。

2. 为了更好地针对学生可能犯的错误展开教学，需要在学生实践操作的过程中记录他们犯错的情况，并分析原因，帮助其纠正。

3. 学生基本学会操作日终业务处理流程之后，需要强化他们的速度意识，不断提高岗位技能职业素养。

项目2 银行卡业务与服务

银行卡业务是目前商业银行重点发展业务之一，包括银行卡营销、银行卡非金融交易、银行卡金融交易、银行卡客户服务和银行卡风险管理。本项目主要教会学员银行卡营销，银行卡的申请、发放、查询、挂失、密码重置、换卡、销户、取现、存款、转账，银行卡授权，银行卡购物交易等业务流程，并熟悉每个环节的操作技能。希望通过本书的学习和培训，让学员对银行卡业务与服务的业务流程有整体把握，能熟练完成每个业务环节的操作，提升自身的专业技能和业务素养。

本项目有以下几个模块：银行卡营销、银行卡非金融交易、银行卡金融交易、银行卡客户服务、银行卡风险管理。

模块一 银行卡营销

本模块的内容没有其他模块那么强的流程性，更多是注重技巧性和策略。重点讲述两个内容，即银行卡的STP策略（市场细分、目标市场选择和市场定位）及银行卡的市场推广和促销技巧。

任务一 银行卡营销：STP策略

【任务描述】

业务场景：某银行卡部营销中心。

业务角色：银行卡部营销中心业务人员、策划人员团队。

业务内容：该行将进一步推出银行卡新品种，以完善该行的银行卡品牌组合。卡部业务和策划团队一起进行 STP 策略分析和运作，最终结果是要设计出一个或几个定位准确的银行卡品牌。

【业务流程】

STP 策略即为目标市场营销策略，STP 三个字母分别代表市场细分、目标市场选择和市场定位。它是以顾客需求的某些特征或变量为依据，区分具有不同需求的顾客群体行为的细分市场，然后根据企业自身条件和竞争状况选择其中一个或某些细分市场，最后要使针对特定细分市场推出的产品或品牌有明确的市场定位，并获得顾客的认同。这个过程需要有大量的数据作为决策依据，所以需要进行市场调查，以获取决策数据。

STP 策略流程如图 2 - 1 所示。

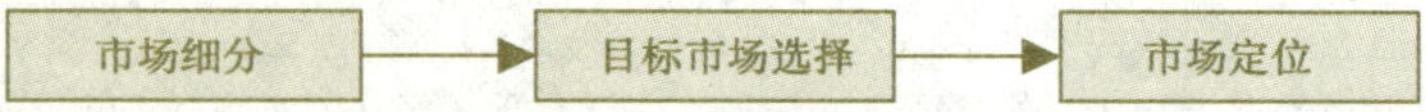

图 2 - 1　银行卡 STP 策略流程

【操作要点】

步骤 1：银行卡的市场细分

根据市场营销理论，市场细分的依据主要有四类，即人口统计学特征、地理因素、心理因素、行为因素。对于银行卡营销来说，主要可以根据客户的收入、性别、社会地位、消费习惯等因素进行细分。比如，按消费金额大小和收入的不同，可以将信用卡客户分为低端、中端和高端三个市场。按照性别，可以分为女性和男性银行卡市场。当然，还可以根据多种因素细分，如细分出女性高端市场、男性高端市场、女性中端市场、男性中端市场、女性低端市场和男性低端市场六个细分市场。

步骤 2：目标市场选择

在银行卡市场细分之后，策划团队要根据银行自身情况和市场竞争状况，选择一个或多个目标市场。上例中细分出的六个市场中，我们可以选取女性高端市场作为目标市场。

步骤 3：市场定位

选择好要进入的目标市场之后，需要进一步分析顾客对该类产品某些特征或属性的重视程度，为本企业产品塑造与众不同的、给人印象鲜明的形象，并将这种形象生动地传递给顾客，从而使该产品在市场上确定适当的位置。

【岗位实训】

业务场景：教室或金融实训室。

业务角色：银行卡部营销中心业务人员、策划人员团队。

业务内容：把班级同学分成若干小组，每组完成一个银行卡的 STP 策略，提交具体的文案，并上台讲解，老师点评。

【岗位考核】

岗位考核评价表如表 2 - 1 所示。

表 2-1　　岗位考核评价表

考核项目	要求	2-2.5 分	1~2 分	0~1 分
银行卡市场细分	全面、快速、有创新性	完全符合	基本符合	有不符之处
银行卡目标市场选择	全面、快速、有创新性	完全符合	基本符合	有不符之处
银行卡目标市场定位	全面、快速、有创新性	完全符合	基本符合	有不符之处
银行卡整体的 STP 策略	全面、快速、有创新性	完全符合	基本符合	有不符之处
总　分	10 分			

任务二　银行卡推销的 AIDA 公式

【任务描述】

业务场景：某银行卡部营销中心。

业务角色：银行卡部营销中心业务人员。

业务内容：该行针对高端男性市场开发了新品牌信用卡。作为银行卡部营销中心业务人员，要向特定人群推销这张信用卡，其中要体现推销过程的 AIDA 公式。

【业务流程】

银行卡推销的 AIDA 公式流程如图 2-2 所示。

图 2-2　银行卡推销的 AIDA 公式流程

【操作要点】

步骤 1：Attention

引起顾客注意（Attention），即将顾客的注意力吸引到推销活动上来。如在小区门口摆设银行信用卡推销点，推销人员会着信用卡宣传资料走到小区行人面前，主动介绍自己：“您好！我是××银行卡部业务人员张明，需要给你介绍一下我们推出的最新的、使用最方便的信用卡吗？”

注意：要炯炯有神地看着顾客的眼睛，让对方感觉到你的真诚。

步骤 2：Interest

唤起顾客兴趣（Interest），促使顾客对推销品或购买抱有积极肯定的态度。顾客可能会回答有，这时业务人员可以询问已经有的信用卡是哪种类型，以获取与潜在顾客交流的机会。在顾客介绍完已有信用卡基础上，展示出新信用卡的优势，如免年费、欠款到期前的短信提醒等新的亮点，吸引顾客的兴趣。

步骤 3：Desire

激起顾客购买欲望（Desire），促使顾客对推销品产生强烈的拥有愿望。运用一些技巧让顾客产生购买欲望，如“我们这种银行卡只对收入在多少之上的进行宣传，全上海只有多少比率的人才能拥有”，刺激他们使用的欲望。

步骤 4：Action

促成顾客采取购买行为（Action），即推销人员运用一定的成交技巧来促使顾客进行实际购买。

【岗位实训】

业务场景：教室或金融实训室。

业务角色：银行卡部营销中心业务人员张明，客户李兵、杨明。

业务内容：业务人员张明运用 AIDA 公式向对面走过来的客户李兵和杨明推销信用卡，信用卡的类型和特点自行确定好，可以根据客户回答的一些个人信息随机推荐比较适合的银行卡。

【岗位考核】

岗位考核评价表如表 2－2 所示。

表 2－2　　岗位考核评价表

考核项目	要求	2～2.5 分	1～2 分	0～1 分
信用卡业务描述	准确、全面、熟练	完全符合	基本符合	有不符之处
AIDA 公式运用	准确、全面、熟练	完全符合	基本符合	有不符之处
语言表达	规范、流畅	完全符合	基本符合	有不符之处
信用卡业务办理描述	准确、全面、熟练	完全符合	基本符合	有不符之处
总　　分	10 分			

教学研讨

1. 本部分内容的流程性体现得不是很强，在教学过程中，难以有比较结构化的模板可供参考，给教学带来一定难度。

2. 本模块内容实践性强，学员在日常教学过程中可以增加一些有关推销技巧的案例，通过案例和角色演示让学生熟悉一些基本的推销技巧，提高自身语言表达能力。

模块二 银行卡非金融交易

本模块具体讲述银行卡的申请和发卡、查询业务、挂失和补卡、密码挂失和重置业务流程及其操作要点。本书选用比较复杂的信用卡申请和发卡作为示例。借记卡的申请和发卡比较简单，不另作说明。

学习目标

1. 掌握银行卡申请业务操作要点，能够正确指导客户填写申请表并审核；
2. 掌握银行卡审批业务操作要点，能够参与银行卡审核审批工作；
3. 掌握银行卡发卡及开卡业务流程，能够指导客户顺利完成卡片激活；
4. 掌握银行卡查询、换卡、挂失、补卡、密码挂失及重置业务操作流程，能够规范、熟练地进行相应的操作；
5. 掌握银行卡销户业务操作流程，能够熟练地进行销户业务处理。

学习准备

1. 装有金融实训软件并配备基本实训设备的金融实训室；
2. 各种相应的纸质凭证。

任务一 银行卡的申请与发卡

【任务描述】

业务场景：某银行营业厅。

业务角色：柜员杨明、卡部专职审核人员张闻、客户刘敏。

业务内容：

（1）2009 年 11 月 9 日，客户刘敏来到某银行营业厅，走到柜员杨明的窗口申请办理信用卡业务；

（2）张闻对客户刘敏提交的申请材料进行审核；

（3）2009 年 12 月 15 日，客户刘敏到营业厅来领取信用卡。

【业务流程】

信用卡的申请和发卡业务流程如图 2－3 所示。

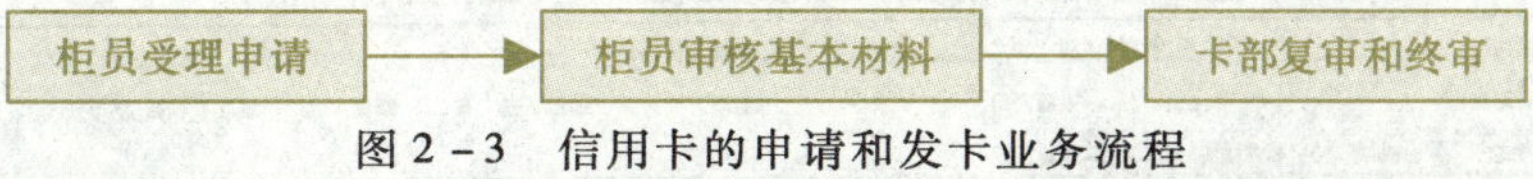

图 2－3 信用卡的申请和发卡业务流程

【操作要点】

步骤 1：柜员受理客户信用卡申请

柜员询问客户信用卡需求及个人财务能力之后，详细介绍相应的信用卡类型；提供给客户领用协议、申请表、填写指南资料，并进行填写指导。表 2－3 为建设银行龙卡信用卡申请表和领用协议。

表 2－3　　中国建设银行龙卡信用卡申请表（正面）

SBZ4

中国建设银行龙卡信用卡申请表

标❶为必填项　内容真实、完整的申请表将得到优先处理，并有助于提高您的信用评分。

申请卡种

您希望申请的卡种是　□ 中国银联　□ MasterCard　□ VISA VISA

□ 金卡　□ 普通卡　若申请金卡未获批准，是否同意接受普通卡（若不选或都选，我行将默认为"是"）　□ 是　□ 否

*已持有中国建设银行龙卡信用卡的主卡申请人
信息如无修改，可仅填写姓名、身份证件号码、申请卡种及所持龙卡信用卡卡号，并在主卡申请人签署栏和收费授权声明栏内签名。

所持龙卡信用卡卡号：　　　　如需同时申请提高信用额度，请填写完整申请表并附其他补充财力证明。

❶ 基本资料

中文姓名　　拼音　　（外籍人士可用外文姓名）

身份证件　□ 居民身份证　□ 军官、警官证　□ 护照
　　　　　□ 港澳居民往来内地通行证、台胞证　□ 其他（请注明）

证件号码

国　籍

性　别　□ 男　□ 女　　出生日期　　年　　月　　日

婚姻状况　□ 已婚有子女　□ 已婚无子女　□ 未婚　□ 其他

学　历　□ 研究生或以上　□ 本科　□ 大专　□ 中专/高中

住宅性质　□ 自有住房（无贷款）　□ 贷款购房（月还款　　元）　□ 与亲属合住
　　　　　□ 租房　□ 集体宿舍　□ 其他（请注明）

住宅地址　　省　　市　　区（县）
　　路（街）　　弄（号）　　号（门、栋）　　室（小区名称　　）

邮政编码　　住宅电话（区号）　　（电话号）

移动电话　　小灵通

电子邮件　　@　　（该邮箱将作为您接收中国建设银行电子账单的邮箱，请务必准确填写）

拟申请信用额度　　元

❶ 工作资料

单位名称　　现职年收入（税前）　　万元

单位地址　　省　　市　　区（县）
　　路（街）　　弄（号）　　号（门、栋）　　室

单位类别　□ 政府机关、事业单位　□ 国有企业　□ 民营企业　□ 私营企业　□ 三资企业　□ 其他（请注明）

邮政编码　　单位电话（区号）　　（电话号）　　（分机号）

任职部门　　职务

职　称　□ 高级　□ 中级　□ 初级　□ 其他

❶

请选择邮寄地址　□ 住宅地址　□ 单位地址（注：此地址将成为您接收卡函、对账单等邮件的地址，若不选或都选，我行将默认为"住宅地址"）

❶ 联系人资料（仅在需要时协助联系持卡本人）

直系亲属联系人：

姓名　　关系

单位名称

单位电话（区号）　　（电话号）　　（分机号）

住宅电话（区号）　　（电话号）

移动电话　　小灵通

其他联系人：（请填写您所居住城市的亲朋好友）

姓名　　关系

单位名称

单位电话（区号）　　（电话号）　　（分机号）

住宅电话（区号）　　（电话号）

移动电话　　小灵通

在建行开立账户情况

□ 住房贷款账户　□ 理财账户　□ 个人贷款账户　□ 大额储蓄账户（10万元以上）　□ 代发工资账户　□ 其他（请注明）

存款账户账号　　（若无则不必填写）　　贷款账户账号　　（若无则不必填写）

附属卡申请人资料

中文姓名　　拼音　　（外籍人士可用外文姓名）

出生日期　　年　　月　　日　　性别　□ 男　□ 女

身份证件　□ 居民身份证　□ 护照　□ 港澳居民往来内地通行证、台胞证
　　　　　□ 其他（请注明）

证件号码

与主卡申请人的关系　□ 配偶　□ 父母　□ 子女　□ 其他（请注明）

移动电话　　小灵通

单位名称　　单位电话

主卡卡号　　（与主卡同时申请时不必填写）

附属卡申请额度　□ 与主卡相同　□ 指定额度　　（不超过建行核准的主卡信用额度）

约定还款账户授权

"全额还款"和"最低还款额还款"请勾选一项，若不选或都选，我行将默认为"全额还款"。

□ 全额还款　□ 最低还款额还款　您在　　省（自治区、直辖市）建行开立的本人人民币活期存款账户（16位或19位）

（以上账户将同时作为人民币及人民币购汇还款的签约账户，且人民币购汇还款只以"全额还款"方式还款；若您另约定以美元活期存款账户归还美元欠款，请填写以下内容）

□ 全额还款　□ 最低还款额还款　您在　　省（自治区、直辖市）建行开立的本人美元活期存款账户（限现钞户）

❶ 请仔细阅读后签名

兹声明：

① 以上填写内容完全属实，并同意中国建设银行向有关方面查核上述资料的真实性。
② 本人已仔细阅读了"重要提示"和《中国建设银行龙卡信用卡领用协议》，对本协议条款的含义及相应的法律后果已全部知晓并充分理解，愿意遵守其全部内容。
③ 主卡持卡人应向附属卡持卡人告知用卡相关事宜，附属卡交易款项全部记入主卡账户。
④ 无论申请成功与否，本人均不要求退回本申请表及相关材料，中国建设银行有权拒绝接受本申请而无需给予任何原因解释。
⑤ 上述约定账户为本人在中国建设银行开设的实名制账户，且账户状态正常，如有不符，同意中国建设银行终止本人约定账户还款授权，由此产生的利息和费用由本人承担。
⑥ 本人愿意接收龙卡信用卡相关活动短信及电子邮件通知。

主卡申请人签名　　年　　月　　日

附属卡申请人签名　　年　　月　　日

法定监护人签名　　年　　月　　日
（附属卡申请人未满18周岁时必须填写）

收费授权声明：

本人已知悉中国建设银行龙卡信用卡各项收费标准，同意授权中国建设银行根据龙卡信用卡领用协议的约定扣收相关费用。　主卡申请人签名　　年　　月　　日

银行专用栏

受理机构　　受理机构代码　　受理人员姓名　　受理人员代码

受理日期　　年　　月　　日　来源代码　DNOO　交表方式　□ 本人亲交　□ 邮寄　□ 联名机构转交

受理方式　□ 已按"三亲见"要求核实　受理注记

GS091203221

步骤2：柜员审核材料

(1) 审核申请人的资格。各个银行都制定了信用卡的章程，其中对不同等级的信用卡的申请条件都作出了详细规定。此外，信用卡还可申请挂靠在主卡之外的附属卡。

个人卡主卡的申请资格：凡具有完全民事行为能力，工作单位在发卡机构所在地并具有稳定收入的个人。

个人卡附属卡的申请资格：主卡持有人可以为其配偶18周岁以上的直系亲属申领附属卡，附属卡的有效期限与主卡相同，而且和主卡共享信用卡的总额度。主卡持有人有权要求停止附属卡的使用。

相关知识

信用卡的基本术语

- 信用额度：是指发卡机构根据申请人的资信状况等为其核定，在卡片有效期内可循环使用的最高授信限额。
- 透支：是指持卡人使用发卡机构为其核定的信用额度进行支付的方式，包括消费透支、取现透支、转账透支和透支扣收等。
- 到期还款日：是指发卡机构规定的贷记卡持卡人应该偿还其全部应付款项或最低还款额的最后日期。
- 免息还款期：是指对于贷记卡持卡人，除取现及转账透支交易之外，其他透支交易从银行记账日起至到期还款日（含）之间可享受免息待遇的时间段。
- 滞纳金：指贷记卡持卡人未能在到期还款日（含）前偿还最低还款额，按规定应向发卡机构支付的款项。

(2) 审核其他相关材料。审核申请表，重点看必填项目是否完备，是否能辨认、确认客户签字或盖章。审核有效身份证件，包括身份证、护照、户口簿、户籍证明、军官证、警官证、港澳台同胞的通行证。审核收入证明，包括纳税证明、公积金证明、养老金证明、单位出具的收入证明。此外，还要审核居住证明、资产证明、个人照片等。

步骤3：卡部专职人员审核

(1) 资信调查。资信调查可采用以下多种方式进行：电话核实、信函调查、当面核实、法律公证和其他方式，如表2-4所示。

(2) 资信评估。发卡机构应依据掌握的资料，通过申领评估，对申领人、保证人的资信情况作出综合分析和评估，评估结果是确定能否为申领人发卡、发卡种类及给予多少信用额度的依据。

步骤4：卡部人员终审

专职人员根据银行自身的规章制度，对申请人资料的真实性和准确性进行最后审查。

步骤5：发卡

信用卡的发卡业务流程包含如下五个环节：编制制卡信息和制卡清单——→制卡员领取空白卡片——→制卡并生成密码——→发卡部门清点签收——→营业网点发卡。其中，发卡部门可以通过直接邮寄或发放至网点的方式发卡。

表 2－4　　资信调查函

资信调查函

____单位人事劳资部门：

贵单位______同志，已向我行申请信用卡。为更顺利地受理这次业务，烦请贵单位提供申请人的有关资信情况。对贵单位提供的资料，我行将予以保密，多谢合作。

××银行股份有限公司××分行

调查内容：

（1）申请人职务_____职称______文化程度______；

（2）申请人在贵单位工作年限：__年，连续工龄______年；

（3）申请人实际月综合收入____________；

（4）申请人人事劳资关系　□长期　□合同制　签订的合同期限________年；

（5）申请人是否有违规违纪行为处分_______。

单位人事劳资部门盖章

经办员签字：

年　月　日

营业网点在发卡时需要按如下操作进行：

（1）核实领卡人的身份证，禁止代领信用卡；

（2）核实领卡人的领卡通知；

（3）要求领卡人在发卡登记簿上签名确认；

（4）提醒领卡人在信用卡背面签名栏签名；

（5）柜员在系统上进行发卡业务处理。

相关知识

信用卡的开卡

信用卡开卡的方式有以下两种：

- 电话开卡：拨打各银行的客服电话，通过语音系统提示完成开卡业务。
- 网上开卡：登录发卡银行网站，按照页面导航进入信用卡开卡业务界面，按照提示完成开卡业务。网上只能进行主卡开卡，附属卡开卡需拨打服务电话进行。

开卡流程如图 2－4 所示。

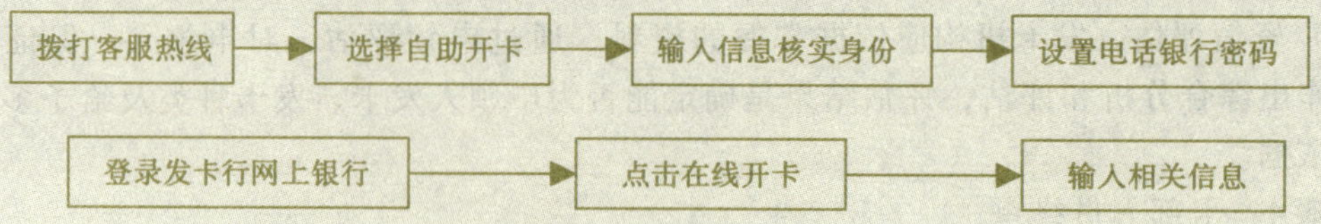

图 2－4　开卡流程

【岗位实训】

1. 实训场所：金融实训室或者教室。
2. 扮演角色：柜员张华，卡部专职人员黄海、陈明，客户刘敏。

3. 实训内容：

（1）客户刘敏来到柜员张华的窗口，申请办理建设银行龙卡信用卡，柜员张华询问客户基本情况及其用卡需求，并发放申请书和申请指南，并指导其填写。

（2）张华当场审核填写是否规范，并要求其提供相应资料。

（3）资料转入卡部，由专职人员黄海对资料进行初审，反馈存在的问题。

（4）卡部专职人员陈明对资料进行终审，反馈存在的问题，出具审核意见。

（5）信用卡制作完成后，客户来到柜员张华处领取信用卡，张华按照业务流程办理发卡业务。

【岗位考核】

岗位考核评价表如表2-5所示。

表2-5 岗位考核评价表

考核项目	要求	1.5~2分	1~1.5分	0~1分
信用卡业务特点介绍	全面、准确、快速	完全符合	基本符合	有不符之处
申请信用卡的条件描述	全面、准确、快速、流畅	完全符合	基本符合	有不符之处
资料清单描述	全面、准确、快速、流畅	完全符合	基本符合	有不符之处
信用卡申请流程	全面、准确、快速	完全符合	基本符合	有不符之处
系统操作	全面、准确、快速	完全符合	基本符合	有不符之处
总　分	10分			

任务二　银行卡的查询业务

【任务描述】

业务场景：某银行营业厅。

业务角色：柜员杨明，营业厅服务人员陈明，客户刘敏、张晨、杨军、王亮。

业务内容：

（1）客户刘敏来到柜员杨明的柜台前，要求查询手中银行卡内的金额及支出情况；

（2）客户杨军通过电话进行银行卡的查询；

（3）客户张晨来到营业厅，希望在ATM机上查询银行卡的资金情况，但是不太会操作，营业厅服务人员陈明提供演示和指导服务；

（4）客户王亮通过网络进行银行卡的查询。

银行卡的查询方式有柜面查询、ATM机查询、电话查询和网银查询四种。

【业务流程1】

银行卡柜面查询流程如图2-5所示。

图 2－5　银行卡柜面查询流程图

【操作要点】

步骤 1：柜员受理查询业务

客户提交身份证或其他有效证件、银行卡给柜员，并说明查询内容。

步骤 2：柜员审核身份证件和银行卡

辨别客户提交资料的真假。

步骤 3：柜员进行银行业务系统操作

进入银行卡交易系统，读取或输入卡号进行查询。

步骤 4：柜员根据界面显示，直接告之客户查询结果，或者打印查询结果给客户

【业务流程 2】

银行卡电话查询业务流程如图 2－6 所示。

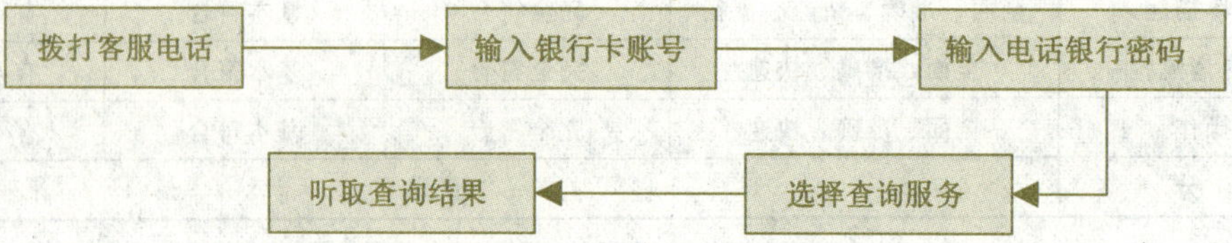

图 2－6　银行卡电话查询业务流程

【操作要点】

步骤 1：客户拨打发卡行服务电话（在银行卡背面有银行的客服电话）

步骤 2：根据语音提示输入银行卡账号，进行确认

步骤 3：输入电话银行密码

步骤 4：选择查询服务类型

步骤 5：听取查询结果

【业务流程 3】

银行卡 ATM 机查询业务流程如图 2－7 所示。

图 2－7　银行卡 ATM 机查询流程业务流程

【操作要点】

步骤 1：将银行卡插入 ATM 机插卡口（一般的 ATM 机都支持跨行查询）

步骤2：根据界面要求输入银行卡密码

步骤3：根据界面选择账户类型，人民币还是外币账户

步骤4：选择查询服务，点击确认

步骤5：读取查询结果，也可以打印查询结果

步骤6：退卡，取卡

【业务流程4】

银行卡网上查询流程如图2-8所示。

图2-8　银行卡网上查询业务流程

【操作要点】

步骤1：登录发卡行银行网站（见图2-9）

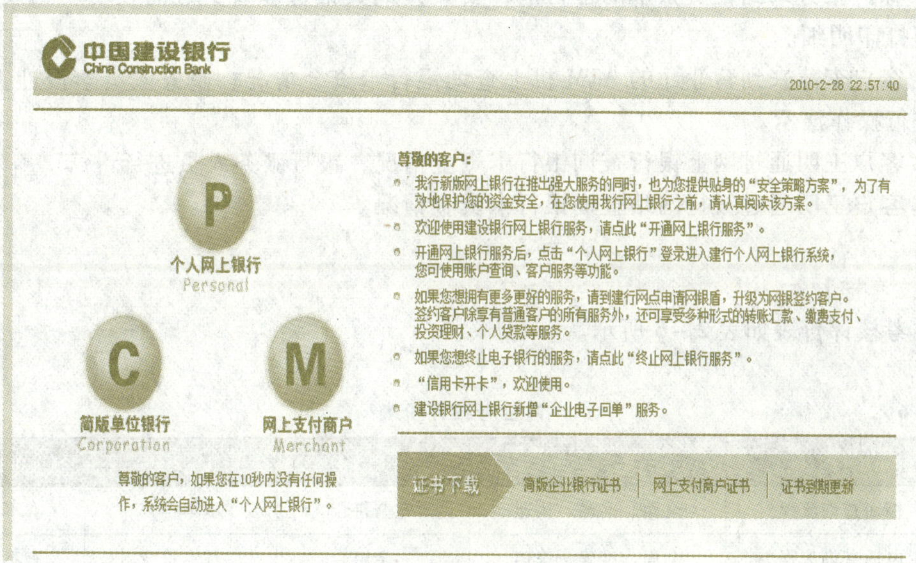

图2-9　中国建设银行网上银行进入界面

步骤2：进入个人网上银行界面，需要事先注册（见图2-10）

步骤3：输入卡号（用户名）和密码，并确定

步骤4：读取查询结果

步骤5：安全退出银行页面

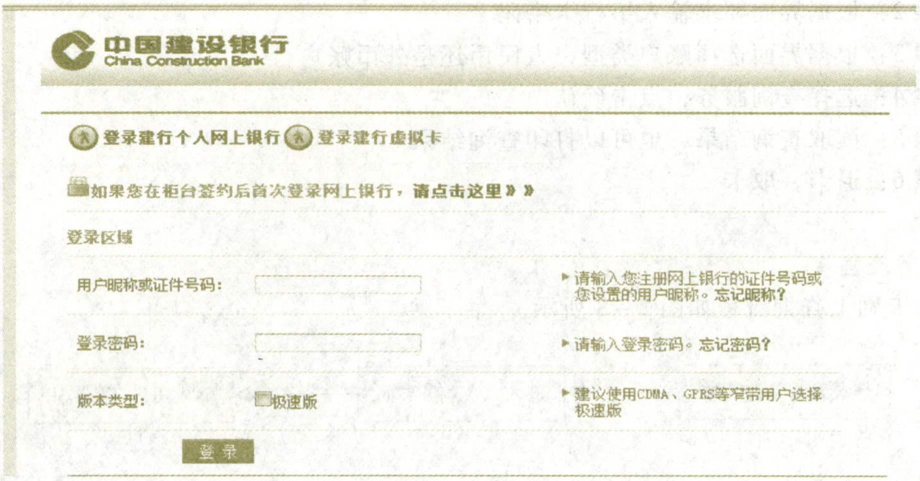

图 2－10　中国建设银行网上银行登录界面

【岗位实训】

1. 实训场所：金融实训室或者教室。

2. 扮演角色：柜员张华，营业厅服务人员李俊，客户张芳、李萍、王明。

3. 实训内容：

（1）客户张芳来到柜员张华的柜台前，要其查询其银行卡 6 个月的收支明细及其余额，并要求其打印明细。

（2）客户李萍来到营业厅的 ATM 机上查询银行卡资金情况，服务人员李俊迎上为其服务，并进行操作演示。

（3）客户王明通过网上银行查询银行卡资金情况，银行服务人员进行讲解。

（4）客户王明通过银行网站查询银行卡资金情况。

【岗位考核】

岗位考核评价表如表 2－6 所示。

表 2－6　　**岗位考核评价表**

考核项目	要　　求	2～2.5 分	1～2 分	0～1 分
银行卡柜面查询流程	全面、准确、快速	完全符合	基本符合	有不符之处
银行卡电话查询流程	全面、准确、快速	完全符合	基本符合	有不符之处
银行卡 ATM 机查询流程	全面、准确、快速	完全符合	基本符合	有不符之处
银行卡网上查询流程	全面、准确、快速	完全符合	基本符合	有不符之处
总　　分	10 分			

任务三　银行卡挂失和补卡业务

【任务描述】

业务场景：某银行营业厅、客户家中。

业务角色：柜员杨明，客户刘敏、张明、李萍。

业务内容：

（1）客户刘敏到营业厅告之柜员杨明其银行卡丢失，需要办理挂失；

（2）客户张明在家中整理钱包时发现银行卡丢失，然后打银行客服电话，得知可以进行电话挂失，在电话自助系统的帮助下，完成挂失业务；

（3）客户李萍下班回家发现钱包丢失，由于涉及多张银行卡，选择在网上将其挂失；

（4）客户分别进行了补卡申请，银行柜员杨明受理了服务请求。

客户丢失银行卡后，可以前往开户网点柜员办理书面挂失，也可以通过电话挂失，有的银行支持网上挂失。口头挂失为非正式挂失，存在时效限制，口头挂失后必须进行书面挂失。

【业务流程 1】

银行卡书面挂失流程如图 2－11 所示。

图 2－11　银行卡书面挂失业务流程

【操作要点 1】

步骤 1：柜员受理挂失申请

通过营业网点办理口头挂失时，须持本人有效身份证件，提供户名、卡号或账号、住址、余额等信息供银行验证。委托他人代为办理的，还需提供代理人身份证件。

步骤 2：柜员审核有效身份证件和申请表

有效身份证件是指居民身份证、军官证、警官证、文职干部证、士兵证、户口簿、护照、港澳台同胞回乡证等符合法律、行政法规以及国家有关规定的身份证件。审核申请表（见表 2－7）填写要素是否完备，签字是否清晰可辨。

步骤 3：系统操作

柜员进入银行系统“银行卡挂失”界面（见图 2－12），输入卡号、客户姓名、地址、证件类型、证件号码等信息。按照银行规章收取挂失手续费，并打印收费凭证，盖章后交给客户。

步骤 4：后续处理

银行柜员整理归档凭证，放入相应传票格。经办人填写银行卡挂失登记簿（见表 2－8）。

表 2-7　　银行卡挂失申请表

<table>
<tr><td>持卡人姓名</td><td></td><td>性别</td><td></td><td>出生日期</td><td></td></tr>
<tr><td colspan="3">证件类型：</td><td colspan="3">证件号码：</td></tr>
<tr><td>卡号</td><td colspan="2"></td><td>发卡日期</td><td colspan="2"></td></tr>
<tr><td>工作单位和地址</td><td colspan="2"></td><td>联系电话</td><td colspan="2"></td></tr>
<tr><td>卡丢失时间</td><td colspan="2"></td><td>卡丢失地点</td><td colspan="2"></td></tr>
<tr><td>最后一次使用时间</td><td></td><td>使用地点</td><td></td><td>使用金额</td><td></td></tr>
<tr><td>丢失有关细节</td><td colspan="2">1. 丢失　2. 被盗　3. 其他</td><td colspan="2">是否申请补发新卡</td><td></td></tr>
<tr><td colspan="6">本人申明：以上各项填写的内容均属实，本人对此负完全责任。如发现有关该卡的进一步情况，本人将及时通知贵行。报失所需费用，本人照章交纳。
报失人：（签名）　年　月　日</td></tr>
<tr><td colspan="6">受理机构意见：
经办人：　　负责人或单位公章　　年　月　日</td></tr>
</table>

<table>
<tr><td rowspan="8">此栏由银行填写</td><td colspan="5">办理报失记录：</td></tr>
<tr><td>办理挂失日期</td><td>年　月　日</td><td>经办人</td><td colspan="2"></td></tr>
<tr><td>编发止付名单日期</td><td>年　月　日</td><td>经办人</td><td colspan="2"></td></tr>
<tr><td>备注</td><td></td><td>复核人：</td><td colspan="2">经办人：</td></tr>
<tr><td colspan="5">处理结果</td></tr>
<tr><td>资料输入日期</td><td>年　月　日</td><td>解冻日期</td><td></td><td>年　月　日</td></tr>
<tr><td>补发卡号</td><td></td><td>补发日期</td><td></td><td>年　月　日</td></tr>
<tr><td>备注</td><td></td><td>主管：</td><td>复核：</td><td>经办：</td></tr>
</table>

交易名称：挂失处理
摘要码 [000]　　　　操作员：
卡号/账号 [　　　　]　　　　分账号：[　　]
账号 [　　　　]
密码 [****** 　　]
申请人姓名 [　　　]　　　　地址 [　　　　]
证件类型 [1] [　　　　]
证件号码 [　　　　]　　　　校验证件号码 [　　　　]
余额 [　　　　0.00]
挂失状态 [　　　　]
止付状态 [　　　　]
冻结状态 [　　　　]

图 2-12　“银行卡挂失”界面

表 2－8 银行卡挂失登记簿

编　号	挂失日期	卡　号	有效期	持卡人姓名	挂失原因	备　注

【业务流程 2】

由于银行卡丢失存在很大潜在风险，最快速的挂失方式是电话挂失。电话挂失属于口头挂失，有一定的时效限制。电话挂失服务中有系统自助服务和人工服务两种。银行卡电话挂失流程如图 2－13 所示。

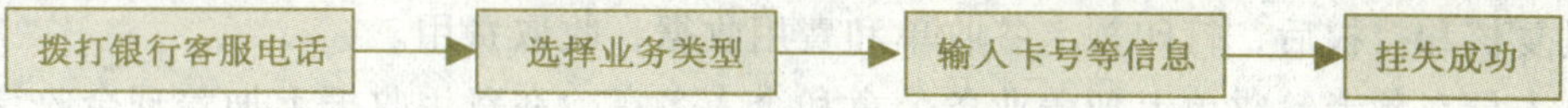

图 2－13　银行卡电话挂失业务流程

【操作要点】

步骤 1：拨打发卡行客服电话

步骤 2：选择自助或人工挂失服务

步骤 3：输入卡号信息等

电话系统会提示输入挂失卡卡号、持卡人有效身份证件号码、开户日期、开户银行、电话银行密码等信息。系统在确认持卡人身份及该账户存在后，会查询持卡人的账户信息。

步骤 4：挂失成功

完成上述操作后，系统或人工会提示挂失成功。挂失成功后，该卡的资金将被冻结。银行一般规定冻结的账户可以进行存款业务，但是不能办理支取业务。办理完电话挂失后，持卡人应尽快到开户行营业厅办理书面挂失。

相关知识

银行卡网上挂失流程

目前只有一部分银行开通了网上挂失服务，而且网上挂失也视同口头挂失，具有时效性限制，需要到柜台再办理柜面挂失。图 2－14 为银行卡网上挂失流程，各银行有一定的差异。

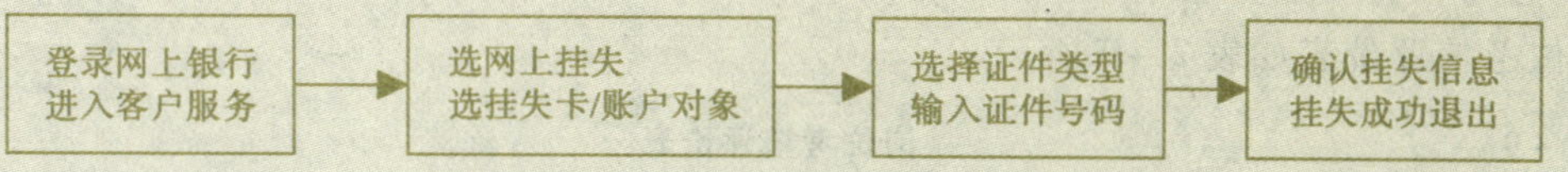

图 2－14　银行卡网上挂失业务流程

【业务流程 3】

银行卡补卡业务流程如图 2－15 所示。

图 2－15　银行卡补卡业务流程

【操作要点】

步骤1：客户将有效身份证、挂失申请表第三联或换卡申请书交给柜员，申请办理补卡手续

步骤2：柜员审核身份证件和申请表

有的银行除了要客户提交挂失申请表之外，还要填写换卡申请书。柜员需要确保换卡申请书填写规范完整。

步骤3：系统操作

经办人员通过系统查询客户账户相关信息，在核实客户挂失资料属实之后，根据相关规定进行补卡业务操作。

通过复核和授权后，打印领卡签收单和费用收据，收取费用。

经办人员在领卡签收单上加盖业务公章和个人名章，在费用收据上加盖现金收讫章和个人名章。

步骤4：后续处理

经办人员将领卡签收单回单联、新的银行卡和客户身份证件交给客户。此外，经办人员还要核销银行卡挂失登记簿，并整理归档相关凭证。

【岗位实训】

1. 实训场所：金融实训室。

2. 扮演角色：柜员张华，营业厅服务人员李俊，卡部中心客服部坐席王绵，客户张芳、李萍、王明。

3. 实训内容：

（1）营业厅服务人员李俊给客户详细介绍银行卡挂失的几种类型及其特点。

（2）柜员张华受理客户张芳的书面挂失请求。客户张芳准确填写挂失申请表，提交身份证和卡号、住址等信息。

（3）客服部坐席员王绵接受客户李萍的人工电话银行卡挂失业务处理。

（4）营业厅服务人员李俊为王明讲解工商银行银行卡网上挂失流程。

（5）柜员张华接受顾客补卡业务申请，并完成相应业务流程。

【岗位考核】

岗位考核评价表如表2－9所示。

表2－9　岗位考核评价表

考核项目	要　求	2～2.5分	1～2分	0～1分
银行卡书面挂失业务流程操作	准确、迅速	完全符合	基本符合	有不符之处
银行卡电话挂失业务流程操作	准确、迅速	完全符合	基本符合	有不符之处
银行卡网上挂失业务流程介绍	准确、迅速	完全符合	基本符合	有不符之处
银行卡补卡业务流程操作	准确、迅速	完全符合	基本符合	有不符之处
总　分	10分			

任务四　银行卡密码挂失和重置

【任务描述】

业务场景：某银行营业厅。

业务角色：柜员陈林、客户张明。

业务内容：

（1）客户张明来到营业厅柜员陈林柜台前，要求为其办理密码挂失业务；

（2）陈林为其办理密码重置业务。

【业务流程1】

银行卡密码挂失业务流程如图2-16所示。

图2-16　银行卡密码挂失业务流程

【操作要点】

步骤1：柜员受理密码挂失业务

客户将身份证件、挂失申请表等交给柜员，申请办理银行卡密码挂失业务。

步骤2：柜员审核客户身份证件及申请表

身份证件审核指是否为银行规定范围要求的，如身份证丢失的，可以用临时身份证或者用派出所开出的户籍证明办理。

步骤3：系统操作

银行工作人员核实客户资料、进行信息录入、收取手续费用、凭证处理、打印交易记录，加盖公章和经办人名章。

步骤4：后续处理

经办人员整理归档凭证，放入相应传票格，并在银行卡挂失登记簿上进行登记。

【业务流程2】

一般而言，银行卡密码挂失后的3~7天，才能申请密码重置业务办理。密码重置不需要缴纳手续费，密码重置不允许他人代为办理。银行卡密码重置业务流程如图2-17所示。

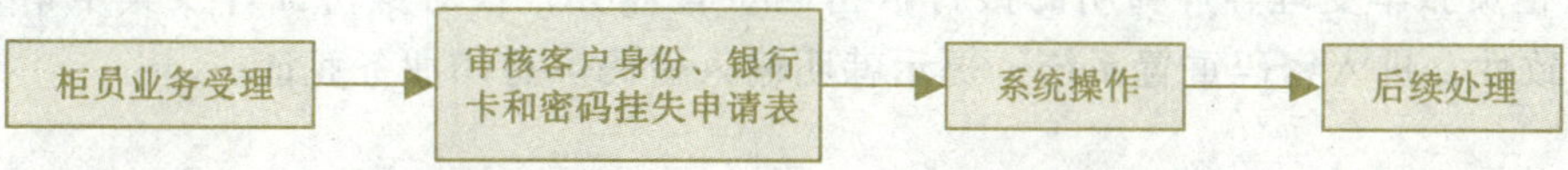

图2-17　银行卡密码重置业务流程

【操作要点】

步骤1：柜员受理业务

客户将身份证件、银行卡、挂失申请表第三联等交给柜员，申请办理银行卡密码重置业务。

步骤2：审核客户身份、银行卡及挂失申请表

密码重置必须由本人办理，所以需要认真核对身份证件真假和身份证件与客户身份是否一致。要求客户在第三联上签字，并核对第三联签字和第一联是否一致。

步骤3：系统操作

通过系统授权后，要求客户输入两次新的银行卡密码。系统确认后，打印交易记录，如图2－18所示。

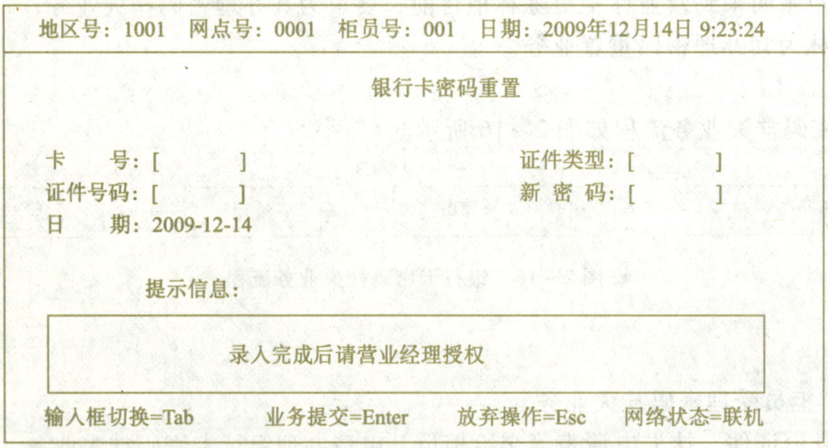

图2－18　“银行卡密码重置”界面

步骤4：后续处理

经办人员还需核销挂失登记簿，并整理归档相关凭证。

【岗位实训】

1. 实训场所：金融实训室。

2. 扮演角色：柜员张华、银行卡部工作人员张文、客户韩明。

3. 实训内容：

（1）柜员张华受理客户韩明的银行卡密码挂失业务，指导客户正确填写密码挂失申请书，审核身份证件、申请书信息。操作银行密码挂失系统处理业务，打印业务凭证，收取手续费。

（2）柜员张华受理客户韩明的银行卡密码重置业务，核对身份证件及其申请表，以及签字的一致性，进入密码重置系统，提示韩明输入密码。打印业务凭证。

【岗位考核】

岗位考核评价表如表2－10所示。

表2－10　　岗位考核评价表

考核项目	要　求	2～2.5分	1～2分	0～1分
银行卡密码挂失条件描述	全面、准确、迅速	完全符合	基本符合	有不符之处
银行卡密码挂失业务流程操作	准确、迅速	完全符合	基本符合	有不符之处
凭证归档	准确、迅速	完全符合	基本符合	有不符之处
银行卡密码重置操作	准确、迅速	完全符合	基本符合	有不符之处
总　分	10分			

任务五　银行卡换卡和销户业务

【任务描述】

业务场景：某银行营业厅。

业务角色：柜员陈林，客户张明、李萍、王军。

业务内容：

（1）客户张明来到柜员陈林的柜台前，持换卡通知来办理信用卡的换卡业务；

（2）客户李萍来到银行营业厅，由于卡被折断，申请补卡；

（3）客户王军向柜员陈林申请银行卡销户。

【业务流程1】

信用卡的有效期一般为3年，到期需要换卡，或者客户不再使用该卡，便销户。借记卡一般没有期限规定，所以不存在到期换卡的问题。信用卡换卡流程如图2－19所示。

图2－19　信用卡换卡流程

【操作要点1】

步骤1：复核客户账户资料

将即将到期的信用卡的客户资料提前一个月整理出来，然后将账户资料传送至征信部门进行重新审核。对于不再适合续卡的持卡人，给出到期不换卡的报表，经由分行卡中心征信审核部门负责人签字确认。

步骤2：将是否同意换卡的意见通知客户

步骤3：制卡

打印换卡资料，复核无误后，交制卡员制卡。

步骤4：发卡

发卡可以通过柜台领卡或者直接寄卡完成。

【业务流程 2】

银行卡由于自然磨损、签名出错、磁条损坏及信用卡提前换卡等情况存在换卡需求，其业务流程如图 2－20 所示。

图 2－20　其他银行卡换卡业务流程

【操作要点】

步骤 1：柜员受理业务

客户将有效身份证件、旧银行卡及换卡申请书提交给柜员，申请办理银行卡换卡业务。一般规定换卡不能代为办理。

步骤 2：审核客户身份证、换卡申请书和旧卡

银行工作人员认真核对客户身份证的真实性，是否和本人相符；审核申请书填写是否完整全面，字迹清晰；审核旧卡是否为本行发行的银行卡及旧卡的合法性。

步骤 3：系统操作

步骤 4：后续处理

经办人员打印领卡签收单交与客户签收；在手续费、工本费收据上加盖业务收讫章；在领卡签收单上加盖业务公章和个人名章。此外，经办人员整理归档凭证，破坏收回的损坏银行卡的磁条后入库保管，定期上缴，完成业务。

【业务流程 3】

银行卡销户业务处理流程如图 2－21 所示。

图 2－21　银行卡销户业务流程

【操作要点】

步骤 1：柜员受理银行卡销户业务

客户将有效身份证件、银行卡及销户申请表等交给柜员，申请办理银行卡销户业务。银行一般规定，销户时可以由他人代为办理，需要出示委托人和代理人的身份证。申请表的审核主要注意信息填写是否完整、字迹是否清晰。

步骤 2：银行经办人员审核

经办人员再次审核客户的身份证、银行卡真伪，审核销户申请表填写是否规范、完备，签字是否清晰可辨。信用卡销户还需要审核是否满足销户条件。

步骤 3：系统操作

银行经办人员在审核客户身份、销户申请表和银行卡后，开始核实客户资料、收回旧卡，进行信息录入、账务处理、现金配款、利息结算及相关凭证处理。

步骤 4：后续处理

经办人员整理归档凭证，破坏收回的银行卡的磁条后入库保管，定期上缴，完成业务。

【岗位实训】

业务场景：金融实训室。

业务角色：柜员王明，客户李文、张军、何文芳、肖华。

业务内容：

（1）客户李文拿到刚发的信用卡，他咨询柜员王明信用卡的到期日期，王明予以回答。

（2）客户张军来到银行营业厅，由于卡被小孩拿去玩耍折断，申请补卡。

（3）客户何文芳来到柜台向柜员王明申请银行卡销户，但是里面还有5000元钱。

（4）客户肖华来到柜员王明面前，因为工作调动离开本地，要把手持的信用卡销户。王明读卡后发现信用卡还有500元未还，王明办理该项业务。

【岗位考核】

岗位考核评价表如表2－11所示。

表2－11　　岗位考核评价表

考核项目	要　求	2～2.5分	1～2分	0～1分
信用卡换卡流程介绍和操作	全面、准确、迅速	完全符合	基本符合	有不符之处
其他银行卡换卡流程介绍和操作	全面、准确、迅速	完全符合	基本符合	有不符之处
信用卡销户业务操作	准确、迅速	完全符合	基本符合	有不符之处
借记卡销户业务操作	准确、迅速	完全符合	基本符合	有不符之处
总　分	10分			

教学研讨

1. 学生的课外业务实践对于职业知识和技能的掌握至关重要，鉴于银行实习和参观的机会较难获得，可以布置学生利用课外时间分散去银行询问银行卡换卡和销户业务流程、具体环节的操作，还可以在家长的帮助下完成真实的业务操作。

2. 在换卡和销户业务的教学过程中，要注意不仅仅是让学生掌握某个业务环节，而是要让其有整体业务流程的操作能力。

3. 在教学过程中，留心学生在每个环节容易出现的问题，从而进行纠错，并为今后的教学积累授课素材。

模块三　银行卡金融交易

学习目标

1. 掌握银行卡授权的相关规定，并能正确操作；

2. 掌握银行卡交易的基本流程；

3. 掌握银行卡取现、存（还）款、转账等金融交易的相关规定；

4. 掌握银行卡取现、存（还）款、转账业务的操作流程，能按相关规定进行业务操作。

学习准备

1. 营业场所准备；

2. 各类机器设备如系统主机、POS 机等；各种业务凭证如签购单、信用卡授权记录单、银行卡等；

3. 金融软件教学系统。

任务一　学习银行卡授权管理

【任务描述】

业务场景：某银行营业厅。

业务角色：柜员王凌。

业务内容：

（1）学习银行卡自动授权管理规定；

（2）学习银行卡人工授权管理规定。

【业务流程】

1. 银行卡自动授权流程如图 2 – 22 所示。

图 2 – 22　自动授权流程

2. 本行卡人工授权程序如图 2 – 23 所示。

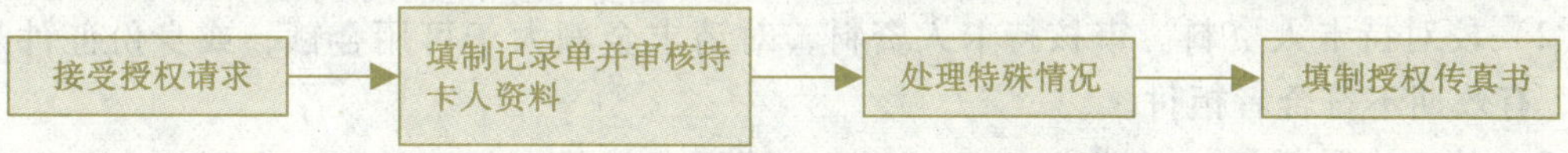

图 2－23 本行卡人工授权处理程序

【操作要点】

步骤 1：银行卡自动授权流程操作要点

（1）主机接收授权信息。持卡人在进行连线交易（POS 机、ATM）时，发卡行卡系统主机接收授权信息。

（2）校验数据。卡号是否为本行发行的银行卡；是否在中国银联或其他国际卡组织、本行系统的黑名单中；卡状态是否正常；是否为需要特殊处理的卡号；卡号是否为伪卡；是否为过期卡；等等。如数据正常，符合发卡行制定的授权规则，卡系统批准交易，并自动生成授权号码；如数据不正常或不符合授权规则，则生成拒绝授权信息。

（3）主机回复授权信息。卡系统将授权信息回复收单行。

相关知识

自动授权相关规定

1. ATM 预借现金授权：持卡人通过 ATM 机进行预借现金交易时，必须输入密码。持卡人使用信用卡进行预借现金交易时，交易金额须在其可用余额内，且累计未缴预借现金金额不得超过其信用额度的 50%（含 50%）。

2. 可否超限：各银行对“是否允许超限”规定不一，工商银行、农业银行等不允许超限使用信用卡，除非临时调高信用额度；中国银行等可以超限，但必须致电申请；民生银行等则给予客户一定的超限额度，一般为信用额度的 10%。

步骤 2：本行卡人工授权操作要点

（1）接受授权请求，填制信用卡授权记录单（见表 2－12）。

表 2－12 信用卡授权记录单

<table>
<tr><td>取现点及特约商户名称和编号</td><td>日期</td><td>时间</td></tr>
<tr><td>取现点及特约商户经办人</td><td>信用卡卡号
□公司卡
□个人卡</td><td>有效期</td></tr>
<tr><td rowspan="3">授权性质
□超限额
□公司卡取现
□异地大额转账
□购货合同
□其他</td><td colspan="2">持卡人姓名及身份证号码</td></tr>
<tr><td colspan="2">授权金额</td></tr>
<tr><td colspan="2">授权情况：　　　授权号码：
□同意　□不同意　□转授权</td></tr>
</table>

授权负责人＿＿＿＿＿＿ 授权经办人＿＿＿＿＿＿ 记录人＿＿＿＿＿＿ 输机＿＿＿＿＿＿

（2）校对持卡人资料。审核持卡人资料，对请求金额大于可用金额，或身份证件号码、姓名、有效期不符合者拒付。

（3）处理交易授权。对请求金额小于等于可用金额的0如下处理：在授权人权限内的，授权人员根据授权终端给出的6位授权号码回复；超过授权人员权限的，请有权人员审批，审批人员签字并输入主管密码。如未批准授权，须说明理由。

（4）特殊情况，填制授权传真书。遇到以下情况时，填制银行信用卡授权传真书，传真回复收单行：

- 授权金额在规定额度（含规定额度）以上；
- 该卡未被列入总行信用卡止付名单，但因故要求没收；
- 该卡被列入总行信用卡止付名单或已过有效期，但因故要求收单行受理。

银行信用卡授权传真书应由授权中心负责人和授权人员签字，加盖授权专用章。

【岗位实训】

1. 实训场所：金融实训室。

2. 扮演角色：客户郭静、收银小姐许靓、柜员王红、授权人员蔡大明。

3. 实训内容：

（1）郭静女士在某商场购物后，以信用卡支付费用。收银小姐将其信用卡插入POS机后，成功打印签购单。请指出该种情况下的授权方式。

（2）客户郭静女士在中国建设银行某分理处预借现金，柜员王红发现客户签名处有涂改痕迹，此时柜员该如何处理？

（3）请以授权人员身份进行银行卡授权业务的操作。

【岗位考核】

岗位考核评价表如表2－13所示。

表2－13　　岗位考核评价表

考核项目	要　求	2分	1分	1.0～0分
银行卡授权的类型	熟悉各种类型	完全符合	基本符合	有不符之处
授权的相关规定	正确理解、熟练运用	完全符合	基本符合	有不符之处
不同类型授权的业务操作流程	正确、快速	完全符合	基本符合	有不符之处
团队合作	基本礼仪规范、配合有度	完全符合	基本符合	有不符之处
授权业务处理时间	3分钟	3分钟以下	3～5分钟	5分钟以上
总　分	10分			

任务二 银行卡交易流程

【任务描述】

业务场景：某银行营业厅。

业务角色：柜员张烨、特约商户上海第一百货、客户赵明。

业务内容：掌握银行卡购物交易流程。

【业务流程】

信用卡购物交易流程如图2－24和图2－25所示。

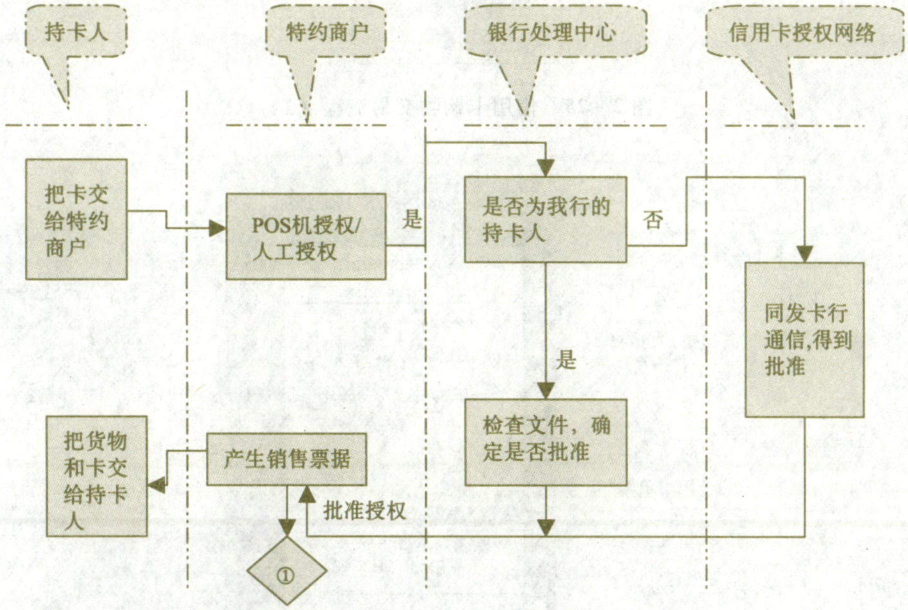

注：图中接点①转接至图。

图2－24 信用卡购物交易流程（一）

【操作要点】

步骤1：客户购物消费

持卡人在特约商户处购物时，收款员审核信用卡和持卡人的合法性。

步骤2：交易授权

购物交易授权分为自动授权和人工授权两种：

(1) 自动授权。对于自动授权，收银员在POS机上刷卡并同时输入交易金额。请持卡人输入密码。通过POS机自动授权成功后，打印签购单（见图2－26）。

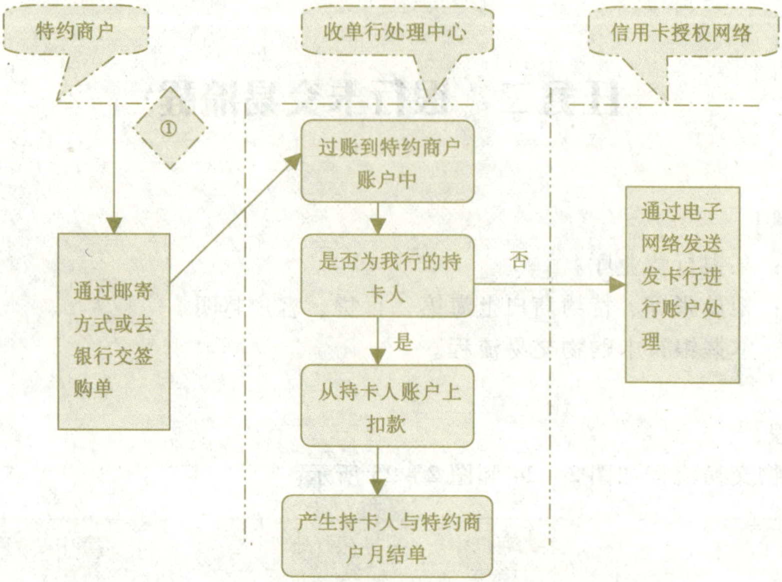

图 2－25　信用卡购物交易流程（二）

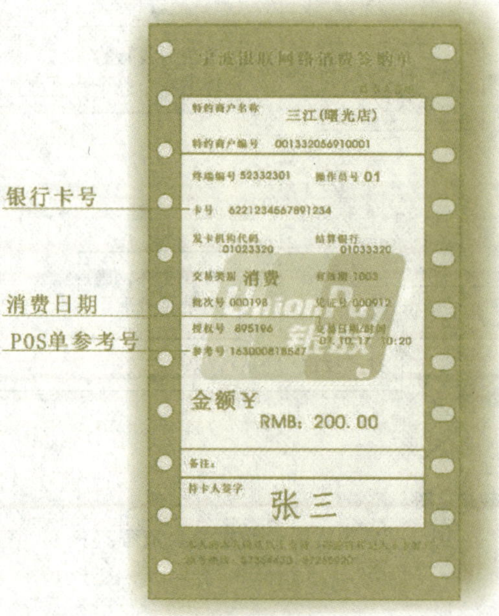

图 2－26　宁波银联签购单

（2）人工授权。发卡银行和特约商户在签订协议时，商定了持卡人每次在该特约商户进行直接消费的最高金额，如果持卡人消费超过限额，特约商户必须向发卡银行请求授权。

步骤 3：特约商户结算和清算

特约商户每天营业结束后，应认真汇总签购单金额，填写总计单，扣除支付给签约银行的手续费（一般为交易面额的 1% ~5%）。收单行处理中心把其特约商户的各种交易分为自己的持卡人所作的交易以及要同其他金融机构交换的交易两种。对于一笔交换交易，收单行要支付交换费给发卡行，以承认发卡行对本笔交易所作的贡献。

【岗位实训】

1. 实训场所：金融实训室。

2. 扮演角色：客户王小雨、特约商户上海市百盛购物中心、银行柜员夏小天。

3. 实训内容：

（1）2009 年 12 月 25 日，百盛购物中心的收银员在收银过程中收到一张信用卡付账，经辨认该卡确实为真实的信用卡。

（2）分别以客户、特约商户、银行柜员的身份参与此次购物消费及入账处理，并指出辨别信用卡真伪的要点及客户购物消费中的注意要点。

【岗位考核】

岗位考核评价表如表 2－14 所示。

表 2－14　岗位考核评价表

考核项目	要　求	2.5 分	2～1 分	1～0 分
辨别真伪信用卡	方法有效、准确	完全符合	基本符合	有不符之处
信用卡购物交易流程	正确、快速	完全符合	基本符合	有不符之处
信用卡购物交易相关规定	熟悉、应用	完全符合	基本符合	有不符之处
团队合作	基本礼仪规范、配合有度	完全符合	基本符合	有不符之处
总　分	10 分			

任务三　银行卡取现业务的处理

【任务描述】

业务场景：某银行营业厅。

业务角色：柜员李平、客户张先生。

业务内容：2009 年 12 月 28 日上午 11：00，客户张先生进入营业网点，要求从其银行卡账户取款。

【业务流程】

银行卡取现业务处理流程如图 2－27 所示。

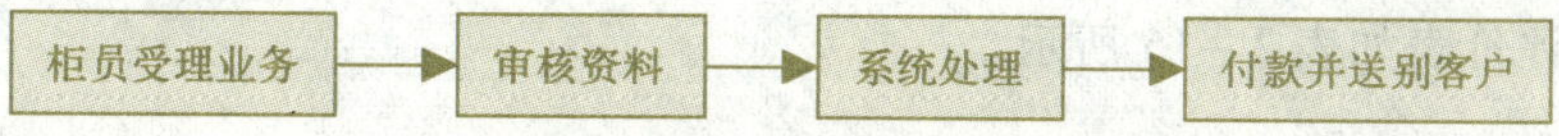

图 2－27　银行卡取现业务处理流程

【操作要点】

步骤1：柜面受理银行卡取现业务

客户将有效证件、银行卡等交给柜员，要求办理银行卡取现业务。

步骤2：审核客户身份及卡片

（1）审核客户身份。信用卡取现原则上不能由他人代办。若客户并非持卡人本人，按照规定，柜员应拒绝办理相应业务；若通过观察发现有异常情况，柜员可以联系持卡人本人，及时冻结相应信用卡账户。

（2）审核卡片。审核银行卡时，主要审核以下内容：

- 银行卡是否为受理卡。
- 银行卡真伪。
- 银行卡细节。

步骤3：系统操作

柜员在进行审核后，登录到借记卡/信用卡交易系统，进行信息录入、账务处理等一系列系统操作。

（1）进入交易界面，在基本交易界面下，柜员输入相应业务的交易代码，进入相应交易的操作界面。

（2）信息录入，输入相应信息要素，并请客户输入交易密码。系统在验证客户输入的交易密码后，会提醒插入相应凭证，系统自动打印凭证上各要素项目。

步骤4：支付款项，并送别客户

柜员核对凭证内容无误后，交给客户核对、签名，然后收回。柜员再次核对凭证内容及客户签名，在凭证上加盖现金收讫章和柜员名章，并撕下凭证的回执联。在上述流程处理完毕后，将银行卡、现金、业务凭证回执和持卡人证件交还客户，完成银行卡现金支取操作。

步骤5：后续处理

柜员把取现业务凭证留存联收入相应的传票格中，结束该笔交易。

【岗位实训】

1. 实训场所：安装有银行模拟软件的金融实训室。

2. 扮演角色：临柜柜员张明、营业所主任杨红、业务主管吴林、客户刘星。

3. 实训内容：

（1）请结合自身的经验，简单描述ATM机取现的流程。

（2）客户刘星于2009年12月28日来行办理准贷记卡取现业务，取款金额3000元。银行柜员张明处理银行卡取现业务。

【岗位考核】

岗位考核评价表如表2－15所示。

表 2－15　岗位考核评价表

考核项目	要　求	2.5 分	2～1 分	1.0～0 分
岗位基本礼仪	规范、文明、大方	完全符合	基本符合	有不符之处
银行卡取现业务相关规定	熟悉、正确运用	完全符合	基本符合	有不符之处
银行卡取现业务操作流程	正确、快速、规范	完全符合	基本符合	有不符之处
业务办理时间	3 分钟	3 分钟以下（含 3）	3 分钟～5 分钟	5 分钟以上（含 5）
总　分	10 分			

任务四　银行卡存款业务的处理

【任务描述】

业务场景：某银行营业厅

业务角色：柜员李平、客户王先生。

业务内容：2009 年 12 月 27 日上午 9：00，客户王先生进入营业网点，要求向其银行卡账户存款。

【业务流程】

银行卡存款业务处理流程如图 2－28 所示。

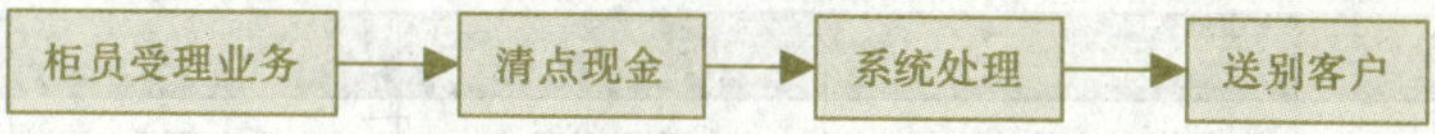

图 2－28　银行卡存款业务处理流程

【操作要点】

步骤 1：柜面受理银行卡存款业务

客户将银行卡、现金等交给柜员，要求办理银行卡存款业务。柜员受理业务后，向客户口头唱对金额。

步骤 2：清点现金

清点现金并识别假币。

步骤 3：系统操作

柜员进行审核后，登录到借记卡/信用卡交易系统，进行信息录入、账务处理等一系列系统操作。

（1）进入交易界面，在基本交易界面下，柜员输入相应业务的交易代码，即可以进入相应的交易操作界面。

（2）信息录入，在存款交易操作界面下，输入卡号、货币代码、存入金额、摘要、对账科目等项目，等待系统确认。系统确认上述操作后，会提醒插入相应凭证，这时柜员插入存款凭证，系统自动打印凭证上各要素。

步骤 4：送别客户

柜员核对凭证内容无误后，交给客户核对、签名，然后收回。柜员在凭证相应位置加盖现金收讫章和柜员名章，并撕下凭证的回执联。在上述流程处理完毕后，柜员将银行卡和凭证回执等交还客户，完成银行卡存款业务的操作。

步骤 5：后续处理

柜员把存款凭证的留存联收入相应的传票格中，结束该笔业务。

【岗位实训】

1. 实训场所：安装有银行模拟软件的金融实训室。

2. 扮演角色：临柜柜员张四、营业所主任杨红、业务主管赵三、客户刘星。

3. 实训内容：

（1）张四是某银行的一名柜员，在处理一笔银行卡存款业务时，发现有可疑币种，应该如何处理?

（2）客户刘星于 2010 年 1 月 12 日来行办理准贷记卡存现业务，存款金额 2 万元。请以柜员身份处理银行卡存现业务。

【岗位考核】

岗位考核评价表如表 2－16 所示。

表 2－16　　岗位考核评价表

考核项目	要　求	2～1.5 分	1.5～1 分	1.0～0 分
岗位基本礼仪	规范、文明、大方	完全符合	基本符合	有不符之处
银行卡存现业务相关规定	熟悉、正确运用	完全符合	基本符合	有不符之处
辨别货币真伪	熟练、准确	完全符合	基本符合	有不符之处
银行卡存现业务操作流程	正确、快速、规范	完全符合	基本符合	有不符之处
业务办理时间	3 分钟	3 分钟以下（含 3）	3 分钟～5 分钟	5 分钟以上（含 5）
总　分	10 分			

任务五　银行卡转账业务的处理

【任务描述】

业务场景：某银行营业厅。

业务角色：柜员李平、客户王先生。

业务内容：2009年12月28日上午9：00，客户王先生进入营业网点，要求向其银行卡账户转账。

【业务流程】

银行卡转账业务处理流程如图2-29所示。

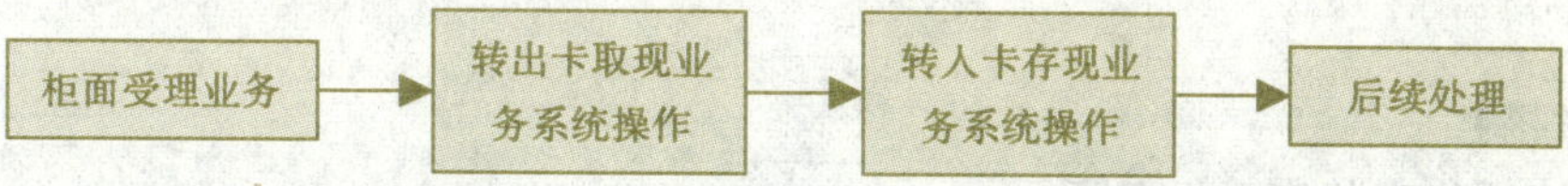

图2-29 银行卡转账业务处理流程

【操作要点】

步骤1：柜面受理转账业务

银行卡转出账户可以为存折、存单及银行卡等资金账户，此处以卡对卡转账为例。客户将转入卡、转出卡及有效身份证件交给银行柜员。柜员受理业务后，要向客户口头唱对转账金额，并审核相关证件、银行卡。

步骤2：转出卡取现业务操作

登录到借记卡/信用卡交易系统，进行转出卡系统操作。

（1）进入交易界面，在基本交易界面下，柜员输入相应业务的交易代码，进入到取现交易操作界面。

（2）信息录入，在取现交易操作界面下，输入卡号、货币代码、支取金额、摘要等项目，并等待客户输入交易密码。系统在验证客户输入的交易密码后，会提醒插入相应凭证，柜员插入支取现金凭证，系统自动打印凭证上各要素项目。

步骤3：转入卡存现业务操作

柜员在完成转出卡的系统操作后，再返回到借记卡/信用卡交易系统，进行转入卡的系统操作。

（1）返回交易界面，柜员输入相应业务的交易代码，进入存款交易操作界面。

（2）信息录入，在存款交易操作界面下，输入卡号、货币代码、存入金额、摘要等项目，等待系统确认。系统确认上述操作后，柜员插入存款凭证，系统自动打印凭证上各要素项目。

步骤4：后续处理

（1）客户签名。交给客户核对、签名，然后收回。

（2）柜员处理凭证。柜员再次核对取现凭证、存款凭证内容及客户签名，在凭证相应位置加盖业务公章和柜员名章，并撕下凭证的回执联。

（3）送别客户。上述流程处理完毕后，柜员将银行卡、凭证回执和持卡人证件交还客户，并送别客户，完成银行卡转账操作。

（4）整理凭证留存联。柜员把取现凭证、存款凭证留存联收入相应的传票格中，结束该笔交易。

【岗位实训】

1. 实训场所：安装有银行模拟软件的金融实训室。

2. 扮演角色：临柜柜员张四、营业所主任杨红、业务主管赵三、客户刘星。

3. 实训内容：

（1）以客户身份进行信用卡透支款的电话转账操作。

（2）以银行柜员身份进行信用卡柜台转账交易操作。

【岗位考核】

岗位考核评价表如表 2－17 所示。

表 2－17　　岗位考核评价表

考核项目	要　求	2.5 分	2~1 分	1.0~0 分
岗位基本礼仪	规范、文明、大方	完全符合	基本符合	有不符之处
银行卡转账业务相关规定	熟悉、正确运用	完全符合	基本符合	有不符之处
银行卡存现业务操作流程	正确、快速、规范	完全符合	基本符合	有不符之处
业务办理时间	3 分钟	3 分钟以下（含 3）	3 分钟~5 分钟	5 分钟以上（含 5）
总　分	10 分			

相关知识

银行卡其他转账方式

1. 关联账户自动还款。信用卡持卡人可以通过开通关联账户实现自动还款。

2. 网上转账还款流程如图 2－30 所示。

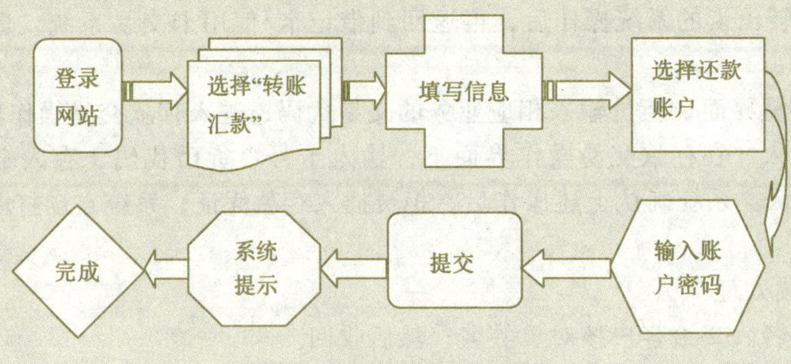

图 2－30　网上转账还款流程

3. 电话转账还款。如果持卡人开通了电话转账还款服务，则可以拨打银行客户服务热线，通过电话银行偿还信用卡账款。其操作流程与网上转账基本相似。

教学研讨

1. 如果运用银行模拟教学软件进行教学，将模拟操作与学生实际动手操作相结合，如何设置教学环节有待探讨。

2. 在实际教学中，银行卡的取现、存现、转账业务，“任务引领法”以什么方式呈现更能调动学生的参与性、思考性及兴趣性。

3. 目前，银行卡非常普及，可以建议学生自己（或小组合作）通过银行柜台（或ATM机、电子银行、电话银行）完成银行卡的申请、存款、取款、转账等一系列业务，然后写出一份汇总报告。

模块四　银行卡客户服务

学习目标

1. 掌握银行卡电话客户服务的主要内容和职责；
2. 掌握银行卡电话客户服务的相关规定，能按照客户要求进行相关操作；
3. 掌握客户服务的技巧，培养客户服务意识，提高客户服务能力。

学习准备

1. 营业场所准备；
2. 各类机器设备如系统主机、电脑、电话机等；疑难问题记录单、客户投诉记录单、客户建议记录单、特殊传真发送申请等；
3. 讲学员分成若干小组，每小组2~3名学员。

任务一　认识电话客户服务中心

【任务描述】

业务场景：某银行的电话客户服务中心（Call Center）。

业务角色：坐席管理员张四、实习坐席员赵三。

业务内容：坐席管理员张四向实习坐席员赵三介绍电话客户服务中心的职责和业务设置。

【基本知识】

认识电话客户服务中心的职责。

电话客户服务中心的职责是为客户提供全方位的电话人工坐席服务，包括解答客户咨询，接受、整理客户投诉，按客户指令完成人工交易，受理客户对银行工作的建议，回复客户咨询投诉，定期对外进行专题呼出等。如图 2－31 所示。

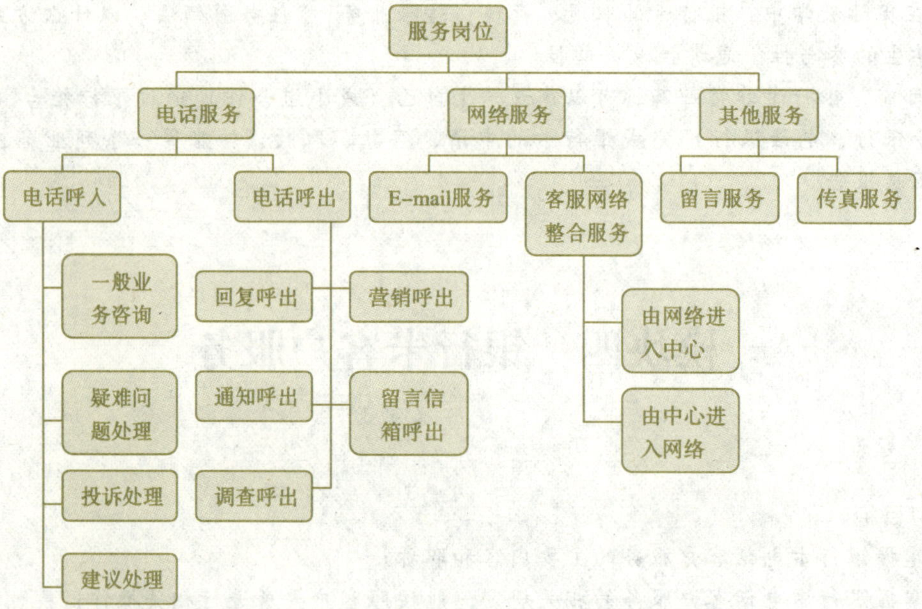

图 2－31　银行客户服务层结构

【业务要点】

电话客户服务中心的业务设置：

1. 客户咨询。接听客户咨询电话时，态度要耐心热情。对于业务资料库中已有的信息，即时答复客户；遇到无法立即解答的问题，应由中心填制疑难问题记录单，及时提交各相关部门要求回复，并建立登记簿记录回复情况。

2. 客户投诉。接听客户投诉电话时，要准确、完整地记录客户信息，填制投诉记录单，接到投诉的第一时间提交相关部门，并建立相应登记簿。

3. 电话交易服务。针对签约客户，向他们提供人工坐席或电话自助的账户查询、转账、银证通、存折炒股、个人外汇买卖、代理交费、账户挂失、传真等服务；针对非签约客户，向他们提供账户查询、代理交费、账户挂失等服务。

4. 咨询投诉回复。有关部门将客户咨询问题的答复及对客户投诉的处理意见反馈给电话客户服务中心，再由坐席员回复客户。

5. 专题呼出。利用运营系统开办对外呼出业务，有目的性地向客户提供银行各类服务信息和金融信息。

相关知识

案例分享——银行业“追求卓越”的具体目标

最近，国外注明的博斯艾伦咨询公司发表了《零售银行销售和服务渠道的典范》的报告。报告阐述了零售银行三大渠道实现卓越的目标：

第一，最出色的支行网点应给妇科大堂般的感觉；

第二，在最出色的电话银行，顾客等待的时间很短，而且马上就能和服务人员而不是人工合成的电话录音通话；

第三，最出色的网站拥有无懈可击的安全措施。

【岗位实训】

1. 实训场所：客户服务中心模拟实训室。

2. 扮演角色：坐席员张四、客户赵三。

3. 实训内容：

（1）通过因特网或实地考察，了解你所熟悉的银行电话客户服务中心的设置情况及对应的职责。

（2）以银行客户服务人员身份对信用卡对账单各要素进行解读。

【岗位考核】

岗位考核评价表如表2－18所示。

表2－18　　岗位考核评价表

考核项目	要　求	2.5分	2~1分	1.0~0分
岗位基本礼仪用语	亲切、文明、清晰流畅	完全符合	基本符合	有不符之处
客服服务中心的业务设置	熟悉	完全符合	基本符合	有不符之处
客户服务中心的工作职责	明确、掌握	完全符合	基本符合	有不符之处
信用卡对账单的解读	正确、快速	完全符合	基本符合	有不符之处
总　分	10分			

任务二　电话客户服务中心的业务处理

【任务描述】

业务场景：某银行的电话客户服务中心；

业务角色：综合信息员张四、座席管理员王乙、座席员赵三、客户周小姐；

业务内容：

（1）周小姐致电电话客服中心，向座席员赵三咨询信用卡积分情况；
（2）周小姐致电电话客服中心，向座席员赵三投诉信用卡对账单未到情况；
（3）周小姐致电电话客服中心，向座席员赵三投诉信用卡对账单账目有误；
（4）座席员赵三处理其他业务。

［活动1］　电话客户服务中心受理咨询业务

【业务流程】

电话客户服务中心受理客户咨询业务操作流程如图2－32所示。

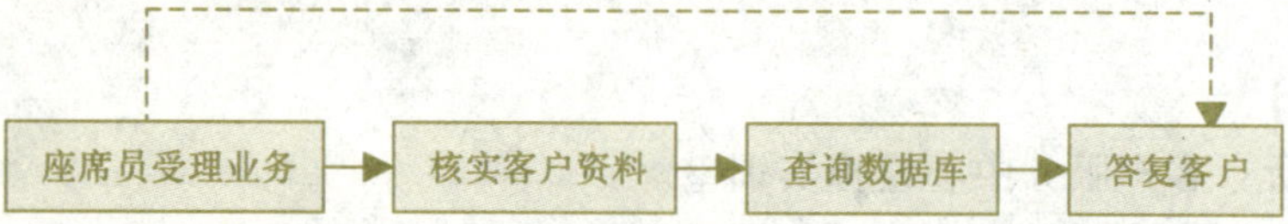

图2－32　电话客户服务中心受理客户咨询业务操作流程

【操作要点】

步骤1：座席员受理业务

客户拨打服务热线，向座席员咨询相关信息。

步骤2：核实客户资料

座席员询问客户身份证件号码、银行卡卡号及其他个人信息，核实客户账户相关资料。

步骤3：查询数据库

座席员在确定客户身份后，在系统数据库中查找客户咨询的相关信息。

步骤4：答复客户

（1）直接答复客户。如果能在系统数据库中查找到相关信息，则依据资料向客户进行解答。

（2）转接座席管理员。遇到数据库中查找不到的资料时，转接座席管理员。

（3）转接综合信息员。座席管理员不能回复问题时，转接综合信息员。

步骤5：后续处理

座席员产生的一般问题记录单在转送相关部门前，必须经座席管理员和综合信息员两次审核后方可转发，以保证解决疑难问题的针对性和质量。

［活动2］　电话客户服务中心受理投诉业务

【业务流程】

电话客户服务中心受理客户投诉业务操作流程如图2－33所示。

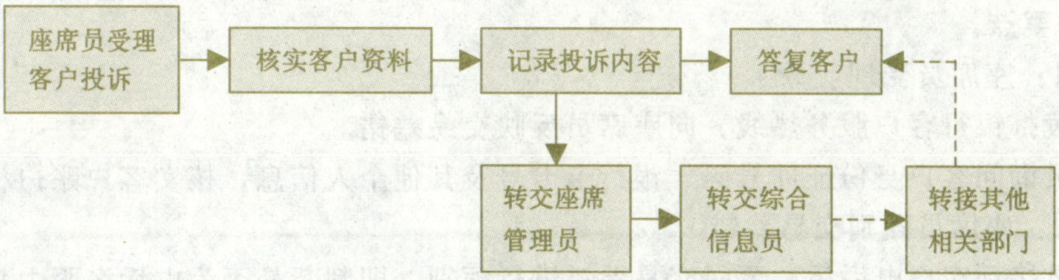

图 2－33 电话客户服务中心受理客户投诉业务操作流程

【操作要点】

步骤1：座席员受理客户投诉

客户拨打银行客户服务热线，向座席员投诉。

步骤2：核实客户资料

座席员询问客户身份证件号码、银行卡卡号及其他个人信息，核实各户账户相关资料。

步骤3：记录投诉内容

座席员接到客户投诉电话后，分析客户投诉，如能化解尽量化解，转为一般咨询，并在客户投诉记录单上记录客户投诉的基本内容。

步骤4：答复客户

（1）座席员答复客户。座席员记录客户投诉内容后，将答复问题的时间告知客户。

（2）其他部门或客服中心答复客户。座席员将客户投诉记录单转交至座席管理员，座席管理员将客户投诉记录单登记至对外联系登记簿后转送至综合信息员。综合信息员应在接到投诉记录单的1小时内，通过网络或传真提交至相关部门，并建立待回复投诉登记簿。

［活动3］ 电话客户服务中心受理账户调整业务

【业务流程】

电话客服中心受理客户账务调整业务操作流程如图2－34所示。

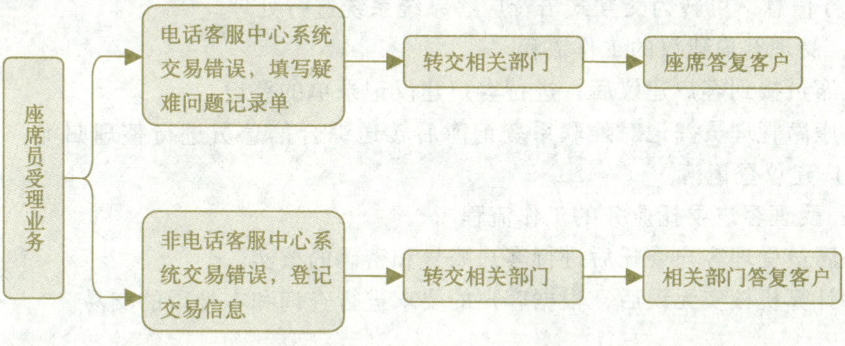

图 2－34 电话客服中心受理客户账务调整业务操作流程

【操作要点】

步骤 1：座席员受理业务

客户拨打银行客户服务热线，向座席员反映交易差错。

座席员询问客户身份证件号码、银行卡卡号及其他个人信息，核实客户账户相关资料。

步骤 2：座席员甄别交易差错

座席员接到客户电话后，要对交易差错进行甄别，即判断是否为电话客服中心系统交易差错。

步骤 3：账务查询、调整

（1）电话客户服务中心系统交易错误：①填写疑难问题记录单。②相关部门进行账务调整。座席管理员应及时将疑难问题记录单转送综合信息员，并转交至相关部门进行账务调整。

（2）非电话客服中心系统交易错误：客户向座席员反映的账户异常如为非电话客服中心系统造成金额业务交易差错，座席员应将交易登记后交座席管理员、综合信息员，再转交至相关部门进行账务查询、调整。

步骤 4：答复客户

（1）电话客户服务中心系统交易错误。相关部门进行账务调整后，综合信息员要将疑难问题记录单交与座席管理员，再将其转送座席员进行回复客户工作。

（2）非电话客服中心系统交易错误。由相关部门进行账务调整、调整后，直接答复客户。

［活动 4］　电话客户服务中心处理其他业务

【操作要点】

步骤 1：对外传真的工作流程

（1）主机自动接收发送指令，向客户传送主机上存储的各类信息。

（2）座席员接受客户索取资讯的请求后，填写特殊传真发送申请书交给座席管理员，有综合信息员组织好资料并进行发送。

（3）每月进行一次信息更新，更新的信息需要由电话客服中心总经理审批；座席员接收的客户账务信息，可转为交互式语音应答系统系统进行处理。

步骤 2：受理客户建议的工作流程

（1）座席员接到客户建议后，进行客户建议记录单的登记。

（2）由座席管理员登记对外联系登记簿后转送综合信息员进行整理归类，再送相关部门并建立客户建议登记簿。

步骤 3：受理客户委托业务的工作流程

（1）座席员受理客户委托后进行客户账号和密码的核实。

（2）待计算机核实无误后，根据客户的要求进行查询和本外币的交易。

【岗位实训】

1. 实训场所：客户服务中心模拟实训室。

2. 扮演角色：综合信息员张四、坐席管理员王乙、坐席员赵三、客户周小姐。

3. 实训内容：

（1）以座席员身份分别处理客户咨询、投诉、账务调整业务。

（2）以座席员身份处理客户建议业务。

【岗位考核】

岗位考核评价表如表2－19所示。

表2－19 岗位考核评价表

考核项目	要　求	2.5分	2～1分	1.0～0分
岗位基本礼仪用语	亲切、文明、清晰流畅	完全符合	基本符合	有不符之处
客服中心各种业务处理流程	熟练、规范掌握	完全符合	基本符合	有不符之处
客服岗位基本能力	应急、沟通、倾听	完全符合	基本符合	有不符之处
团队合作	有集体荣誉感	完全符合	基本符合	有不符之处
总　分	10分			

教学研讨

1. 本模块教学可以将学生分成若干小组，采用任务引领、角色扮演、模拟情景等教学方式，更好地达到“做学一体化”的教学目标。

2. 客户服务中的礼仪要求非常重要，可以通过教师自身示范、视频观看、图片展示、学生实地考察等多种方式学习模仿与训练，培养学生的职业礼仪与素养。

3. 教学案例生活化，就一些真实客服案例，师生进行分享探讨，树立一些先进的客户服务理念。

模块五　银行卡风险管理

学习目标

1. 掌握银行卡风险种类及表现；

2. 掌握信用卡透支管理的相关知识。

学习准备

1. 营业场所准备；

2. 案例讲义；

3. 将学员分成若干小组，每组2～3名学员。

任务一　识别信用卡风险种类及表现

【任务描述】

业务场景：某银行的银行卡部。

业务角色：风险管理员朱浩、实习管理员张明。

业务内容：风险管理员朱浩向实习管理员张明介绍信用卡风险种类及表现。

【基本知识】

1. 信用卡外部风险。信用卡风险来自各个方面，就发卡行、收单行而言，在经营业务中由于持卡人、特约商户等外部原因造成的风险可归类为外部风险。主要有以下几个方面：

（1）虚假申请，是指不法分子以非法取得的真实身份或以手续完备的伪造身份提出虚假申请，向发卡行骗领信用卡的行为。

（2）恶意透支。信用卡恶意透支的种类主要有以下几种：频繁透支；多卡透支；异地透支；相互勾结透支。

（3）伪造、冒用信用卡。它指不法分子仿照发卡行的信用卡样板及有关技术数据非法制造信用卡，或拾得、窃取他人信用卡后，冒充合法持卡人名义使用的违法行为。

（4）特约商户风险。特约商户风险是指不法商户或商户的工作人员违章操作、非法交易，造成发卡机构资金损失的风险。

2. 信用卡内部风险。内部风险是指发卡机构的内部工作人员违规操作或利用职务便利，钻管理漏洞，与不法分子相勾结、串通作案，造成发卡行资金损失的风险。

银行信用卡除存在上述风险外，还可能由于持卡人破产、生病、下岗、失业等原因而无力还款，或因持卡人迁址、迁移至外地、出国，未事先通知发卡行，未告知新地址，致使发卡行无法与其联系，造成欠款催收困难而形成资金风险。

相关知识

案例分享——信用卡透支拒还款　重庆男被拘 6 个月

重庆一街道办事处工作人员用信用卡透支消费后，过了两年多都不归还款项，日前，经重庆市沙坪坝区检察院提起公诉，法院将段某以信用卡诈骗罪判处拘役 6 个月，缓刑 6 个月，并处罚金 2 万元。

段某原系沙坪坝区某街道办事处工作人员，2000 年 8 月 28 日和 2003 年 11 月 4 日，他在中国工商银行重庆市分行办理了两张信用卡，2005 年 3 月至 6 月，他通过取现和消费的方式从两张信用卡上分别透支人民币 3 961.42 元和 9567.82 元。之后，他借故外出，银行工作人员多次通过电话、短信、信函等方式与其本人、家人和单位联系进行催收，但段某仍拒不归还。段某被警方抓获后，其家人将他透支的本息归还。

检察机关认为，段某以非法占有为目的，使用信用卡恶意透支超过规定期限，在发卡银行多次催收后仍不归还，其行为扰乱社会主义市场经济秩序，涉嫌信用卡诈骗罪，遂依法向法院提起公诉，法院经审理后作出上述判决。

【岗位实训】

1. 实训场所：某银行的银行卡部。

2. 实训内容：

（1）请以小组为单位，搜集信用卡风险案例，各小组就信用卡风险案例展开讨论。

（2）请以小组为单位，汇总讨论结果，撰写一份报告。

【岗位考核】

岗位考核评价表如表2－20所示。

表2－20　　岗位考核评价表

考核项目	要　求	2.5分	2～1分	1.0～0分
案例资料搜集	准确、快速、紧扣主题	完全符合	基本符合	有不符之处
案例归类	正确	完全符合	基本符合	有不符之处
观点陈述	明确、紧扣主题、语言流程	完全符合	基本符合	有不符之处
报告撰写	主题明确、格式规范、语言简练	完全符合	基本符合	有不符之处
总　分	10分			

任务二　信用卡透支与催收管理

【任务描述】

业务场景：某银行银行卡部。

业务角色：风险管理员朱浩、实习管理员张明。

业务内容：风险管理员朱浩向实习管理员张明介绍信用卡透支管理的相关知识。

【基本知识】

一、信用卡透支管理

（1）透支管理原则。

①信用卡的透支额度须遵守有关规定，发卡银行可根据持卡人的资信状况及用卡情况调整其信用额度。

②避免搞信用卡协议透支。

③信用卡透支须由授权人员按规定程序和权限予以审批，不准违规批准授权。

④风险控制人员定期审阅透支卡监控报表，根据透支情况检查分析，提出处理意见。

（2）善意透支。善意透支是指持卡人遵循信用卡章程及有关协议的规定，在限额、限期内透支。

（3）恶意透支。恶意透支是指持卡人以非法占有为目的，超过规定限额或者规定期限透支，并且经发卡银行催后后仍不归还透支本息的行为。

相关知识

恶意透支相关法律规定

《刑法》第一百九十六条规定，利用恶意透支进行信用卡诈骗活动，数额较大的，处五年以下有期徒刑或者拘役，并处二万元以上二十万元以下罚金；数额巨大或者有其他严重情节的，处五年以上十年以下有期徒刑，并处五万元以上五十万元以下罚金；数额特别巨大或者有其他特别严重情节的，处十年以上有期徒刑或者无期徒刑，并处五万元以上五十万元以下罚金或者没收财产。

二、信用卡催收管理

（1）催收管理规定。

①在催收过程中注重礼貌用语，规范服务，操作符合有关的法律、法规。

②不随意向客户作出承诺，不得代收客户欠款。

③催收记录要求完整、详细；根据透支持卡人的办卡资料、交易情况及催收记录建立催收档案，并注意保密。

（2）催收方式。对已透支的持卡人根据情况可采取信函催收、电话催收、上门催收及法律手段催收等方式向持卡人及保证人追讨。

【岗位实训】

1. 实训场所：某银行的银行卡部。
2. 实训内容：以银行工作人员身份，通过电话、信函、上门方式向客户催收信用卡欠款。

【岗位考核】

岗位考核评价表如表2－21所示。

表2－21　　岗位考核评价表

考核项目	要　求	2.5分	2～1分	1.0～0分
工作用语	亲切、文明、清晰流畅	完全符合	基本符合	有不符之处
催收方式的运用	熟练	完全符合	基本符合	有不符之处
透支的管理	规范、到位	完全符合	基本符合	有不符之处
应急问题的处理	灵活、有成效	完全符合	基本符合	有不符之处
总　分	10分			

教学研讨

1. 师生搜集案例，可以采用小组讨论、辩论、案例分析等多种方式进行学习与交流，加深对本章节知识与技能的理解掌握。

2. 备课时，注重典型案例的选择，能更好地贴近学生、贴近生活。

项目3

银行结算业务与服务

企业与企业之间由于经济、贸易往来，会存在债权、债务关系，企业间需要使用现金、票据以及信用卡等进行结算和支付。现实生活中，这种货币给付以及资金清算大多数通过银行来完成。银行代客户清偿债权债务、首付款项，是银行结算业务的主要内容。从广义而言，银行的支付结算业务，既包括个人之间的结算，又包括单位之间的结算，既有国内结算，也有国际结算。其中个人之间的支付与结算在本教材项目二中有所涉及，国际结算业务与服务是本教材项目四的主要培训内容。因此，这里涉及的银行结算业务主要是企业之间的支付及结算业务。

本项目训练学员掌握代理企业间结算业务与服务的技能。要求经过本项目的学习，学员能够熟悉各结算凭证、票据，懂得各类票据的填写、审核；了解并传授银行结算纪律；掌握各种结算方式的特征，熟悉各种结算方式的流程，并能熟练操作各种结算业务。

本项目涉及的主要培训模块也是依据结算方式来划分的，概括起来即“三票一卡三方式”，即汇票、本票、支票；汇兑结算、委托收款、托收承付，信用卡。

模块一　票据结算

票据是指出票人无条件约定自己或委托第三人支付一定的金额，并可以流通转让的有价证券，一般商业银行处理的票据包括汇票、本票和支票。不同的票据，有不同的涵义和作用，因此，在结算过程中有不同的使用场合。

学习目标

1. 理解各种票据（汇票、本票和支票）的作用、功能和类型，懂得票据的正确填写；

2. 能独立完成支票转账；
3. 能独立完成本票的签发、付款和结清、退票；
4. 能独立完成汇票的签发、付款和结清、核销、退款、挂失与解挂。

学习准备

1. 银行模拟教学平台软件；
2. 各种票据票样、进账单、印章等；
3. 分小组教学，每小组3～4名学员。

任务一　支票结算

支票是出票人签发的，委托办理支票存款业务的银行或者其他金融机构在见票时无条件支付确定的金额给收款人或者持票人的票据。支票可分为现金支票、转账支票和普通支票，支票上印有“现金”字样的为现金支票，现金支票只能支取现金；支票上印有“转账”字样的为转账支票，转账支票只能用于转账；普通支票既可用于支取现金，也可用于转账。在普通支票左上角划两条平行线的，为划线支票，划线支票只能用于转账，不得用于支取现金。

在日常生活和贸易过程中，单位和个人在同一票据交换区域的各种款项结算均可使用支票，付款人通过支票将款项支付给收款人，是单位和个人最常用的支付手段。我国支票使用具有以下特点：一是总体签发量和金额较大，支票在非现金支付工具中使用占较大比重；二是使用主体以企事业单位居多，居民个人签发支票较少；三是用途较为集中，主要用于商品交易、劳务供应、清偿债务等商务往来，在个人消费、缴付公用事业单位费用等方面应用较少。

【任务描述】

业务场景：中国工商银行××支行对公业务专柜。

业务角色：客户李云、柜员陈小晶。

业务内容：

(1) 2009年2月5日，开户单位彩虹公司出纳员李云持一张该公司签发的转账支票及进账单一份（金额3888元）来行办理转账业务，收款人为本网点开户的××网络科技有限公司。支票用途是支付中国食通网会费。出票人预留银行印鉴为单位公章、会计主管王红和出纳李云个人名章；

(2) 2009年2月5日，开户单位彩虹公司出纳员李云提交转账支票一张及进账单一份（金额5000元）来行办理转账，收款人为在本行B网点开户的某饮料厂，用途为支付购货款；

(3) 2009年2月5日，开户单位彩虹公司出纳员李云提交转账支票一张及进账单一份（金额26000元）来行办理转账，收款人为在中国银行B网点开户的某进出口贸易公司。

柜员陈小晶接待了李云并圆满地完成了上述业务。请参照以上业务活动流程，以陈小晶的身份正确完成相关业务。

【业务流程】

柜员操作步骤如图 3－1 所示。

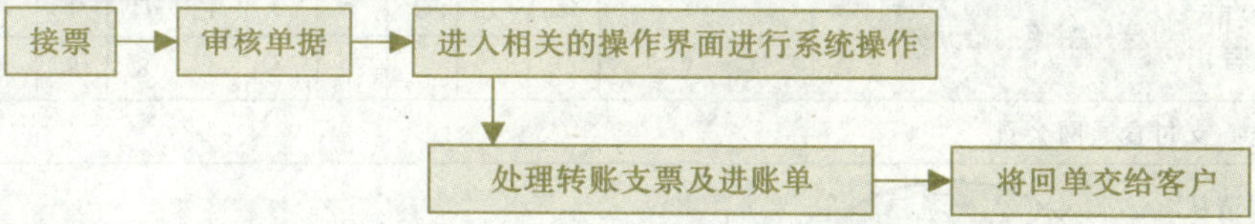

图 3－1　柜员操作步骤

【操作要点】

步骤 1：接票

柜员受理客户提交的支票和进账单。

步骤 2：审核支票和进账单

银行柜员对转账支票进行认真审核。具体审核内容如下：

（1）支票及进账单的联数是否齐全，支票是否真实，是否超过有效期限（支票的提示付款期为自出票日起 10 天）。

（2）支票记载的内容与进账单记载的内容是否一致。

（3）出票人签章是否符合规定，与预留银行的印鉴是否相符（折角验印）。

（4）支票的大小写金额是否一致。

（5）支票必须记载的事项是否齐全，填写是否符合规范，出票日期、出票金额、收款人名称是否更改。

（6）出票人的账户是否有足够的支付款项。

步骤 3：进入相关操作界面，进行系统操作

（1）当持票人、出票人在同一个网点开户或同一行不同网点开户（如上述业务 1 和业务 2 情形），在操作界面选择“同城网内一借一贷”交易或“同城网内一贷多借”交易，输入相关信息。

（2）当持票人、出票人跨行开户（如上述业务 3），在操作界面选择“同城提出代收”交易进行处理。

步骤 4：处理转账支票及进账单

（1）当持票人、出票人同一个网点开户（如业务 1）时，在第二联进账单背面打印记账信息。在凭证上签章（加盖业务清讫章和柜员名章，进账单全部加盖业务转讫章）。转账支票作借方凭证，进账单第二联作贷方凭证。第三联进账单作收账通知交给收款人，如表 3－1、表 3－2 所示。

（2）当持票人、出票人在同行不同网点开户（如业务 2）时，将第二、三联进账单通过内部交换给持票人开户行。支票加盖业务清讫章和柜员名章作借方凭证，如表 3－3、表 3－4 所示。

表 3－1 **转 账 支 票**

中国工商银行转账支票 X VI06527060

出票日期（大写）贰零零玖 年 零贰 月 零伍 日　　付款行名称：工行 A 网点

收款人：××日用化工厂　　出票人账号：0012020000001

本地票付款期限十天

人民币（大写）	叁仟捌佰捌拾元整	亿	千	百	十	万	千	百	十	元	角	分
						¥	3	8	8	8	0	0
用途	支付食通网会费											

款项请从
我账户内支付
出票人签章　彩虹公司　李云　复核：　记账：王红　转讫

表 3－2 **银行进账单（第二联）**

中国工商银行进账单（贷方凭证）2

2009 年 2 月 5 日　　第　　号

付款人	全　称	彩虹公司	收款人	全　称	网络科技有限公司
	账　号	0012020000001		账　号	0012010000001
	开户银行	工行 A		开户银行	工行 A

人民币（大写）	叁仟捌佰捌拾捌元整	千	百	十	万	千	百	十	元	角	分
					¥	3	8	8	8	0	0

票据种类	转账支票
票据张数	1
备注	

转讫

此联由收款人开户行作贷方传票

表 3－3 **转 账 支 票**

中国工商银行转账支票 X Vi06527065

出票日期（大写）贰零零玖 年 零贰 月 零伍 日　　付款行名称：工行 A 网点

收款人：××饮料厂　　出票人账号：0012020000001

本地票付款期限十天

人民币（大写）	伍仟元整	亿	千	百	十	万	千	百	十	元	角	分
						¥	5	0	0	0	0	0
用途	支付购货款											

转讫

款项请从
我账户内支付
出票人签章　彩虹公司　王红　李云　复核：　记账：陈小晶

表 3－4 银行进账单（第二联）

中国工商银行进账单（贷方凭证）2

2009 年 2 月 5 日 第 号

付款人	全称	彩虹公司	收款人	全称	××饮料厂										
	账号	0012020000001		账号	0022010000001										
	开户银行	工行 A		开户银行	工行 B 网点										
人民币（大写）	伍仟元整			千	百	十	万	千	百	十	元	角	分		
							¥	5	0	0	0	0	0		
票据种类	转账支票		转讫 陈小晶												
票据张数	1														
备注															

此联由收款人开户行作贷方传票

（3）当持票人、出票人跨行开户（如业务 3）时：

①同城票据交换提出的处理——将第二、三联进账单按票据交换的规定提出交换给持票人开户行。支票加盖业务清讫章和柜员名章作借方凭证，如表 3－5、表 3－6 所示。

表 3－5 转 账 支 票

中国工商银行转账支票　　X Vi06527066

出票日期（大写）贰零零玖 年 零贰 月 零伍 日　　付款行名称：中行 B 网点

收款人：彩虹公司　　出票人账号：0052030000008

本支票付款期限十天

		亿	千	百	十	万	千	百	十	元	角	分
人民币（大写）	贰万陆仟元整				¥	2	6	0	0	0	0	0
用途	支付购货款											

款项请从
我账户内支付
出票人签章　××进出口贸易公司　王红　李云

复核：　　记账：陈小晶

在计算机上启用“支票/贷记凭证”：将交换提出收方业务中贷记凭证的数据输入处理。

在业务 3 中，作会计分录如下：

借：活期存款——彩虹公司　　26000

　　贷：待提交换——提出　　26000

②同城票据交换提回的处理——持票人开户行收到交换提入的第二、三联进账单，审查无误后，第二联进账单加盖转讫章作贷方凭证，柜员使用“同城提回代收”交易进行账务处理。借记“同城票据交换”，贷记“活期存款”。

出票人开户行收到交换提入的支票（含退票），审查无误后，支票或特种转账凭证作借方凭证，使用“同城提回代付”交易进行账务处理。借记“活期存款”，贷记“同城票据交换”。

表 3－6　　　　　　　　　　　　　　　银行进账单

中国工商银行进账单（贷方凭证）2

2009 年 2 月 5 日　　　　　　　　　　第　　号

付款人	全　　称	××进出口贸易公司	收款人	全　　称	彩虹公司
	账　　号	005203000008		账　　号	0012020000001
	开户银行	中行 B 网点		开户银行	工行 A 网点

人民币（大写）		千	百	十	万	千	百	十	元	角	分
贰万陆仟元整				¥	2	6	0	0	0	0	0

票据种类	转账支票	科目（贷）
票据张数	1	对方科目（借）
备注　收妥入账		转账日期　年　月　日
		复核　　记账　陈小晶

此联由收款人开户行作贷方传票

步骤 5：将回单交给客户

进账单第一联加盖业务清讫章作为回单交给出票人。进账单第三联作为收账通知交给收款人。

【岗位实训】

业务场景：某市建设银行第一支行对公业务专柜。

业务角色：客户张兰（某百货公司出纳员）、柜员陈小晶。

业务内容：

（1）2009 年 3 月 21 日，客户张兰持转账支票及进账单一份到本网点办理转账业务，金额 9000 元，用途为支付货款，付款人为本网点开户的某百货公司，收款人为某服装厂，收付款人均在本网点开户；

（2）2009 年 3 月 21 日，客户张兰持转账支票及进账单一份到本网点办理转账业务，金额 2500 元，用途为支付货款，出票人为本网点开户的某百货公司，收款人为在第二支行开户的某玩具厂；

（3）2009 年 3 月 21 日，客户张兰持转账支票及进账单一份到本网点办理转账业务，金额 5000 元，用途为支付货款，出票人为本网点开户的某百货公司，收款人为在另一银行开户的某印刷厂。

要求：

（1）学员根据以上业务填写支票和进账单；

（2）请以柜员身份完成上述业务操作。

【岗位考核】

岗位考核指标如表 3－7 所示。

表3-7 岗位考核指标

实训内容	2~1.5分	1.5~0.5分	0.5~0分
职业礼仪：柜员文明服务规范的遵守	遵守	基本遵守	违反
专业技能：凭证审核、系统操作、凭证处理等	正确	基本正确	错误
专业知识：支票品种、操作流程、相关知识等熟悉程度	非常熟悉	基本熟悉	不熟悉
团队精神：小组合作、沟通、语言表达	顺利完成	基本完成	未完成
完成时间（分钟）	$t \leqslant 5$	$5 < t \leqslant 7$	$t > 7$
总　分	10分		

教学研讨

新知识

全国支票影像交换系统是指运用影像技术将实物支票转换为支票影像信息，通过计算机及网络将支票影像信息传递至出票人开户银行提示付款的业务处理系统，它是中国人民银行继大、小额支付系统之后建设的又一重要金融基础设施。影像交换系统可以处理银行机构跨行和行内的支票影像信息交换，其资金清算通过中国人民银行覆盖全国的小额支付系统处理。支票影像业务的处理分为影像信息交换和业务回执处理两个阶段，即支票收款人开户银行通过影像交换系统将支票影像信息发送至出票人开户银行提示付款；出票人开户银行审核无误后将款项通过小额支付系统支付给收款人开户银行。

与传统支票业务处理流程相比，通过影像交换系统处理，支票在交易主体间的流通转让环节并未发生变化，主要是银行间的支票传递和清算环节发生了变化。体现在以下三个方面：一是支票在银行间的传递由实物票据交换转换为系统传输电子信息和影像信息。二是支票核验付款由出票人开户行根据实物支票核验付款转换为根据支票影像信息核验付款。三是银行间的资金清算由同城票据交换系统完成转换为由小额支付系统完成。

根据中国人民银行的规定，支票全国通用后出票人签发的支票凭证不变，支票的提示付款期限仍为10天；异地使用支票款项最快可在2~3小时之内到账，一般在银行受理支票之日起3个工作日内均可到账。为防范支付风险，异地使用支票的单笔金额上限为50万元。

《全国支票影像交换系统业务处理办法（试行）》见中国人民银行支付结算司网站。http：//test. pbc. gov. cn。

请学员思考，如何在教学过程中讲述清楚转账业务在同一网点、同行不同网点、不同银行之间操作的不同？

任务二　本票结算

银行本票是出票人签发的，承诺自己在见票时无条件支付确定的金额给收款人或者持票人的票据。银行本票按照其金额是否固定可分为不定额和定额两种。不定额银行本票是指凭证上金额栏是空白的，签发时根据实际需要填写金额，并用压数机压印金额的银行本票；定额银行本票是指凭证上预先印有固定面额的银行本票。

银行本票结算具有如下特点：（1）使用方便。单位、个体经济户和个人不管其是否在银行开户，他们之间在同城范围内的所有商品交易、劳务供应以及其他款项的结算都可以使用银行本票。收款单位和个人持银行本票可以办理转账结算，也可以支取现金，同样也可以背书转让。银行本票见票即付，结算迅速。（2）信誉度高，支付能力强。银行本票是由银行签发，并于指定到期日由签发银行无条件支付，因而信誉度很高，一般不存在得不到正常支付的问题。其中，定额银行本票由中国人民银行发行，各大国有商业银行代理签发，不存在票款得不到兑付的问题。不定额银行本票由各大国有商业银行签发，由于其资金力量雄厚，因而一般也不存在票款得不到兑付的问题。

【任务描述】

业务场景：某市××银行第一网点对公业务专柜。

业务角色：客户李云、柜员林太霖。

业务内容：

（1）2009年9月7日，开户单位彩虹超市李云来行申请银行本票一份，金额16400元用于支付在本网点开户的某食品厂货款；

（2）2009年10月5日，开户单位彩虹超市李云持银行本票及进账单来行办理转账，金额为15000元，出票人为中国银行A网点开户的易达公司。

柜员林太霖接待了李云并圆满完成了上述业务。请参照以下业务活动流程（见图3－2、图3－3），以柜员身份正确完成相关业务。

【业务流程】

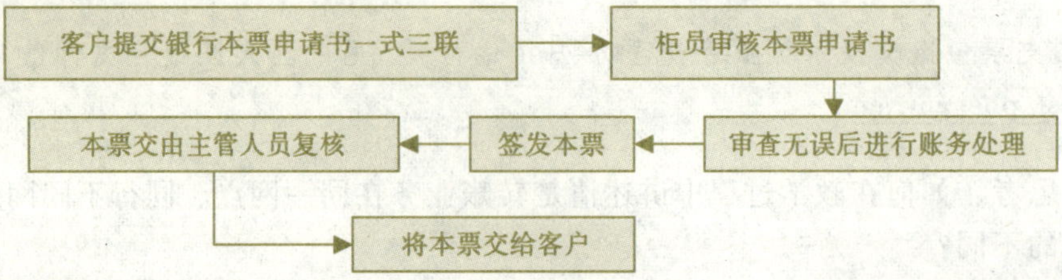

图3－2　银行本票申请与出票

【操作要点】

业务一：申请签发本票及出票

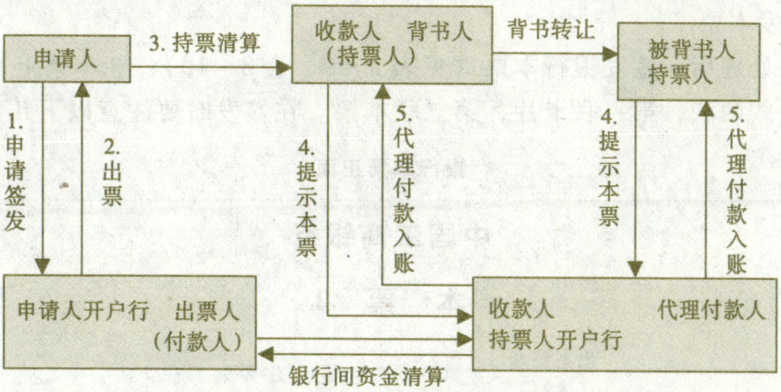

图3－3 银行本票业务流转程序图

步骤1：要求客户填写银行本票申请书一式三联（见表3－8）

表3－8 **银行本票申请书**

中国工商银行本票申请书（存根）1 第 号

申请日期 2009年9月27日

申请人	彩虹超市	收款人	××食品厂										
账号或住址	0012020000001	账号或住址	0012010000001										
		代理付款行	工商银行A网点										
	人民币（大写）壹万陆仟肆佰元整		千	百	十	万	千	百	十	元	角	分	
					¥	1	6	4	0	0	0	0	

备注 财务主管 复核 经办

问清客户是交现金办理还是从其存款账户上扣取。

步骤2：审核本票申请书

柜员受理客户提交的银行本票申请书时，应认真审查。

（1）申请书记载的内容是否齐全、清晰，申请书的日期、金额、收款人名称是否更改，更改的银行不予受理，其他记载事项若有更改，有无原记载人签章证明。

（2）申请人的签章是否符合规定，与预留银行的签章是否相符，使用支付密码的其密码是否正确。

（3）申请人账户是否有足够支付的款项。

（4）申请人填明“现金”字样的，经审查申请人和收款人是否均为个人，并由申请人交存现金办理，审查无误后，才能受理其签发银行本票的申请。

步骤3：审查无误后进行账务处理

审查无误后开始记账，借记申请人存款账户，如果客户交现金的话，借记现金，贷记开出本票，将申请书第二、三联分别加盖转讫章和个人名章后，作为借方凭证和贷方凭证。

以业务一为例，会计分录为：

借：活期存款——彩虹超市　　16400

　　贷：开出本票　　16400

步骤 4：签发本票

在进行账务处理后，签发银行本票（见表 3－9、表 3－10），在本票上由授权经办员签章。本票凭证一式两联，第一联卡片，第二联本票。在签发时要注意以下几点：

表 3－9　　银行本票正面

付款期限 贰 个 月	中国工商银行 本　票　2		地名 $\frac{BB}{03}$00000000
	出票日期（大写）	贰零零玖年 零玖 月 零柒 日	
收款人：××食品厂		申请人：彩虹超市	
凭票即付	人民币（大写）	壹万陆仟肆佰元整	
转账	现金		
备注：	工商银行A网点 林太霖 出票行签章	出纳　　复核　　经办	此联出票行结清本票时作借方凭证

表 3－10　　银行本票背面

被背书人	被背书人	（贴粘单处）
背书人签章 年　月　日	背书人签章 年　月　日	
持票人 提示付款签章：	身份证件名称：　　发证机关： 号码	

（1）本票的出票日期和出票金额必须大写，如果填写错误应将本票作废。按规定可以用于支取现金的本票，须在本票上划去“转账”字样，如业务一情形；用于转账的本票，须在本票上划去“现金”字样，如业务二情形。

（2）不定额转账银行本票没有金额起点和最高限额。提示付款期限自出票日起最长不得超过 2 个月。

（3）不定额本票小写金额必须为压数机压印金额。

步骤 5：将本票交由主管人员复核

将本票及申请书交业务主办复核。复核无误后，在不定额本票第二联或定额本票的正联加盖本票专用章，密押柜员用总行统一制作的压数机在不定额本票的第二联加盖压数，并按当地人民银行规定加编密押。将本票第一联卡片或存根联留存，专人专夹保管。登记签发本票登记簿。同时，填写表外科目付出传票。

步骤6：将本票交给客户

将不定额本票第二联或定额本票正联以及本票申请书的第一联交给申请人。

业务二：转账银行本票的付款

步骤1：要求客户提供银行转账本票和进账单，并认真审查

审查事项如下：

（1）本票是否是统一规定印制的凭证，本票是否真实，是否超过提示付款期限。

（2）本票填明的持票人是否在本行开户，持票人名称是否为该持票人，与进账单上的名称是否相符。

（3）出票行的签章是否符合规定，加盖的本票专用章是否与印鉴相符。

（4）本票是否有压数机压印金额，与大写的出票金额是否一致。

（5）本票必须记载事项是否齐全，出票金额、出票日期、收款人名称是否更改，其他记载事项的更改是否由原记载人签章证明。

步骤2：退回回单

经审查无误后，在第一联进账单上加盖“受理业务专用章”后，作为回单退还给持票人。

步骤3：进行账务处理

借记同城票据清算，贷记收款人的存款账户。

步骤4：提出手续

进入同城票据清算系统，输入付款人名称与账号、收款人名称与账号，同时打印出同城票据清算报单。将同城票据清算报单与进账单第二联分别作为我行的借方凭证与贷方凭证（见表3－11、表3－12）。本票加盖转讫章，通过票据交换中心向出票行提出交换。

表3－11　　银行本票

付款期限 贰个月

中国银行

本　票　2　　　地名 DB/03 00000000

出票日期（大写）　贰零零玖年 拾 月 零伍 日

<table>
<tr><td colspan="3">收款人：彩虹超市</td><td colspan="2">申请人：易达公司</td></tr>
<tr><td>凭票即付</td><td>人民币（大写）</td><td colspan="3">壹万伍仟元整</td></tr>
<tr><td>转账</td><td>现金</td><td colspan="3"></td></tr>
<tr><td colspan="3">备注：
中国银行 A网点
王红
出票行签章</td><td colspan="2">出纳　复核　经办</td></tr>
</table>

此联出票行结清本票时作借方凭证

表 3－12　　　　　　　　　　进　账　单

中国工商银行进账单（贷方凭证）2

2009 年 10 月 5 日　　　　　　　　第　　号

付款人	全　称	易达公司	收款人	全　称	彩虹公司
	账　号	0013010000001		账　号	0012020000001
	开户银行	中行 A		开户银行	工行第一网点

人民币（大写）		千	百	十	万	千	百	十	元	角	分
	壹万伍仟元整			¥	1	5	0	0	0	0	0

票据种类	银行本票	转讫
票据张数	1	
备注		复核　　记账　林太霖

以业务 2 为例，作会计分录如下：

借：待提交换——提出　　　　15000

　　贷：活期存款——彩虹超市　　　　15000

【岗位实训】

业务场景：某市建设银行第一支行对公业务专柜

业务角色：客户张兰（某百货公司出纳员）、柜员陈小晶

业务内容：

（1）2009 年 3 月 2 日，客户张兰来行申请银行本票一份，金额 1 万元，用于支付在本网点开户的日用化工厂货款；

（2）2009 年 3 月 21 日，客户张兰持银行本票及进账单来行办理转账，金额为 16600 元，出票人为工商银行 D 网点开户的易达公司；

（3）2009 年 5 月 9 日，客户陈亮来行申请现金银行本票一份，金额为 5 万元，支付给同在本网点开户的客户赵敏。2009 年 6 月 3 日，赵敏持该本票来行要求付款。

要求：

（1）根据以上业务申请本票；

（2）以柜员身份正确完成银行本票的出票、账务处理、结清，同时进行角色互换，设计不同情况下银行本票结算活动。

【岗位考核】

本岗位的考核指标如表 3－13 所示。

表 3-13　　岗位考核指标

实训内容	2~1.5分	1.5~0.5分	0.5~0分
职业礼仪：柜员文明服务规范的遵守	遵守	基本遵守	违反
专业技能：申请、签发本票、凭证审核、系统操作、凭证处理等	正确	基本正确	错误
专业知识：本票品种、操作流程、相关知识等熟悉程度	非常熟悉	基本熟悉	不熟悉
团队精神：小组合作、沟通、语言表达	顺利完成	基本完成	未完成
完成时间（分钟）	$t\leq5$	$5<t\leq7$	$t>7$
总　　分	10分		

教学研讨

1. 建议聘请一些银行一线柜员与学员交流，讲授实际业务操作中遇到的难点或易犯的错误。讨论怎样设置模拟情境，使岗位实训更有针对性。

2. 建议播放本票结算的操作程序现场工作录像。

任务三　银行汇票结算

银行汇票是出票银行签发的，由其在见票时按照实际结算金额无条件支付给收款人或者持票人的票据。银行汇票清算系统依托中国人民银行现代化支付系统，为跨区域资金清算开辟了一条高效、快速、安全、准确的途径。各城市商业银行互为代理兑付。收到该银行汇票后，可通过同城票据交换提交给同城的商业银行审核支付后抵用。

【任务描述】

业务场景：中国工商银行厦门A网点对公业务专柜；中国工商银行福州B网点业务专柜。

业务角色：客户新联月饼厂出纳李云；工商银行厦门A网点工作人员：临柜柜员李明明、复核柜员刘东、密押柜员张星、授权柜员郑风；工商银行福州B网点工作人员：柜员钟珍珍、联行柜员蒋华。

业务内容：2009年8月9日，客户厦门新联月饼厂采用银行汇票结算方式，向福州钟祥面粉厂购买价值4万元的面粉作为原材料。厦门新联月饼厂要求厦门工商银行A网点签发银行汇票，并将汇票给福州钟祥面粉厂，福州钟祥面粉厂持银行汇票向福州B网点支取货款。

【业务流程】

银行汇票结算的业务流程如图3-4所示。

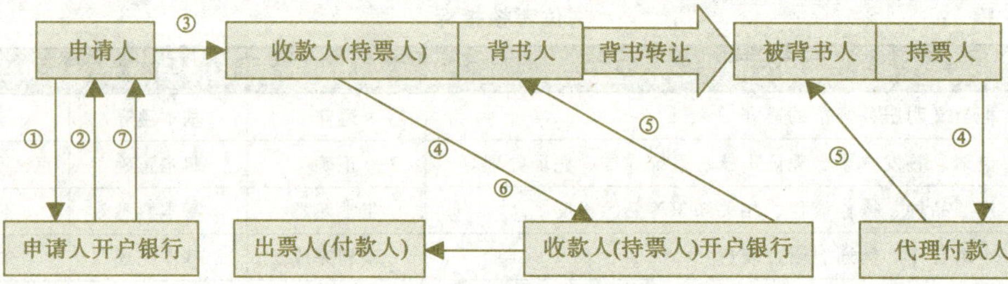

图 3－4　银行汇票结算的业务流程

说明：①申请签发汇票；②出票；③持往异地结算；④提示付款；⑤代理付款入账；⑥银行间资金清算；⑦退回多余款。

【操作要点】

步骤 1：签发银行汇票

(1) 填写汇票委托书，交汇票款。要求客户填写汇票申请书一式三联，交足额的现金或从其存款账户上扣取。

本例中，柜员李明明指导新联月饼厂填写汇票申请书（见表 3－14）。

表 3－14　　银行汇票申请书

中国工商银行汇票申请书（借方凭证）2

申请日期 2009 年 8 月 9 日　　　　第　　号

申请人	厦门新联月饼厂	收款人	福州钟祥面粉厂										
账号或住址	0012020000001	账号或住址	0042040000001										
用途	面粉	代理付款行	乙地工商银行 B 网点										
汇票金额	人民币（大写）　肆万元整	千	百	十	万	千	百	十	元	角	分		
				¥	4	0	0	0	0	0	0		
备注	李云　王红　厦门新联月饼厂	科　目＿＿＿＿　双方科目＿＿＿＿　财务主管　复核　经办											

此联出票行作借方凭证

(2) 审查。受理开户单位提交的一式三联申请书，认真审查申请书内容填写是否齐全、清晰，签章是否为银行预留印鉴。若申请书填明“现金”字样的，审查申请人和收款人是否均为个人。

(3) 账户处理。在申请书各联加盖业务清讫章，第二联背面打印交易信息，第三联摘录汇票签发业务流水号，借记存款账户，贷记开出汇票，将汇票申请书第二联与第三联分别作为借方凭证与贷方凭证。

(4) 复核与授权。汇票签发记账完毕后，把汇票申请书交给复核柜员复核“兑付行行号”、“收款人账号”、“付款人账号”、“金额”四项内容；并经银行授权柜员授权“收款人账号”、“付款人账号”、“金额”三项内容，授权控制同汇票签发复核交易。

本例中，李明明把汇票申请书交给复核柜员刘东复核。授权柜员郑风授权相关内容。

（5）打印汇票。如汇票打印损坏，需选择冲账，然后重新签发。因打印出错或打印后发现内容有误，原汇票打印柜员加盖“作废”章，作为当日表外凭证附件。

（6）汇票密押。汇票签发打印完毕后，要将打好的汇票交给密押柜员编押，将该笔汇票进行加押处理，并打印汇票密押。

本例中，李明明将打印好的汇票交给密押柜员张星作相关处理。

（7）汇票压数。汇票密押完毕后，由密押员在实际结算金额的小写金额上端用总行统一制作的压数机压印出票金额，并与汇票的大写金额核对一致后将汇票交复核员。

本例中，张星压印出票金额，并交刘东复核。

（8）出票。复核员审查无误后，在汇票第二联（银行汇票正联）上加盖红色印泥汇票专用章，签章必须清楚。连同第三联（解迄通知）一并交申请人。第一联加盖经办、复核人员名章，连同第四联一并加盖附件章后来专夹保管。

本例中，刘东审查无误后盖章并将汇票交给新联月饼厂（见表3－15），第一、四联专夹保管。

表3－15　　银行汇票

付款期限 壹个月

中国工商银行

银行汇票　2

广CB 00007069
西01

出票日期（大写）	贰零零玖年零捌月零玖日	代理付款行：乙地工商银行B网点 行号：010203									
收款人：福州钟祥面粉厂		账号：0042040000001									
出票金额	人民币（大写）　肆万元整										
实际结算	人民币（大写）	千	百	十	万	千	百	十	元	角	分

申请人：厦门新联月饼厂　　　　账号：001202000001

出票行：工行A网点行号：010304

备　注：

凭票付款

出票行签章：　A行汇票专用章　李明明

千	百	十	万	千	百	十	元	角	分

此联代理付款行付款后作联行往账借方传票附件

步骤2：兑付行解付汇票

（1）客户向对方行提交我行开具的银行汇票第二联与第三联、解付通知与进账单。

本例中，新联月饼厂向福州B网点提交厦门A网点开具的银行汇票第二联与第三联、解付通知与进账单（见表3－16）。

表 3－16　　　　银行进账单

中国工商银行进账单（贷方凭证）2

2009 年 8 月 9 日　　　　第　　号

付款人	全　称	厦门新联月饼厂	收款人	全　称	福州钟祥面粉厂
	账　号	0012020000001		账　号	0042040000001
	开户银行	工行 A		开户银行	工行 B

人民币（大写）	肆万元整	千	百	十	万	千	百	十	元	角	分
				¥	4	0	0	0	0	0	0
票据种类	银行本票										
票据张数	1										
备注											

（2）对方行应认真审查汇票，审查内容如下：①汇票和解讫通知是否同时提交，内容是否相符，汇票号码是否一致；汇票记载内容是否齐全，是否有涂改、伪造或变造的痕迹。②汇票是否超过提示付款期。出票行签章是否为汇票专用章并加盖法定代表人或其授权经办人名章，汇票专用章与印模是否一致。③压数金额是否由总行统一制作的压数机压印，与大写金额是否一致，全国银行汇票压数字头、汇票上打印的出票行行号、汇票上加盖的汇票专用章行号三者是否一致。④汇票的实际结算金额大小写是否一致，是否在出票金额以内，与进账单金额是否一致。如果全额进账，是否在汇票和解讫通知的实际结算金额栏内填入出票金额，多余金额栏填“—0—”。⑤收款人或持票人是否在汇票背面“持票人向银行提示付款签章”处签章，签章是否与其预留签章一致。⑥ 汇票正面记载“不得转让”字样的汇票是否被转让。

本例中，福州 B 网点柜员钟珍珍进行相关审查。

（3）联行柜员进行核押。对于系统内签发的全国银行汇票应对汇票密押。解付系统内签发汇票时，应进行汇票核押。本例中，联行柜员蒋华进行汇票密押。

（4）联合柜员进行汇划发报录入并打印借方报单。审核无误后，进行汇划发报录入，系统将自动根据柜员录入的汇票要素，检查收报行的汇票登记簿。检查完毕后联行柜员打印电子汇兑往账借方报单。本例中，蒋华进行汇划发报录入并打印借方报单。

（5）联合柜员进行账务处理。

（6）发报。汇票第三联加盖转讫章交汇划发报复核柜员复核后随联行借方报单寄我行。

步骤 3：银行汇票的结清

（1）通过联行来账结清。

①审查。接到电子汇兑来账借方报单时，抽出原专夹保管的汇票卡片，核对确属本行出票，借方报单与实际结算金额相符，多余金额结计正确无误后，按是否有多余款分别处理（见表 3－17）。

表 3-17　　　　银行汇票解讫通知联

××银行

付款期限
壹 个 月

银行汇票（解讫通知）　**3**　　汇票号码

出票日期（大写）　年　月　日　　代理付款行：　　行号：

收款人：　　账号：

出票金额　人民币（大写）

实际结算金额　人民币（大写）

千	百	十	万	千	百	十	元	角	分

申请人：＿＿＿＿＿＿　账号：＿＿＿＿＿＿

出票行：＿＿＿＿　行号：＿＿＿＿

备　注：＿＿＿＿＿＿

代理付款行签章

复核　　经办

密押：

多余金额

千	百	十	万	千	百	十	元	角	分

复核　　记账

此联代理付款行兑付后随报单寄出票行，由出票行作多余款贷方凭证

10×17.5cm（白纸红油墨，实际结算金额栏加红水纹）

②账务处理。如为全额付款，借记开出汇票，贷记联行往来，以汇票第一联与打印出的电子汇兑来账报单分别作为柜员的借方记账凭证和贷方记账凭证，在多余款金额栏内填写“—0—”，第一联作借方凭证，第三、四联作借方凭证附件办理转账；如汇票有多余款的，应在第一、四联上填写实际结算金额和多余金额，第一联作借方凭证，第三联作贷方凭证，第四联作为第三联的附件。这三联汇票上均应加盖结清章。

（2）通过非联行来账结清。接到通过同城交换或网内联行转让结清银行汇票的凭证的处理方法同上。

步骤4：银行汇票退款

（1）客户提交汇票第二联和第三联。申请人为单位的，应由单位正式出具公函说明原因；申请人为个人的，应出示有效身份证件。

（2）核对。查询该笔汇票与登记簿是否一致，并仔细审核汇票真伪和要素是否齐全，并与原专夹保管的汇票卡片核对。

（3）作未用退回核销处理。在汇票的第二、三联的实际结算金额大写栏填写“未用退回”字样，办理转账，销记汇出汇款登记簿。银行汇票第四联的多余金额栏填入原出票金额，打印多余款收票通知，并加盖转讫章交给申请人。汇票第一联作借方凭证，第二联作附件，汇票第三联作贷方凭证，如退付现金，汇票第三联作借方凭证附件（见表3-18）。

【岗位实训】

2009年8月28日至2008年8月31日间，某市模拟银行第一支行柜员王小华受理如下业务：

表 3－18　　**银行汇票多余款收账通知联**

××银行

付款期限 壹 个 月

银行汇票（多余款收账通知）　**4**　　汇票号码

出票日期（大写）　年　月　日　　代理付款行：　　行号：

收款人：　　账号：

出票金额 人民币（大写）

实际结算金额 人民币（大写）

千	百	十	万	千	百	十	元	角	分

申请人：＿＿＿＿＿＿　账号：＿＿＿＿＿＿

出票行：＿＿＿＿行号：＿＿＿＿

备　注：＿＿＿＿＿＿

出票行签章

年　月　日

密押：

多余金额

千	百	十	万	千	百	十	元	角	分

左列退回多余金额已收入你账户内

此联出票行结清多余款后交申请人

10×17.5cm（白纸紫油墨）

1. 28 日，天虹百货商场出纳员李星持银行汇票申请书办理银行汇票，金额为 5 万元，收款人为广州香兰床上用品厂，通过系统内转账银行汇票付款。

2. 31 日，江明食品厂出纳员吴门持银行汇票的汇票联及解迄通知联和三联进账单（出票金额 6 万元，实际结算金额 57000 元）来办理银行进账业务。

实训提示：

（1）实训题中的各类开户业务均假设为尚未在本模拟银行建立过客户信息。

（2）实际结算金额小于票面金额时，应按实际结算金额支付，多余款退还给付款人。

【岗位考核】

本岗位考核指标如表 3－19 所示。

表 3－19　　**岗位考核指标**

实训内容	2～1.5 分	1.5～0.5 分	0.5～0 分
职业礼仪：柜员文明服务规范的遵守	遵守	基本遵守	违反
专业技能：银行汇票的签发、解付、结清、退款等	正确	基本正确	错误
专业知识：银行汇票概念、操作流程、相关知识等熟悉程度	非常熟悉	基本熟悉	不熟悉
团队精神：小组合作、沟通、语言表达	顺利完成	基本完成	未完成
完成时间（分钟）	t≤5	5＜t≤7	t＞7
总　分	10 分		

教学研讨

1. 可以让学员角色互换，如学员甲先扮演临柜柜员，再扮演复核柜员。
2. 如何增强场景模拟效果？

任务四　商业汇票结算

商业汇票是出票人签发的，委托付款人在指定日期无条件支付确定的金额给收款人或者持票人的票据。分为银行承兑汇票和商业承兑汇票两种。

由银行承兑的汇票为银行承兑汇票。银行承兑汇票比商业承兑汇票具有更为可靠的银行信用保证，流通范围广，变现能力强，是企业支付远期货款的最佳手段。通常在银行开立了单位结算账户，结算情况和资信情况良好，具有支付汇票金额可靠资金来源的客户，在与其他客户发生真实的交易关系或债权债务关系时，存入一定比例的保证金，同时对保证以外的部分提供银行认可的担保后，均可申请办理银行承兑汇票业务。

由银行以外的付款人承兑的商业汇票为商业承兑汇票。商业承兑汇票付款人为承兑人，无起点金额限制，付款期限最长可达 6 个月，可办理贴现，可背书转让。商业承兑汇票的出票人，为在银行开立存款账户的法人以及其他组织，与付款人具有真实的委托付款关系，具有支付汇票金额的可靠资金来源。

【任务描述】　商业汇票承兑处理

业务场景：中国工商银行 A 网点对公业务专柜

业务角色：客户中美建筑公司、临柜柜员李明明。

业务内容：中美建筑公司从兴业水泥厂买入一批水泥，货款共计 20 万元，2009 年 9 月 29 日，中美建筑公司出纳持银行承兑汇票申请来行申请办理承兑汇票。之后将承兑汇票交给兴业水泥厂。兴业水泥厂在承兑汇票到期之日请求支付。

【业务流程】

商业汇票（银行承兑汇票）结算的业务流程如图 3－5 所示。

【操作要点】

步骤 1：银行办理汇票承兑

（1）客户申请承兑。填写银行承兑汇票申请一式三联，申请承兑。

（2）银行信贷部门进行审查。信贷部门根据客户的信用等级核定应缴保证金比例，审查相关的单据，同意后即可以与出票人签署银行承兑协议，一联留存，另一联及其副本和第一、二联汇票一并交本行会计部门。本例中，信贷部门对中美建筑公司进行相关审查。

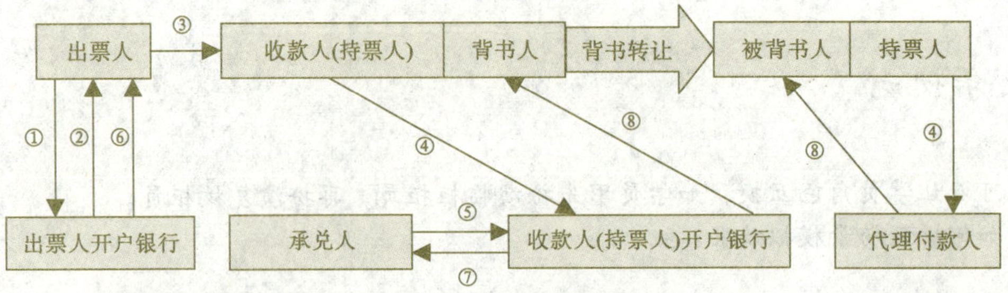

图 3－5　商业汇票（银行承兑汇票）结算的业务流程

说明：①出票并申请承兑；②承兑；③交付汇票；④委托收款；⑤发出委托收款；⑥交存票款；⑦划回票款；⑧收妥入账。

（3）柜员对汇票和承兑协议进行审核。审查承兑协议、签章是否符合规定，出票人是否在本行开立存款账户；承兑申请人向承兑网点领购空白银行承兑汇票，按照银行承兑协议内容签发银行承兑汇票（见表 3－20）。审核银行承兑汇票上各种必须记载的事项是否齐全规范，并与承兑协议内容一致，汇票出票人的账号、名称、签章与存款户的账号、名称、预留签章是否相符，完成表外业务账务处理，登记银行承兑汇票登记簿。本例中，柜员李明明进行相关审核。

表 3－20　　　　银行承兑汇票

银行承兑汇票　2

出票日期（大写）　贰零零玖 年 零玖 月 零肆 日　　　　汇票号码 第　　号

付款人	全　　称	中美建筑公司	收款人	全　　称	兴业水泥厂	
	账　　号	0012020000001		账　　号	0010600000006	
	开户银行	工行 A 网点　行号		开户银行	工行 B 网点　行号	
出票金额	人民币（大写）	人民币贰拾万元整		千 百 十 万 千 百 十 元 角 分		
汇票到期日	贰零零玖年拾贰月贰拾玖日		本汇票已经承兑，到期日由本行付款。		承兑协议编号	0000001
本汇票已经承兑，到期无条件支付汇款。 工行A网点 承兑人签章 承兑日期　　年　　月　　日			承兑行签章 承兑日期 2009 年 9 月 29 日		科目（借） 对方科目（贷） 转账　　年　月　日 复核　　　记账	

此联收款人开户行随委托收款凭证寄付款行作借方凭证

（4）出票。在第一、第二联汇票上注明承兑协议变化，并在第二联汇票上加盖银行汇票专用章和授权的经办人名章，将承兑汇票第二联连同第一联承兑协议交出票人。承兑银行将第一联汇票卡片联、银行审批表、承兑协议副本等专夹保管。第三联由银行信贷部门留存。按规定向承兑申请人收取承兑汇票工本费并按承兑金额万分之五收取承兑手续费。

本例中，李明明将第一、二、三联按以上要求进行处理，并收取工本费和手续费。

相关知识

商业汇票的会计凭证

1. 银行承兑汇票（采用一式三联凭证）。

第一联卡片，由承兑行留存备查，到期支付票款时作借方凭证附件；

第二联银行承兑汇票正联，由收款人开户行随委托收款凭证寄付款行作借方凭证附件；

第三联存根，由出票人存查。

2. 商业承兑汇票（采用一式三联凭证）。

第一联卡片，由承兑人留存；

第二联商业承兑汇票，由持票人开户行随委托收款凭证寄付款行作借方凭证附件；

第三联存根，由出票人存查。

3. 银行承兑协议（一式三联）。

第一联正本；第二联正本；第三联副本。

4. 贴现凭证（一式五联）。

第一联代申请书，银行作贴现科目的借方凭证；

第二联贷方凭证，银行作持票人账户的贷方凭证；

第三联贷方凭证，银行作贴现利息科目的贷方凭证；

第四联收账通知，银行给持票人的收账通知。

第五联到期卡，会计部门按到期日排列保管，到期日作贴现科目贷方凭证或贴现科目的贷方凭证附件。

步骤2：持票人开户行受理汇票的处理

（1）要求提供相关手续。客户应填制邮划或电划委托收款凭证，在“委托收款凭证名称”栏注明“银行承兑汇票”字样及汇票号码，连同汇票一并交送开户行。

（2）认真审查。审查内容如下：汇票是否在提示付款期限内。汇票的持票人是否在本行开户，审查汇票的真伪。汇票必须记载事项是否齐全；出票金额、出票日期、收款人名称是否更改。汇票上收款人名称或被背书人名称与持票人和委托收款人凭证上的收款人三者是否一致；背书转让的汇票其背书是否连续，签章是否符合规定。委托开户银行收款的是否作成委托收款背书并符合规定。委托收款凭证的记载事项与银行承兑汇票记载的事项是否相符。委托收款凭证名称栏是否注明银行承兑汇票及汇票号码。

（3）会计处理。经审查无误，在委托收款凭证各联上加盖“银行承兑汇票”戳记，第一联委托收款凭证加盖业务公章作回单给持票人；第二联委托收款凭证单独保管，手工登记发出委托收款登记簿，并记载表外科目。

（4）将相关手续发送至承兑银行。对方行在委托收款的第三联加盖“结算专用章”，连同第四、五联凭证及银行承兑汇票按规定寄我行。

步骤3：承兑银行到期收取票款的处理

（1）出票人账户有款支付。填制两联特种转账借方凭证，一联特种转账贷方凭证，并在“转账原因”栏注明“根据××号汇票划转票款”。借记出票人的账户，贷记应解汇款，把特种转账借方凭证与特种转账贷方凭证分别作为柜员的借方记账凭证与贷方记账凭证。另一联特种转账借方凭证加盖转讫章作为付款通知交给出票人。

（2）出票人账户无款支付。填制两联特种转账借方凭证，一联特种转账贷方凭证，并在“转账原因”栏注明“根据××号汇票无款支付转入逾期贷款户”。每日按万分之五计收利息，借记逾期贷款，贷记应解汇款，将特种转账借方凭证与特种转账贷方凭证作为柜员的借方记账凭证与贷方记账凭证，另一联特种转账借方凭证加盖业务公章交给出票人。

步骤4：兑付行解付汇票

（1）审查。柜员抽出专夹保管的汇票卡片和承兑协议副本及其他资料，并认真审查：该汇票是否由本行承兑，与汇票卡片的号码和记载事项是否相符，汇票的真伪。是否作成委托收款背书，背书转让的汇票其背书是否连续，签章是否符合规定，背书使用粘单的是否按规定在粘单处签章。委托收款凭证的记载事项是否与汇票记载的事项相符。

（2）划转款项。经审查无误，应与汇票到期日或到期日之后的见票当日，将票据款项通过实时清算系统或同城票据交换等划转对方行。柜员应借记应解汇款，贷记联行往来，将银行承兑汇票第一联与转账贷方传票作为借方记账凭证和贷方记账凭证。

（3）登记委托收款登记簿。在收到结算凭证时，应登记收到委托收款结算凭证登记簿，转账后应及时注销。

步骤5：持票人开户行收到汇票款项的处理

（1）账务处理。接到我行寄来的联合报单和委托收款结算凭证，借记联行往来，贷记收款人账户，以转账借方传票和委托收款第二联作为借方记账凭证和贷方记账凭证。

（2）委托收款第四联作收账通知交给持票人。

（3）销记发出委托收款结算凭证登记簿。商业承兑汇票是由付款人或收款人签发，经付款人承兑，在指定日期无条件支付确定金额给收款人或者持票人的票据，其基本流程为：受理汇票——→收到汇票后支付票款——→收到票款——→挂失与注销。

【岗位实训】

1. 2009年6月15日，天虹商场出纳员李星持银行承兑汇票申请来行申请办理银行承兑汇票，金额5万元，期限3个月，收款单位为中安食品厂。

2. 2009年6月15日，经查看，天虹商场的一份银行承兑汇票已经到期，金额为2万元，该账户余额足够。

2. 2009年6月16日，收到上一笔业务持票人开户行的委托收款凭证，经审查，进行业务处理。

实训提示：

（1）实训题中的各类开户业务均假设为尚未在本模拟银行建立过客户信息。

（2）持票人开户行要将银行承兑汇票与委托收款凭证一起使用。

【岗位考核】

本岗位考核评价如表3－21所示。

表3－21　　岗位考核评价

实训内容	2～1.5分	1.5～0.5分	0.5～0分
职业礼仪：柜员文明服务规范的遵守	遵守	基本遵守	违反
专业技能：商业汇票的签发、解付、结清、退款等。	正确	基本正确	错误
专业知识：商业汇票概念、操作流程、相关知识等熟悉程度	非常熟悉	基本熟悉	不熟悉
团队精神：小组合作、沟通、语言表达	顺利完成	基本完成	未完成
完成时间（分钟）	$t \leq 5$	$5 < t \leq 7$	$t > 7$
总　分	10分		

模块二　汇兑结算

本模块通过情景设置、任务介绍、流程示意、凭证展示等方法，介绍汇兑业务的业务流程，银行系统的电汇业务处理和银行系统的信汇业务处理。在实际工作中，客户到银行办理汇兑业务，一般涉及发出汇兑款项、收到款项等业务。

学员经过本模块的教学，应具备如下职业能力：

1. 掌握各项支付结算业务的主要特征和办理流程。
2. 熟悉各项支付结算方式中使用的凭证、票据等的填写。

学习目标

1. 掌握电汇凭证的填写、汇出行的业务处理；
2. 能够操作汇入行有关凭证的审核和处理；
3. 熟练进行信汇凭证的填写，汇出行的业务处理；
4. 掌握汇入行有关凭证的审核和处理。

学习准备

1. 银行模拟教学平台软件；
2. 各种银行电汇凭证、信汇凭证、印章、现金（练功券可替代）等；
3. 小组教学，每小组3～4名学员。

任务一　电汇业务处理

【任务描述】

业务场景：某银行网点对公业务专柜

业务角色：柜员小刘，客户张红。

业务内容：

（1）2009 年 9 月 5 日，开户单位彩虹超市（账号：0013060000001）李云来行要求转账电汇 5 万元到在外省工行 B 网点开户的 × × 食品厂（账号：0011020000001）；

（2）2009 年 9 月 7 日，收到收款人是在本行开户的 × × 网络科技有限公司（账号：0012010000001）的一笔电汇款，金额 6 万元，汇款人是在外省某行 A 网点开户的 × × 学校（账号：0015030000001）。

【业务流程】

电汇业务流程如图 3 – 6 所示。

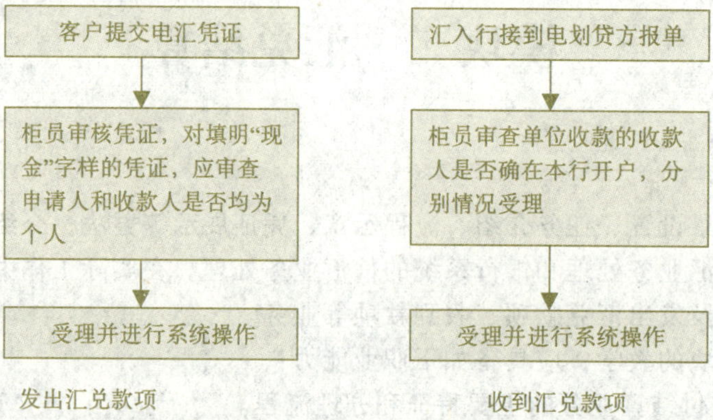

图 3 – 6　电汇业务流程

【操作要点】

业务一：汇出行发出汇兑款项

步骤 1：汇款人需要委托银行办理电汇，应向银行填制一式三联电汇凭证（第一联为汇出行给汇款人的回单、第二联汇出行作借方凭证、第三联为汇款依据，见表 3 – 22）

步骤 2：汇出行的柜员受理电汇凭证时应认真审查

（1）汇款凭证必须记载的各项内容是否齐全、正确；

（2）汇款人在本行开户的，其账户内是否有足够支付的款项；

（3）汇款人未在本行开户的，是否已向出纳柜员办理了现金缴款手续；

（4）对填明“现金”字样的汇款凭证，还应审查汇款人和收款人是否均为个人；

（5）收款人为个人且未在汇入行开户的，收款人需要到汇入银行领取汇款，汇款人应在汇兑凭证上“附加信息及用途”栏注明“留行代取”字样及收款人身份证件及号码（见表 3 – 23）。

步骤 3：验印或审核密码

对于转账汇款的，柜员应审核汇款人在第二联电汇凭证上的签章是否符合规定，提交验印系统审核与预留银行的签章是否相符。如验印结果非“自动通过”方式的应由复核人员再次核对，共同确认印鉴有效方可。对于大额（具体金额起点应按各行的相关规定执行）汇款，原则上要通过录音电话与客户确认。录音信息应定期刻制光盘，作为档案保存 3 年。

表 3-22　　　　电汇凭证

中国工商银行　　电汇凭证　　（汇款依据）　　3

□普通　□加急　　　　委托日期　2009 年 9 月 5 日

汇款人	全　称	彩虹超市	收款人	全　称	××食品厂
	账　号	0013060000001		账　号	0011020000001
	汇出地点	省　市/县		汇入地点	省　市/县
汇出行名称		工行 A 网点			外省工行 B 网点
金额	人民币（大写）	伍万元整			亿 千 百 十 万 千 百 十 元 角 分 ¥ 5 0 0 0 0 0 0
			支付密码		
			附加信息及用途：		
			复核		记账

此联汇出行凭以汇出汇款

表 3-23　　　　电汇凭证

中国工商银行　　电汇凭证　　（汇款依据）　　3

□普通　□加急　　　　委托日期　2009 年 9 月 5 日

汇款人	全　称	张三	收款人	全　称	张三
	账　号			账　号	
	汇出地点	省　市/县		汇入地点	省　市/县
汇出行名称		工行 A 网点			外省工行 C 网点
金额	人民币（大写）	现金贰万元整			亿 千 百 十 万 千 百 十 元 角 分 ¥ 2 0 0 0 0 0 0
			支付密码		
			附加信息及用途：留行待取		
			复核		记账

此联汇出行凭以汇出汇款

办理柜面业务时，如发现可疑人员或可疑事项，在电脑验印自动通过的情况下，也须对照开户单位的预留印鉴卡片通过高倍放大镜仔细审核并进行手工折角验印，同时要求其提交身份证明并及时与付款单位取得联系，进一步核实付款的真实性。

步骤 4：授权

大额款项支付（具体金额起点和有权人的权限应按各行的授权管理的相关规定执行）时，柜员需按规定提交相关有权人进行授权审批。

步骤 5：划转款项

若为系统内汇划，将电汇凭证第三联交电子汇划柜员办理电子汇划；若通过大额支付系统或小额支付系统办理的，具体操作参照大额支付系统或小额支付系统的有关流程办理。

业务二：汇入行收到汇兑款项

步骤1：汇入行收到汇兑款项审查

汇入行接到汇出行（或转汇行）划来的电子汇划贷方报单（或通过转汇行划来的转汇清单和划收凭证或大额、小额支付系统有关凭证），应审查单位收款的收款人是否确在本行开户。经审查凭证无误后，按收款人已在本行开立账户能办理直接入账、收款人未在本行开户不能办理直接入账的两种手续处理。

步骤2：汇入款项的业务处理

（1）系统内汇入款项的业务处理。

如果直接入账：①接受汇款。电子汇划柜员提交“来账报单打印”交易，打印一式四联汇划贷方补充报单。由于该业务无法自动入账，电子汇划柜员应将三、四联报单交前台对公柜员入账；②前台柜员审核。前台柜员在电脑验印系统中核对第三、四联报单上的户名、账号是否相符；③提交交易。核对相符的，提交“（系统内）汇入汇款”交易，输入收款人账号、收款人名称和收款金额。以电子汇划补充报单作转账贷方传票办理转账手续；④打印凭证，按系统提示在电子汇划补充报单背面打印有关交易记录；⑤交付客户。办理转账手续后，在来账补充报单第五联上加盖“转讫”章作收账通知送交给收款人。

如果不直接入账。①为收款人开立“应解汇款”账户。接到未在本行开户的单位或个人的汇入款项，以收款人姓名开立应解汇款账户。②办理“应解汇款”入账手续。会计记账柜员提交“汇入汇款”交易（有关交易选项与直接入账相同），同时以电汇补充报单作转账贷方凭证办理转账手续；③打印凭证；④保管报单，办理应解汇款的入账手续后，将电汇补充报单编号，并专夹保管留待收款人办理支取手续；⑤通知收款人取款。以便条通知收款人来行办理取款手续；⑥收款人办理取款手续。

（2）跨系统汇入款项的业务处理。

如果直接入账：①接受汇款。由电子汇划柜员提交“往来账报单批量打印”交易接收并打印一式四联电子汇划贷方补充报单。系统自动入账的在报单右下角显示“已入账”字样，不能自动入账的报单应将第三、四联交前台对公柜员。②前台柜员审核。前台柜员在电脑验印系统中核对第三、四联报单上的户名、账号是否相符。③提交交易。核对相符的“来账对公报单”交易入客户账，以来账补充报单第三联作转账贷方传票办理转账手续。④打印凭证。柜员按系统提示在来账补充报单背面打印有关交易记录。⑤交付客户。办理转账手续后，在来账补充报单第五联上加盖“转讫”章作收账通知送交给收款人。

如果不直接入账，其操作和系统内汇入相同。

相关知识

1. 收款人持便条及身份证件来行办理取款，若“留行待取”的应向收款人问明情况，抽出专夹保管的电汇补充报单，认真审查收款人的相关信息是否一致，由收款人填写一式两联的支款凭条，在支款凭条填写身份证件的名称、号码及发证机关。如系凭签章取款的，收款人签章必须加盖印章并与电汇凭证上的预留签章相符。

2. 收款人需要支取现金的，如电汇凭证的“大写金额”栏内已按规定填明“现金”收款人和原用途。转汇的处理手续与汇出行汇出款项的处理相同。

3. 收款人分次支取的，经柜员审查其签章或身份证件无误后，按全额支取现金的处理手续，根据支款凭条办理分次支付手续。

4. 收款人需要转汇的，应重新办理汇款手续，其收款人与汇款用途必须是原汇款的收款人和原用途。转汇的处理手续与汇出行汇出款项的处理相同。

5. 收款人需要办理转账支付的，应填制支款凭条办理。按“兑付银行汇票时，持票人为个人办理转账支付的手续”处理。

【岗位实训】

1. 2009年4月22日，某银行柜员李小鹏收到客户陈一冰从该行外省某网点电汇来的款项60万元，电汇凭证大写金额填明现金字样，但收款人邹凯未在本行开户。

2. 2009年5月7日，某银行收到收款人在本行开户的某日用化工厂（账号：××××××××××××××）的一笔电汇款，金额56000元，汇款人是在外省乙银行开户的某化学公司（账号：yyyy yyyy yyyyy）。模拟汇入行系统操作，并对凭证进行处理。

【岗位考核】

本岗位考核评价表如表3－24所示。

表3－24　岗位考核评价表

实训内容	2～1.5分	1.5～0.5分	0.5～0分
职业礼仪：柜员文明服务规范的遵守	遵守	基本遵守	违反
专业技能：电汇凭证审核、界面录入等。	正确	基本正确	错误
专业知识：电汇业务、操作流程、相关知识等熟悉程度	非常熟悉	基本熟悉	不熟悉
团队精神：小组合作、沟通、语言表达	顺利完成	基本完成	未完成
完成时间（分钟）	t≤5	5＜t≤7	t＞7
总　分	10分		

教学研讨

提示思考：在收款人办理转汇时，需注意哪些内容？

任务二　信汇业务处理

【任务描述】

业务场景：某市模拟银行第一支行个人业务专柜。

业务角色：客户杨威、柜员肖钦。

业务内容：2009年9月27日，客户杨威到银行提交信汇凭证及现金1万元，委托甲银行汇往外地乙银行，收款人为邹凯。乙银行收到汇款后向邹凯发出通知，邹凯取走现金。

【业务流程】

银行信汇业务流程如图 3 –7 所示。

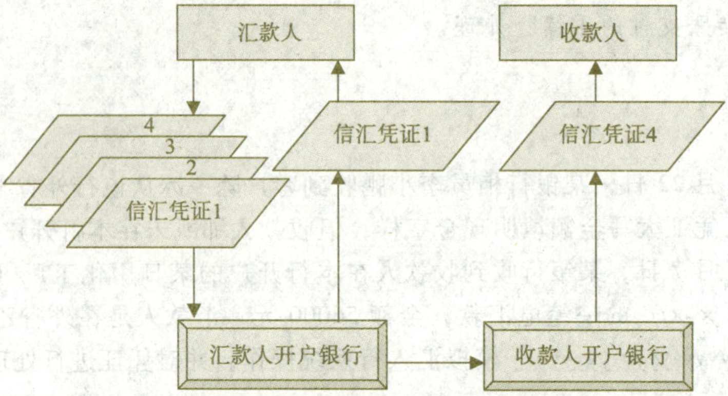

图 3 –7　银行信汇业务流程

【操作要点】

步骤 1：信汇业务汇出行发出汇兑款项

（1）受理并审查凭证，审查内容同审查电汇凭证一样（见表 3 –25）。

表 3 –25　　银行信汇凭证

中国工商银行　信汇凭证　（借方凭证）　2

委托日期　2009 年 9 月 27 日

汇款人	全称	杨威	收款人	全称	邹凯
	账号			账号	
	汇出地点	省　市/县		汇入地点	省　市/县
汇出行名称		工商银行 A 网点			工商银行 B 网点
金额	人民币（大写）	现金壹万元整			
此汇款支付给收款人 汇款人签章			支付密码		复核　记账

亿	千	百	十	万	千	百	十	元	角	分
			¥	1	0	0	0	0	0	0

此联汇出行作借方凭证

（2）验印或审核密码。

（3）授权。大额款项支付柜员需按规定提交相关有权人进行授权审批。

（4）收取邮电费和手续费。

（5）打印收费凭证。根据系统提示打印收费凭证。

（6）收费凭证客户联加盖“转讫”或“现讫”章交客户。

（7）回单交付客户。在第一联信汇凭证上加盖业务受理章作为汇款回单退给汇款人。

（8）转账交付的，第二联信汇凭证作借方凭证；现金交付的，填制一联特种转账贷方凭证，第二联信汇凭证作借方凭证办理转账。转账后，第三联信汇凭证加盖联行专用章，与第四联随同联行邮划报单寄汇入行。

步骤2：信汇业务汇入行收到汇兑款项

（1）第三联信汇凭证作贷方凭证转入“应解汇款及临时存款”科目；

（2）登记应解汇款登记簿；

（3）第四联信汇凭证留存保管；

（4）以便条通知收款人来行办理取款手续。

【岗位实训】

2009年9月27日，客户杨威到银行提交信汇凭证及现金5万元，委托甲银行汇往外地乙银行，收款人为邹凯。

【岗位考核】

本岗位考核评价如表3-26所示。

表3-26 岗位考核评价表

实训内容	2~1.5分	1.5~0.5分	0.5~0分
职业礼仪：柜员文明服务规范的遵守	遵守	基本遵守	违反
专业技能：信汇凭证审核、界面录入等。	正确	基本正确	错误
专业知识：信汇业务、操作流程、相关知识等熟悉程度	非常熟悉	基本熟悉	不熟悉
团队精神：小组合作、沟通、语言表达	顺利完成	基本完成	未完成
完成时间（分钟）	t≤5	5<t≤7	t>7
总　分	10分		

教学研讨

安排学员以小组为单位，互相练习信汇凭证的填制和审核，并且分别进行信汇业务汇出行发出汇兑款项的处理过程和汇入行收到汇兑款项的处理过程的操作。

模块三　委托收款

委托收款是指收款人委托银行向付款人收取款项的结算方式。根据款项的划回方法，可分为邮划与电划两种，收款人可以根据缓急程度选用。电划速度较快，相应地，银行收取的手续费也较高。委托收款业务活动包括：①收款人委托开户银行收款；②收款人开户银行受理委托；③银行传递凭证；④通知付款人付款；⑤付款人承兑付款；⑥银行划转票款；⑦通知收款人票款收妥入账。

其业务流程如图3－8所示。

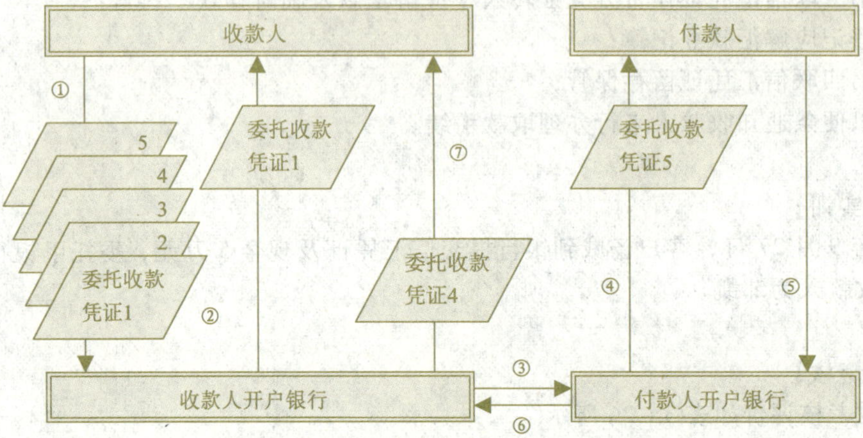

图3－8　委托收款结算的业务流程图

相关知识

委托收款的相关凭证（一式五联）

- 第一联回单，由收款人开户银行给收款人作为回单，银行在受理收款人的委托并加盖业务公章后退给收款人。
- 第二联贷方凭证，收款人开户银行作贷方凭证。
- 第三联借方凭证，付款人开户银行作借方凭证。
- 第四联收账通知，邮划委托收款凭证收款人开户银行在款项收妥后给收款人的收账通知。电划委托收款凭证付款人开户银行凭以拍发电报。
- 第五联付款通知，付款人开户银行给付款人按期付款的通知。

学习目标

1. 熟悉和掌握收款人开户行受理委托收款业务，客户委托凭证的审核和处理；
2. 熟悉和掌握付款式开户行通知付款式的业务处理；
3. 掌握收款人开户行款项划回的业务处理。

学习准备

1. 资料准备：教材、笔记本、幻灯片；
2. 场地准备：教室；
3. 分组安排：每4名学生为一组；

4. 学时安排：2 学时。

任务一　委托收款人开户行的处理

【任务描述】

业务场景：某银行营业厅对公业务专柜。

业务角色：客户张红、柜员王小海。

业务内容：

（1）2009 年 5 月 2 日，开户单位彩虹超市（账号：0011030000001）出纳员李云持本日到期的商业承兑汇票及委托收款凭证，金额 1 万元，委托银行收取汇票款。该商业承兑汇票为在工行 B 网点开户的××食品厂（账号：0012000002）签发（票号 123）；

（2）2009 年 5 月 15 日，开户单位彩虹超市出纳员李云持本单位开具的增值税专用发票及委托收款凭证，金额 18000 元，委托银行向在异地工行开户的××服装厂收取货款（票号：123456）。

【业务流程】

1. 受理并发出委托收款的处理流程如图 3－9 所示。

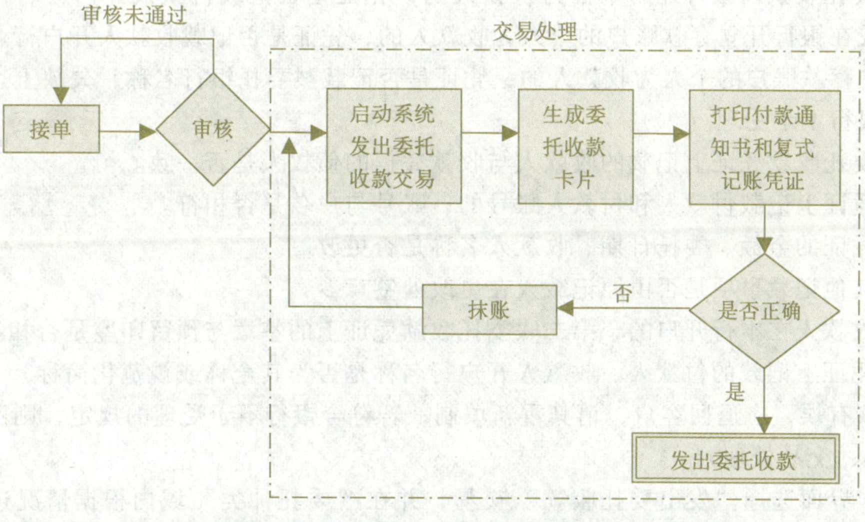

图 3－9　收款人开户银行受理并发出委托收款的处理流程

2. 收到委托收款划回或退回凭证的处理流程如图 3－10 所示。

【操作要点】

业务一：受理并发出委托收款（见业务内容（1）描述）

步骤 1：接单

收款人办理委托收款时，应填写银行印制的委托收款凭证（一式五联）和有关的债务

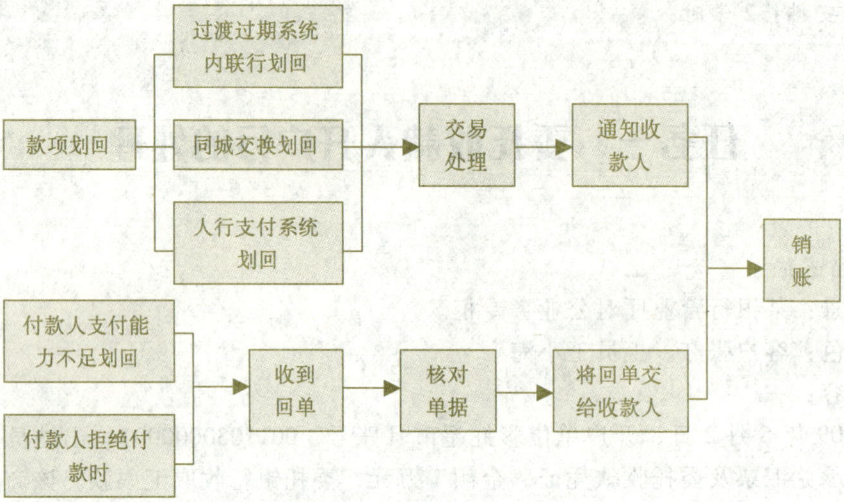

图 3－10　收款人开户银行收到委托收款划回或退回凭证的处理流程

证明。填妥后，收款人在第二联托收凭证上签章，将委托收款凭证和债务证明提交开户银行。

步骤 2：审核

银行柜员对客户提交的委托收款凭证和有关的债务证明进行审核，审核时应注意如下事项：

（1）委托收款以银行外的单位为付款人的，凭证是否记载付款人开户行名称；以银行外的单位或在银行开立存款账户的个人为收款人的，凭证是否记载收款人开户行名称；从未在银行开立存款账户的个人为收款人的，凭证是否记载被委托银行名称，欠缺上述记载事项之一的，银行不予受理。

（2）委托收款凭证上记载的收款人与收款凭据的债权人是否一致。

（3）凭证上记载付款人和付款人账号的，账号与户名是否相符。

（4）凭证的金额、委托日期、收款人名称是否更改。

（5）其他记载事项是否由原记载人在更改处签章。

（6）收款人在本行开户的，第二联委托收款凭证上的签章与预留印鉴是否相符。

（7）凭证上记载的付款人、收款人开户行名称是否为其全称或规范化简称。

若审核有误，应退回客户，请其重新填制；若符合银行不予受理的规定，则不予受理。

步骤 3：交易处理

在操作界面选择“发出委托收款”交易，并在“委托种类”域内根据情况选择贴现票据委托或非贴现票据委托两种：

（1）选择“贴现票据委托”时，正确输入贴现编号，系统自动显示票据种类和号码、收款人的账号和户名、委托金额等各栏位，付款日期由柜员根据实际情况匡算付款行日期录入，柜员以原始凭证核对无误后提交。

会计分录为：收入：发出委托收款结算凭证

该交易无需复核，交易成功后联机在第一、二、三联委托收款凭证上套打托收编号，并手工在第四、五联凭证上角填写委托编号，同时联机打印记账凭证，财务柜员通过“托收单笔查询/打印”和“贴现明细查询”交易确认已对该笔交易进行登记。无误后在委托收款凭证第三联上加盖结算专用章，并注明“汇款时请在备注栏内填写委托收款编号”等要素，与第四、五联及相关文书一并寄付款人开户行。

提交成功后如发现错误可由账务柜员通过启动“抹账”交易，将该笔账抹去后重新记账。业务处理无误后，第一、二联委托收款凭证作附件连同记账凭证随同当日传票进行整理。

（2）选择“非贴现票据委托”时，则根据业务种类，在“票据种类”栏内选择银行承兑汇票、商业承兑汇票、储蓄存单或其他，并录入相应的票据号码；根据第二联委托收款凭证输入收款账号、收款名称、委托金额、对方系统内外标志、付款行号和行名、付款账号名称及备注；付款日期由柜员根据实际情况匡算付款行付款日期录入；在邮电费和手续费选项中正确选择费率，并根据分户账上收款周期标志进行按次收费或汇总收费，提交后系统自动产生托收编号。交易会计分录为：

借：活期存款或暂收账户（储蓄）

　　贷：其他应付款——邮电费

　　　　其他应付款——手续费

收入：发出委托收款结算凭证

该交易无需复核，交易成功后联机在第一、二、三联委托收款凭证上套打托收编号，并手工在第四、五联凭证上角填写委托编号，联机打印一式两联的“付款通知书”，联机打印记账凭证，账务柜员通过“托收单笔查询/打印”交易确认该笔交易进行登记。无误后在委托收款凭证第一联上加盖业务章和付款通知书上加盖“转讫”章，并注明“汇款时请在备注栏内填写委托收款编号”等字样与第四、五联及相关文书一并寄付款人开户行。

提交成功后如发现有错误可由账务柜员通过启动“抹账”交易，将该笔账抹去后重新记账。业务处理无误后，第二联委托收款凭证作附件连同记账凭证随同当日传票进行整理。

业务二：收到款项划回的处理（见业务内容（2）描述）

步骤1：交易处理（过渡期系统内联行划回）

账务中心柜员要据过渡期系统内电子汇兑接收打印的电划（贷方）补充报单（若报单上未批注明托收编号，应通过“托收列表查询”交易进行确认），经批注后，启动“来账贷报批注入账录入”交易，正确输入需要批注的报文流水号，系统自动显示批注种类选项。

非贴现票据的处理：选择“01－客户委托收款”，柜员根据报单上各要素输入托收编号和金额，确认无误后提交，系统自动结清“发出委托收款结算凭证”卡片；在报单上加盖“转讫”章和名章后送交复核员；复核员启动“复核入口交易”进行画面输机，复核完毕提交。交易会计分录为：

借：单年（双年）电子汇兑来账　　18000

　　贷：活期存款——彩虹超市（或：暂收款项——待划转储蓄托收款项）　18000

贴现票据的处理：选择“02－贴现委托收款”，柜员根据报单上各要素输入托收编号和金额，确认无误后提交，系统自动结清“发出委托收款结算凭证”卡片和对应的贴现卡片。经办员在报单上加盖“转讫”章和名章后送交复核员，复核员启动“复核入口交易”进行画面输机，复核完毕提交。交易会计分录为：

借：单年（双年）电子汇兑来账

贷：贴现

步骤 2：通知收款人

将付款人开户行寄来的邮划贷方报单及所附的第四联委托收款凭证与留存的第二联委托收款凭证进行核对；核对无误后，将第四联委托收款凭证或另一联电划贷方被充凭证的收账通知联加盖业务清讫章作收账通知交给收款人。

步骤 3：销账

启动“委托收款核销”交易，输入托收编号；在“核销类型”栏内选择“划回销账”，根据相关凭证录入票据种类、号码、备注、托收金额、收款账号和付款日期。付款账号和销账号录入“挂账通知书”的挂账号和销账号，确认无误后提交，系统自动结清“发出委托收款结算凭证”卡片。若为贴现委托，系统同时还结清相应的贴现卡片。交易会计分录为：

借：应收托收款项

　贷：活期存款——收款人存款账户

同时销记“发出委托收款凭证登记簿”。

【岗位实训】

业务场景：建设银行营业厅对公业务专柜。

业务角色：客户张红、柜员王小海。

业务内容：

(1) 2008 年 3 月 2 日，客户张红持当日到期的商业承兑汇票一张到本网点办理委托收款业务，金额 5000 元，付款人为东方商贸公司，收款人为梦露购物中心，付款人在同城建行 B 网点开户；

(2) 2008 年 3 月 5 日，客户张红持增值税专用发票一张到本网点办理委托收款业务，金额 15000 元，收款人为梦露购物中心，付款人是在异地工行 C 网点开户的化轻公司。

要求：

(1) 根据以上业务进行单证填写及系统操作；

(2) 请以柜员王小海的身份正确完成上述业务（包括凭证的审核、系统操作、凭证处理）。

【岗位考核】

本岗位考核指标如表 3－27 所示。

表 3－27　　岗位考核指标

实训内容	2～1.5 分	1.5～0.5 分	0.5～0 分
职业礼仪：柜员文明服务规范的遵守	遵守	基本遵守	违反
专业技能：凭证审核、系统操作、凭证处理等	正确	基本正确	错误
专业知识：票据品种、操作流程、相关知识等熟悉程度	非常熟悉	基本熟悉	不熟悉
团队精神：小组合作、沟通、语言表达	顺利完成	基本完成	未完成
完成时间（分钟）	t≤5	5＜t≤7	t＞7
总　分	10 分		

任务二 付款人开户行的处理

【任务描述】

业务场景：某银行营业厅对公业务专柜。

业务角色：客户张红、柜员王小海。

业务内容：

（1）2009 年 5 月 2 日，收到乙地工行 B 网点寄来的付款人为开户单位为彩虹超市的增值税专用发票一张和委托收款凭证第三、四、五联，付款金额为 12000 元，当天通知付款人。彩虹超市同意全额付款（假定中间没有双休日）；

（2）2009 年 5 月 2 日，收到异地建行 D 网点寄来的委托收款凭证，向本行开户单位彩虹超市收取货款，金额 1 万元，经审查无误，当日通知彩虹超市。彩虹超市经核对单证，认为货物数量与单证不符，拒绝付款。

【业务流程】

1. 收到委托收款凭证的处理流程如图 3－11 所示。

2. 委托收款到期付款的处理流程如图 3－12 所示。

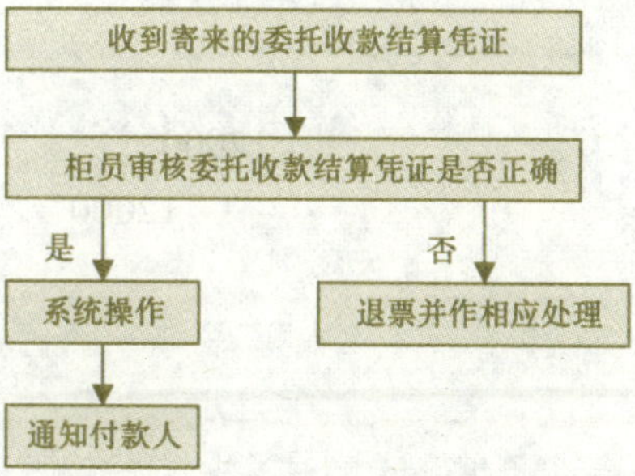

图 3－11 付款人开户银行收到委托收款结算凭证的处理流程

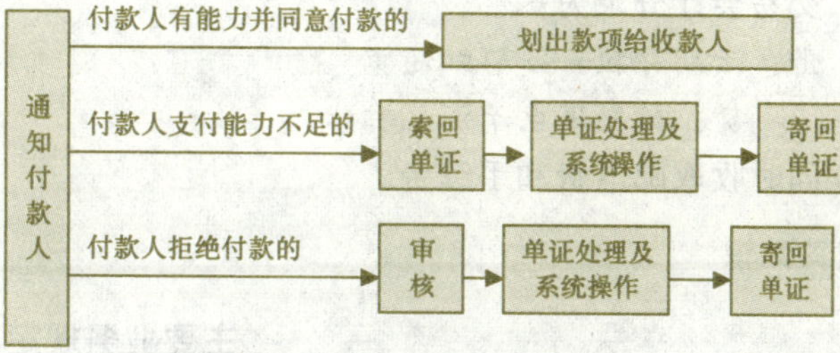

图 3－12 付款人开户银行在委托收款到期时的处理流程

【操作要点】

业务一：收到委托收款凭证的处理（见业务内容（1）描述）

步骤 1：审核

对于收到的收款人开户银行寄来的第三、四、五联委托收款凭证及有关债务证明，应审查是否属于本行受理，所附单数与凭证记载是否相符，并审核票据的合法性和有效性。

步骤 2：单证处理及系统操作

审核无误后，根据委托收款凭证，操作“收到委托收款”交易，在“票据种类”栏内根据收到的委托收款票据种类选择相关类别，录入相应的票据号码，输入系统要求的信息如付款账号和名称、委托金额等后，提交系统，自动生成收到委托收款编号。交易会计分录为：

收入：收到委托收款结算凭证

该交易无需复核，交易成功后在第四、五联委托收款凭证上套打托收编号，联机打印记账凭证。

步骤3：通知付款人

将第三、四联委托收款凭证专夹保管，将第五联凭证加盖业务公章，通知付款人，连同其他有关单证一并交付款人签书。

业务二：委托收款到期付款的处理

1. 付款人有能力并愿意支付款项时的处理。

步骤1：抽出专夹保管的第三、四联委托收款凭证及有关债务证明（若收款人在本行开户的，应同时将第二联委托收款凭证一并抽出），审核无误。

步骤2：在操作界面启动“委托收款付款”交易，在“是否付款”栏内选择“付款”；在“划款方式”栏内根据不同情况选择相应方式，如系统内汇划、人行支付系统、人行电子联行、提出同城交换收方、本行为收款行或挂账等。

步骤3：选择相应的划款方式后，正确输入相关信息，如托收编号、原托收号票据种类、票据号码、金额、付款人账号、销账号、收款人账号等；在电划费和手续费选项中正确选择费率，并汇总收费。

步骤4：提交成功后，系统自动在托收登记簿中结清“收到托收款结算凭证”卡片。

步骤5：将第三、第四联委托收款凭证加盖“转讫”章和名章，连同相关文书交复核员复核无误，系统联动打印付款通知书和记账凭证。

交易会计分录为：

借：活期存款——彩虹超市　　　　12000

　　贷：待发送电子汇兑往账　　　　12000

同时收取邮电费和手续费。

相关知识

主要业务规定

- 银行接到付款人出具的付款通知书，应及时将款项划给收款人；
- 银行未在付款人签收的次日起3日内收到逾期付款通知书，也未接到拒绝付款通知书的，且付款人账户有足够资金支付全部款项的，应于付款人签收的次日起第4日上午开始营业时，将款项划给收款人。
- 付款人提前收到到期付款的债务证明，应通知银行于债务证明的到期日付款。付款人未于接到通知日的次日起3日内通知银行付款，且付款人接到通知日的次日起第4日在债务证明到期日之前的，银行应于债务证明到期日将款项划给收款人。

2. 付款人支付能力不足时的处理。

（1）索回单证。付款人开户银行向付款人索回全部单证，在委托收款凭证和收到委托收款凭证登记簿上，同时注明退回日期和“无款支付”字样，并填写三联付款人“未付款通知书”，将第一联通知书和第三联委托书款凭证留存备查。

（2）单证处理及系统操作。启动“委托收款付款”交易，在“是否付款”栏内选择“不付款”，正确输入托收编号，系统嵌套显示托收卡片各项要素。提交系统自动在托收登记簿中结清“收到委托收款结算凭证”卡片。账务柜员将委托收款凭证第四联加盖业务章和名章，连同相关的文书交复核员复核无误，系统联机打印记账凭证。交易会计分录为：

收到委托收款的无款支付：

付出：收到委托收款结算凭证

（3）寄回单证。签章后，复核员将委托收款凭证第四联连同相关文书退回记账柜员，由记账柜员将记账凭证连同委托收款凭证第三联随当日传票进行整理。“未付款项通知书”第二、三联连同第四联委托收款结算凭证及有关凭证寄收款单位开户行；“未付款项通知书”第一联留存备查，指定专人专夹保管。复核发现错误时，进行抹账处理后重新记账。

3. 付款人拒绝付款的处理（见业务内容（2）描述）。

（1）审核。在付款人收到付款通知的次日起 3 日内，收到付款人填制并签章的四联“拒绝付款理由书”、第五联委托收款凭证及有关债务证明，柜员要认真审查凭证、债务证明是否相符、齐全。

相关知识

拒绝付款理由书（一式四联）

第一联，回单或付款通知，银行给付款人的回单或付款通知。

第二联，借方凭证，银行作借方凭证或存查。

第三联，贷方凭证，银行作贷方凭证或存查。

第四联，代通知或收账通知，银行给收款人作收账通知或全部拒付通知书。

（2）单证处理及系统操作。抽出专夹保管的第三、四联委托收款凭证及有关债务证明，在第三、四联委托收款凭证和“收到委托收款凭证登记簿”备注栏注明“拒绝付款”字样。启动“委托收款付款”交易，在“是否”栏内选择“不付款”，正确输入托收编号，系统嵌套显示托收卡片各项要素。提交系统自动在托收登记簿中结清“收到委托收款结算凭证”卡片。账务柜员在“拒付理由书”和委托收款凭证第四联加盖业务章和名章，连同相关的文书交复核员复核无误，系统联机打印记账凭证。交易会计分录为：

收到委托收款拒绝付款：

付出：收到委托收款结算凭证

（3）寄回单证。签章后，复核员将委托收款凭证第四联连同相关文书退回记账柜员，由记账柜员将记账凭证连同委托收款凭证第三联随当日传票进行整理。第一联“拒付理由书”作为回单退回给付款人，“拒付理由书”第三、四联连同付款人提交的有关凭证和委托收款结算凭证第四、第五联寄收款单位开户行；“拒付理由书”第二联留存备查，指定专人专夹保管。复核发现错误时，进行抹账处理后重新记账。

第一联“拒绝付款理由书”加盖业务公章退交付款人；第二联“拒绝付款理由书”连同第三联委托收款凭证装订在当日凭证最后备查。

【岗位实训】

业务场景：某市建设银行第一支行对公业务专柜。

业务角色：客户张红、柜员王小海。

业务内容：

（1）2008年3月12日，收到中行C网点寄来的付款人为开户单位梦露购物中心的商业承兑汇票一张和委托收款凭证第三、四、五联，付款金额为2万元，当天通知付款人。梦露购物中心同意全额付款（假定中间没有双休日）。

（2）2008年3月23日，收到同城工行D网点寄来的增值税专用发票与委托收款凭证，付款人为开户单位梦露购物中心，付款金额13500元，当天通知付款人。梦露购物中心因为货物质量问题，拒绝付款。

（3）2008年4月5日，收到异地工行E网点寄来的商业承兑汇票与委托收款凭证，付款人为开户单位梦露购物中心，付款金额5万元，当天通知付款人。梦露购物中心因临时资金周转不足，暂时不能全额付款。

要求：

（1）根据以上业务进行系统操作及单证填写。

（2）请以柜员王小海的身份正确完成上述业务（包括凭证的审核、系统操作、凭证处理）。

【岗位考核】

本岗位考核指标如表3-28所示。

表3-28　岗位考核指标

实训内容	2~1.5分	1.5~0.5分	0.5~0分
职业礼仪：柜员文明服务规范的遵守	遵守	基本遵守	违反
专业技能：凭证审核、系统操作、凭证处理等	正确	基本正确	错误
专业知识：票据品种、操作流程、相关知识等熟悉程度	非常熟悉	基本熟悉	不熟悉
团队精神：小组合作、沟通、语言表达	顺利完成	基本完成	未完成
完成时间（分钟）	t≤5	5<t≤7	t>7
总　分	10分		

教学研讨

委托收款业务流程相对较为复杂，相关业务规定较细致，需要有实务操作经验的银行柜员进行讲解。如有可能，安排学员到银行进行实训是最有效的学习方式。另外，真实的凭证，单据的展示，也能帮助学生培养出更直观的感受。

模块四　托收承付

学习目标

1. 熟悉托收承付凭证的格式；
2. 重点掌握托收承付结算的业务流程；
3. 熟悉和掌握收款人开户行受理托收承付业务、客户的托收承付凭证审核和处理；
4. 熟悉和掌握付款人开户行通知付款的业务处理；
5. 掌握收款人开户行款项划回的业务处理。

学习准备

1. 银行模拟教学平台软件；
2. 各种票据票样、货运单、印章等。

任务一　收款人开户行的处理

【任务描述】

业务场景：某市模拟银行第一支行对公业务专柜。

业务角色：客户A公司、柜员王小好、营业经理张洁。

业务内容：2009年9月27日，客户A公司与异地B公司采用托收承付方式结算货款10万元，已于当日办妥托收手续并支付手续费10元及邮电费50元。收款人开户行通过人民银行支付系统划回托收款项。

一、发出托收承付的处理

【活动目标】

掌握收款人开户银行受理托收承付业务。

【业务流程】

本业务流程如图3－13所示。

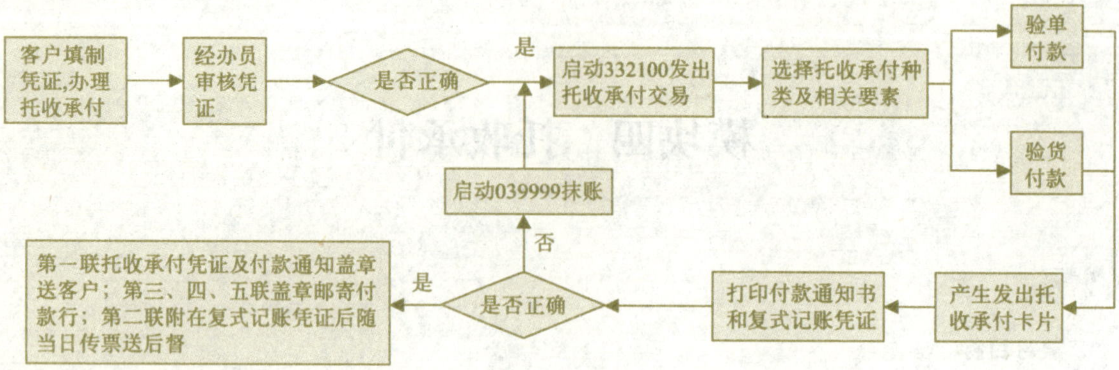

图 3－13　发出托收承付的流程

【操作要点】

柜员收到收款人提交的一式五联邮划托收承付凭证或电划托收承付凭证及有关单证后，应认真审查以下内容：

（1）托收款项是否符合托收承付结算方式关于资格、使用范围、金额起点等相关规定；

（2）有无商品确已发运的证明；

（3）托收承付凭证必须记载的各项内容是否齐全和符合填写凭证的要求；

（4）托收承付凭证与所附单证的张数是否相符；

（5）必要时，还应查验收付款人签订的购销合同。

【岗位实训】

根据业务要求，审核托收承付凭证（邮）、增值税专用发票、铁路货运单据。

二、托收承付款项划回的处理

【活动目标】

掌握收款人开户银行办理托收承付业务。

【业务流程】

本业务流程如图 3－14、图 3－15 所示。

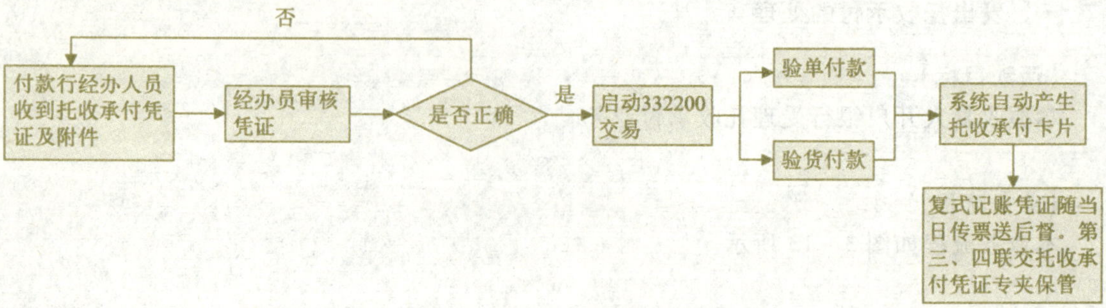

图 3－14　托收承付款项划回的处理流程

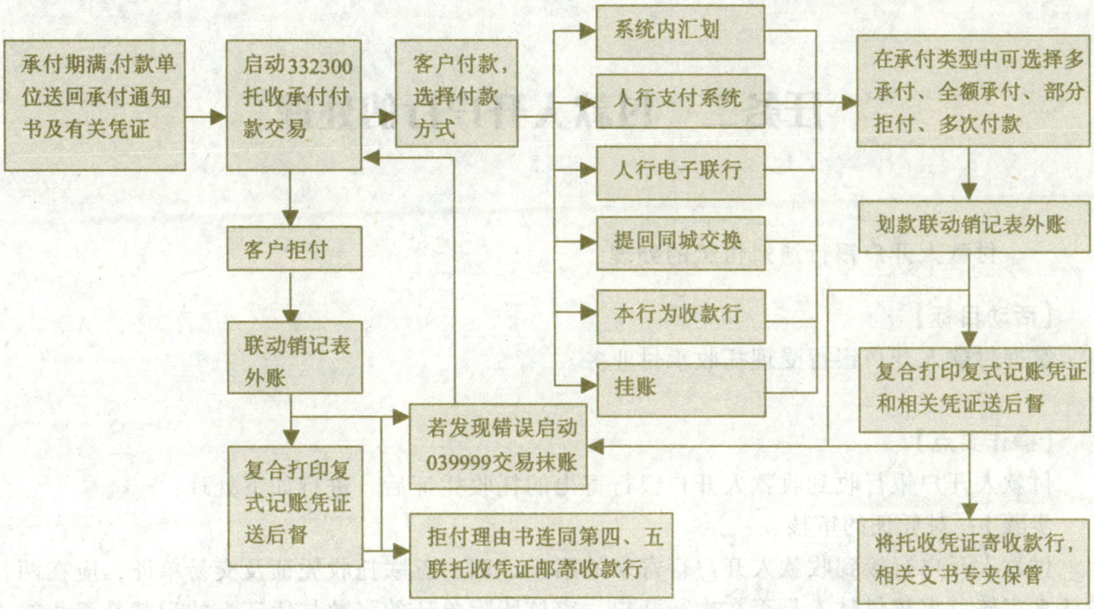

图 3－15

1. 收到托收承付。

2. 托收承付的付款。

【操作要点】

款项划回是指收款人开户银行收到付款人开户银行划来的货款，及时转入收款人账户的业务流程，分为以下三种情况：

1. 款项全额划回的处理。收款人开户银行接到付款人开户银行或转汇行寄来的贷方报单，或本地跨系统转汇行交来的转汇清单和贷方凭证，以及所附第四联托收凭证时，将留存的第二联凭证抽出，同第四联托收凭证进行核对。审核无误后，以联行借方报单和托收承付凭证的第二联分别作为收款人开户行的借方凭证和贷方凭证，将第四联托收凭证加盖“转讫”章作为收账通知交给收款人，并销记“发出托收承付结算凭证登记簿”。

2. 款项部分划回的处理。收款人开户行接到部分划回的联行邮划报单及两联特种转账贷方凭证，以付款人开户行加盖联行专用章的一联特种转账贷方凭证作为贷方凭证。转账后，将转账贷方凭证加盖“转讫”章，作为收账通知交给收款人，并在第二联托收凭证和登记簿上注明部分划回的金额。

3. 全部拒绝付款的处理。收款人开户行收到的第三、四联拒付理由书和第四、五联托收凭证及单证时，抽出第二联托收凭证，并注明“全部拒付”字样和日期，销记登记簿。然后将第四、五联托收凭证及单证和第四联拒付理由书退给收款人。

任务二 付款人开户行的处理

一、付款人开户银行通知付款的处理

【活动目标】

掌握付款人开户银行受理托收承付业务。

【操作要点】

付款人开户银行收到收款人开户银行寄出的托收凭证后，进行如下处理：

步骤1：对凭证的审核

付款人开户行接到收款人开户行寄来的第三、四、五联托收凭证及交易单证，应在两日内认真审核：审核付款人是否在本行开户；审核所附单证的张数与凭证上的记载是否相符。

步骤2：通知付款人

付款人开户银行审核无误后，在各联凭证上填注收到日期和承付期，及时通知收款人。

第三、四联托收凭证按承付到期日顺序保管，并逐笔登记“定期代收结算凭证登记簿”，以监督付款人及时付款，并控制所收托收凭证的处理情况。将第三、四联托收凭证专夹保管，第五联托收凭证加盖业务公章，连同交易单证一并交给付款人，通知其准备到期付款。

二、付款人开户银行办理划款的处理

【活动目标】

掌握付款人开户银行办理托收承付业务。

【操作要点】

办理划款是指承付期满时，付款人使用开户行承付，付款人开户行通过联行往来将货款从付款人账户划转收款人开户行的过程。其分为以下三种情况：

1. 全额付款的处理。付款人在承付期内未提出异议，付款人开户银行就视为同意付款。在承付期满的次日上午开始营业时办理全额付款转账。

以托收凭证第三联和联行贷方报单分别作为付款人开户行的借方凭证和贷方凭证。将第四联托收凭证填注支付日期后，随同联行贷方报单寄送收款人开户行，并在“定期代收结算凭证登记簿”的销账日期栏登记销账日期。属于电报划款的，根据第四联电划托收凭证编制联行电划贷方报单，向收款人开户行拍发电报。

2. 部分付款的处理。付款人在承付期满日，账户只能部分支付的，需填制“部分拒绝付款理由书”，连同有关的拒付证明和拒付清单一并提交其开户行。付款人开户行应认真审查部分拒绝付款的理由是否符合规定，经审查无误后，在托收承付凭证和登记簿备注栏注明“部分拒付”以及当日可以扣收的金额。

以第二联“拒绝付款理由书”代借方传票，第三联托收凭证作借方传票附件办理转账。将第一联“拒绝付款理由书”加盖“转讫”章作付款通知交给付款人，第三、四联“拒绝付款理由书”和第四联托收凭证连同拒付部分的商品清单和有关证明，随同邮划贷方报单一并寄收款人开户行。属于电报划款的，向收款人开户行拍发电报。

3. 全部拒绝付款的处理。付款人在承付期内提出全部拒绝付款时，应填制四联全部拒绝付款理由书。理由书上须加盖单位公章和注明拒付理由，并连同有关的拒付证明、第五联托收凭证及所附单证送交其开户行。

付款人开户行必须认真审查拒绝付款理由并查验合同。对于付款人提出拒付的手续不全、依据不足、理由不符合规定和不属于拒付的情况，以及超过承付期拒付和应当部分拒付及未全部拒付的，银行均不得受理。银行不同意拒付的，应实行强制扣款。

若审核无误，银行同意拒付的，应在“拒付理由书”上签注意见，由经办、会计主管人员、行长签章，并在托收承付凭证和登记簿备注栏注明“全部拒付”。在第一联“拒绝付款理由书”上加盖业务公章作为回单退还付款人；第二、三联托收承付凭证留存备查；第三、四联拒付理由书和第四、五联托收凭证、有关拒付证明及单证一并寄收款人开户行。如系电报划款的，不另拍电报。

【岗位实训】

北京A公司于2007年8月1日向开户银行提交一式五联托收承付凭证，增值税销货发票第二、三联及铁路货运提单，委托银行向两家公司办理托收承付结算业务。金额分别为10万元，付款人为广州B公司；2万元，付款人为上海C公司。北京A公司开户行为甲银行，账号：XXXXXXXXXXXX；广州B公司开户行为乙银行，账号：YYYYYYYYYYYYY；上海C公司开户行为丙银行，账号：ZZZZZZZZZZZZZZ。

广州B公司于2007年8月15日全额付款，上海C公司拒绝付款。

要求：

（1）根据业务要求，审核托收承付凭证（邮）、增值税专用发票、铁路货运单据。

（2）根据业务要求填写相关凭证（包括拒付理由书）。

【岗位考核】

本岗位考核评价如表3－29所示。

表3－29　　岗位考核评价表

实训内容	2～1.5分	1.5～0.5分	0.5～0分
职业礼仪：对公业务柜员文明服务规范的遵守	遵守	基本遵守	违反
专业技能：单证的审核、托收承付凭证的填写	正确	基本正确	错误
专业知识：托收承付业务适用条件、拒付理由及审核要点	非常熟悉	基本熟悉	不熟悉
团队精神：小组合作、沟通、语言表达	顺利完成	基本完成	未完成
完成时间（分钟）	t≤10	10＜t≤15	t＞20
总　分	10分		

项目4

国际结算业务与服务

国际结算是国际上由于政治、经济、文化、外交、军事采购等方面的交往或联系而发生的以货币表示的债权债务的清算行为或资金转移行为，一般主要依靠各国经营国际业务的专业银行来进行。从商业银行的实务角度看，国际结算业务是各家商业银行的一项国际性的中间业务，商业银行在为顾客进行“收汇”和“付汇”服务的过程中，处于“居间”地位，这使商业银行承担了较少的风险并获得了丰厚的利润，同时还带动了银行资产、负债及表外业务的开展，因此，国际结算业务成为银行业务竞争的焦点。国际结算业务与服务包括国际结算票据的审核与处理、汇款、托收、信用证、结售汇等业务。该项目是商业银行最具发展性的业务与服务。本项目主要训练教师掌握国际结算业务与服务的专业岗位基本技能，熟悉国际结算业务的规定和惯例，了解国际结算业务在商业银行业务中的地位和作用以及未来的发展趋势。

本项目包括以下几个模块：国际结算票据的审核与处理、用不同的结算方式处理国际结算业务、国际结售汇业务处理。

模块一　国际结算票据的审核与处理

随着国际贸易的发展，非现金结算方式逐渐取代了现金结算。非现金结算是指不直接使用现金，而是使用代替现金起流通手段和支付手段的信用工具来结算国际债权债务的一种方法，因为它在货币和商品的让渡中，可以作为反映债权债务关系的发生、转移、偿付的特定证券，同时在实践中又具有可流通转让的功能，因此，它已成为国际结算的主要工具。

票据，亦称流通票据、资金票据或金融单据，通常是指那些反映债权债务关系、以支付货币为目的、可以流通转让的单据。由于各国的法律不同，对票据的分类也不同，有的将票据分为汇票和本票两种，也有的将票据分为汇票、支票和本票三种。现在世界上大多数国家基本认同后一种分类法，我国的《票据法》也支持这种观点。

票据结算是指单位、个人在社会经济活动中使用票据结算方式进行货币给付及其资金清算的行为。

学习目标

1. 理解汇票的绝对记载事项；掌握银行汇票的填写以及银行汇票结算的业务流程；

2. 理解本票和支票的概念；掌握本票和支票结算的相关规定以及银行本票和支票结算的业务流程；

3. 具备顺利处理该类业务的岗位能力。

学习准备

1. 银行模拟教学平台软件；
2. 各种国际结算票据（银行汇票、银行本票、支票等）；
3. 小组教学，每小组3~4名学员。

任务一　认识汇票

【任务描述】

业务场景：某银行营业厅网点。

业务角色：客户北京A公司会计张某、柜员李某。

业务内容：2008年7月，北京A公司向美国C公司购买价值50万美元的原材料，计划使用银行汇票向C公司支付货款。

【业务流程】

银行汇票结算业务流程如图4－1所示。

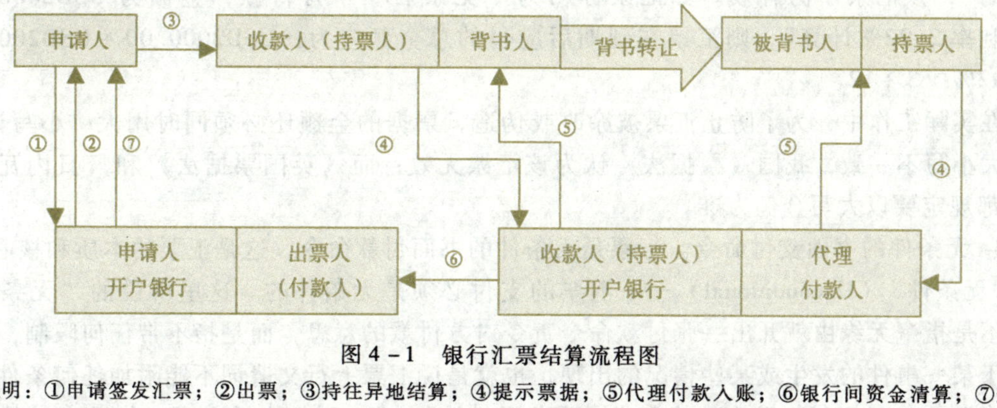

图4－1　银行汇票结算流程图

说明：①申请签发汇票；②出票；③持往异地结算；④提示票据；⑤代理付款入账；⑥银行间资金清算；⑦退回多余款。

【介绍要点】

一、汇票的主要内容

汇票是一种要式证券，即必须具备法定的形式、载明必要的法定事项，才能成为完整的汇票，具有票据的效力。

相关知识

汇票的含义

依据我国现行的《票据法》对汇票的定义，汇票是指出票人签发的，委托付款人在见票时或者在指定日期无条件支付确定的金额给收款人或者持票人的票据。而英国《票据法》对汇票的解释是："汇票是由出票人向另一人签发的要求即期、定期或在可以确定的将来的时间，向指定人或根据其指令向来人无条件支付一定金额的书面命令。"同时规定凡不符合该定义规定的必要项目的票据，或者命令去做支付金钱以外的其他任何行为的票据都不能够作为汇票。由定义可以看出，以上两种定义的实质是相同的。

即汇票就是出票人签发的，命令付款人向收款人付款的书面指示。

绝对必要记载项目是汇票上必须记载，不能缺少的内容。因为这些内容是否齐全，直接关系到汇票是否有效。我国《票据法》规定，汇票必须记载的内容包括以下几项：

1. 票据名称。根据《日内瓦统一法》的规定，汇票上必须标明"汇票"字样，如"Exchange for"、"Bill"、"Draft"等，用以明确票据的种类，以区别于其他票据或凭证，并以此确定有关当事人相应的权利。我国《票据法》中也作了类似的规定。

2. 汇票的金额。票据上的权利必须以金钱表示，不能用货物数量等表示，并且金额必须确定，不能模棱两可，如"大约付2000美元"、"付3000欧元左右"、"付20万或30万日元"、"付2000美元加利息"等表示方法都是错误的。汇票的金额必须是确定的或可被计算得出的，如汇票显示金额为USD2000.00，则USD2000.00便是汇票确定的金额。有的汇票还附加利息条款、分期付款条款、汇率条款等，只要在汇票表面同时确定了利率、分期付款的时间并明确了汇率等确定的计算依据，即汇票的金额是"可被计算得出的"，该汇票才仍有效。如汇票标明为"见票后3个月付款，金额为USD2000.00，按年利率2.92%计算"，则汇票在到期后应付的总金额应为：USD2000.00 + USD2000.00 ×2.92% ×3 ÷12。

在实际工作中，为了防止汇票被涂改或伪造，票据的金额还必须同时用大、小写记载。如果大小写不一致，我国《票据法》认为该汇票无效；而《英国票据法》和《日内瓦统一法》都规定要以大写金额为准。

3. 无条件的书面支付命令。汇票是无条件的书面付款命令，这是汇票的本质和核心。

"无条件"（Unconditional）——汇票的支付必须是无条件的。这里所说的"无条件"，当然不是指毫无缘由就开出一张付款命令责令对方付款的意思，而是指不带任何限制，不能依赖于某一事件的发生或某些情况的出现，也就是说汇票上行文遣词不能附加任何条件，比如：当汇票载有"货物经检验符合合同要求后付款"、"收到货物后5个工作日内付款"等含有条件的限制型文句，则该汇票是无效的。道理很简单，因为"有条件"意味着如果达不到条件就无法付款，就不是“无条件付款命令”。反之，“付购设备款60万美元”、“付20万美元再借记××号账户”，则属于无条件的付款命令。“付购设备款”是说明付款的性质和原因，“再借记××号账户”说明的是付款后的账务处理，它们都不构成付款条件。当然，最简明的方式是“付××元”。在实务中，特别是在信用证业务中，尽管汇票载有“根据某信用证号开立”等类似条款，由于它不对汇票的付款构成限制，而仅仅是一种附加的说明，因此，该汇票仍然有效。

“书面”（Writing）——汇票的支付命令必须是书面的，而不是口头的或其他方式的。“书面的”包括手写的、印刷的、电脑打出来的等，但不能用铅笔书写。

“命令”（Order）——要求汇票支付的语气是命令式的，是“付”、“请付”，而不是过分客气的要求。

4. 付款人名称。汇票必须载明付款人的姓名或企业名称，并载有详细地址，特别是以在同一城市有许多机构的银行为付款人时，一定要仔细注明清楚，以便收款人或持票人向其提示付款或承兑。

5. 收款人名称。汇票上关于收款人的记载又叫做“抬头”，它应该像付款人一样有一定的确定性。不过在实务中，一般只写一个完整的名称，不强求写明地址。视汇票能否流通和转让的方式不同，汇票上“收款人”一栏（即“抬头”）的行文有所不同，具体分为以下三种：

（1）限制性抬头（Restrictive Order）。指收款人只限于某一具体人或某一单位或某一金融机构，即票据的义务人只对记名的收款人负责。此类汇票抬头的具体写法如：“仅付给B公司”（Pay B Company Only）；“付给B公司，不得转让”（Pay B Company Not Transferable）；或者“付给B公司”（Pay to B），同时在票据其他地方有“不可转让”（not Transferable）的字样。这类汇票不能转让流通。这在一定程度上限制了它的支付功能的发挥，因此，这种汇票在实务中的应用不是很普遍。

（2）指示性抬头（Demonstrative Order）。指可以由收款人或其委托人、指定人提示收款的汇票。这类汇票的特征是并不一定要求收款人本人亲自收款，在付款到期日前，收款人可以在汇票的背面“背书”转让，提前从第三方（即受票人）取得款项，而由受票人以持票人身份到期取款。这类汇票在收款人这一栏里一般都有“指定人”（Order）的字样，其意思是“可由收款人指定的人收款”。例如：“付给C的指定人”（Pay to the Order of C Company）；“付给C或其指定人”（Pay to C Company or Order）；“付给C”（Pay to C）。第三种写法习惯上叫做记名抬头，虽然没有“指定人”字样，但收款人仍有权将票据背书转让。这种汇票既实现了汇票流通转让的基本性质，又赋予收款人转让票据的权利，并要求背书而具有一定的转让条件，使转让更可靠，更安全，因此在实务中使用最为广泛。

（3）持票来人抬头（Payable to Bearer）。该种汇票不管谁持有，都有权要求付款人付款，而且在转让时无需背书，只要通过简单交付就可以实现。其特点是在收款人这一栏里一定有“来人”（Bearer）的字样。如“付给来人”（Pay Bearer）；“付给A或来人”（Pay A Company or Bearer）。

相关知识

由于各国的票据法不同，对收款人的要求也不尽相同。我国票据法不但规定汇票必须明确记载收款人名称，而且认为未记载收款人名称的汇票无效；《日内瓦统一法》规定，汇票的收款人名称必须明确记载；但英美票据法认为，汇票可以指定收款人，也可不指定收款人，而仅表明付给来人，持票人有权要求付款人向其支付汇票所记载的全部金额。

6. 出票日期（Date of Issue)。指汇票签发的具体时间。出票日期有以下三个重要作用:

（1）决定汇票的有效期。持票人如不在规定时间内要求票据权利，则票据权利自动消失。《日内瓦统一法》规定，即期汇票的有效期是从出票日期起的1年时间；我国《票据法》规定见票即付的汇票有效期为2年。

（2）决定付款的到期日。远期汇票到期日的计算是以出票日为基础的，确定了出票日及相应期限点，也就能确定到期日。

（3）决定出票人的行为效力。若出票时法人已宣告破产或被清理，则该汇票不能成立。

相关知识

如同收款人的名称是否需明确表明，国际上没有统一的规定一样，对于汇票的出票日期，各国规定也不相同。我国的《票据法》十分重视出票日期，把汇票的出票日期作为汇票的必备事项；使用《日内瓦统一法》的国家也均规定，汇票应该记载出票日期，否则汇票无效；但使用英美票据法的各国认为，汇票的出票日期不是汇票的必须记载事项，若汇票未填写出票日期，持票人可以将自己认为正确的日期进行后补。

7. 出票人签章。签字原则是票据法的最重要和最基本的原则之一，票据责任的承担以签字为条件，汇票需经出票人亲笔签名或盖章方有效。签字的地方是在汇票的右下方。可以说这是汇票最主要的项目。票据法是根据某人在票据上的签字来确定它的责任的，不签字就不负责，签字等于承认了自己的债务，收款人因此有了债权，从而票据成为债权凭证。根据《英国票据法》不完整汇票的规定，只要交付了一张签过字的白纸就算确定了债务，其他的项目可由持票人根据授权来填写。

各国票据法均规定，汇票必须有出票人的签名才能生效，未经出票人签名的汇票在法律上是无效的。我国的《票据法》把出票人签章作为汇票的必须记载事项之一。

表4-1为常见的银行汇票样式。

二、汇票的填写项目

汇票填写细项如表4-2所示。

1. 标明“汇票”字样，以区别于本票、支票（Bill of Exchange 或 Exchange 或 Draft)。

2. 出票地点和出票日（Place of Issue Date of Issue)。

3. 付款期限。

（1）即期付款汇票/即期汇票（Sight Bill, Demand Bill)。

On demand pay to the order of……

表4－1　　银行汇票

中国银行　BANK OF CHINA　　NO. 30167577　　1. 32

This draft is valid for one year from the date of issue

SHANGHAI ________ 19 ____

PAY TO ________________________________

THE SUM OF U. S. DOLLARS　　USO

____

TO: BANK OF CHINA, NEW YORK BRANCH　　BANK OF CHINA, SHANGHAIBRANCH

410 MADISON AVENUE

NEW YORK NY 10017

U. S. A.

____

NJTHOR. IZED 310MTURE3

表4－2　　汇票填写细项

Exchange for USD5000.00　　Beijing,Julys,2000

(1)　　(2)

At 60 days after sight　pay to　the order of C compay

(3)　　(6)　　(5)

the sum of five thousand U.S.dollars.

(4)

To:Bank of New York,　　For:A company

U.S.A.　　Beijing

(7)　　(8)

(Signature)

（2）定期付款汇票/远期汇票（Time/Usance Bill）。

- 出票日后若干天付款

At 60 days after date pay to……

- 见票日后若干天付款

At 60 days after sight pay to……

- 在注明日期后的若干天付款

At 60 days after 1st, May

- 在将来固定日期付款

Pay to……on 1st, May

（3）延期付款汇票（Deferred Payment Bill）。

At 60 days after the date of Bill of Lading

pay to……

At 60 days after the presentation of documents

pay to……

4. 汇票金额大写（Certain in Money）。

5. 无条件支付命令
6. 收款人名称（Payee），又称抬头
（1）限制性抬头（Restrictive Order）
Pay to A Company Only
Pay to A Company not transferable
（2）指示性抬头（Demonstrative Order）
Pay to the order of A Company
Pay to A Company or order
（3）持票来人抬头（Payable to Bearer）
Pay Bearer,
Pay A Company or Bearer
7. 付款人（Drawee）
8. 出票人（Signature of Drawer）

- 中文解释：
- 金额是 5000 美元汇票　　出票日/地：2000 年 7 月 北京
- 见票后 60 天内　　支付款项给 C 公司或其指定人（即收款人）
- 总金额为 5000 美元
- 付款人：美国纽约银行　　出票人：北京 A 公司

三、汇票流转中的主要行为

使用汇票的步骤分别有：

1. 出票（issue）：把汇票投入流通的第一个票据行为，也是基本票据行为。出票人一旦签发并交付汇票后，即继承了连带责任，若汇票到期遭到付款人的拒付，收款人有权向出票人行使追索权。

2. 背书（endorse）：背书是以转让票据权利为目的的票据行为，即持票人在转让票据时，须在汇票背面签字背书（见表 4－3）。汇票可以连续背书、连续转让。

转让背书 ｛完全背书：记载有被背书人名称及背书人签章。
　　　　　 空白背书：被背书人记载处留有空白的背书。

表 4－3　　汇 票 背 书

被背书人	被背书人	被背书人
endorsee 背书人签章 年　月　日	背书人签章 年　月　日	背书人签章 年　月　日

3. 提示（presentation）：指持票人将票据提交给票据上的付款人，要求付款人按照票据上的指示承兑或付款的行为。

4. 承兑（acceptance）：承兑是远期汇票的付款人在汇票上明确做出的接受付款指示，同意支付金额的承诺及签章。

5. 付款（payment）：持票人在规定的期限向付款人提示付款时，付款人无条件的支付汇票金额的过程。

6. 拒付（dishonor）：包括拒绝承兑和拒绝付款——当持票人向付款人提示承兑而遭拒绝时，构成拒绝承兑；当持票人在汇票到期日向付款人提示付款而遭拒绝时，构成拒绝付款。

7. 追索（recourse）：当汇票遭到拒付时，为了保护持票人的利益，持票人有权向其所有背书人及出票人请求偿还汇票金额。这项权利即追索权。持票人可以自由选择任一前手进行追索。

【岗位实训】

1. 按照银行汇票的业务流程，小组完成“任务描述”中的业务操作。
2. 填写下面的银行汇票（见表4－4）。

表4－4

BANK OF XXX

This draft is valid for one

Year from the date of issue

AMOUNT ________________

PAY TO ________________ （Place） ________________ （Date） ________________

THE SUM OF ____

TO：____

PAY AGAINST THIS DRAFT，TO THE

DEBIT OF OUR H. O. ACCOUNT　　　　BANK OF XXX

WITH YOUR TOKYO BRANCH

【岗位考核】

本岗位考核评价如表4－5所示。

表4－5　　岗位考核评价表

实训内容	2～1.5分	1.5～0.5分	0.5～0分
职业礼仪：外事服务礼仪的遵守	遵守	基本遵守	违反
专业技能：银行汇票的填写、审核、处理等	正确	基本正确	错误
专业知识：银行汇票的相关规定、操作流程、票据行为等知识的熟悉程度	非常熟悉	基本熟悉	不熟悉
团队精神：小组合作、沟通、语言表达	顺利完成	基本完成	未完成
完成时间（分钟）	$t \leqslant 5$	$5 < t \leqslant 7$	$t > 7$
总　分	10分		

教学研讨

1. 国际结算中汇票的使用与国内结算中的汇票大同小异，主要区别在于国际结算规则与惯例的规定以及各国票据法间的差异，在教学中，建议侧重于这些不同点讲授。

2. 对于国际结算汇票的业务处理，各银行的具体操作和岗位要求有所不同，所以在教学中很难细化，探讨在教学中如何突破？

任务二　认识本票和支票

【任务描述】

业务场景：某银行营业网点。

业务角色：客户北京 A 公司会计张某、柜员李某。

业务内容：2008 年 7 月，北京 A 公司向美国 C 公司购买价值 50 万美元的原材料，计划使用支票向 C 公司支付货款。

【业务流程】

本业务流程如图 4－2、图 4－3 所示。

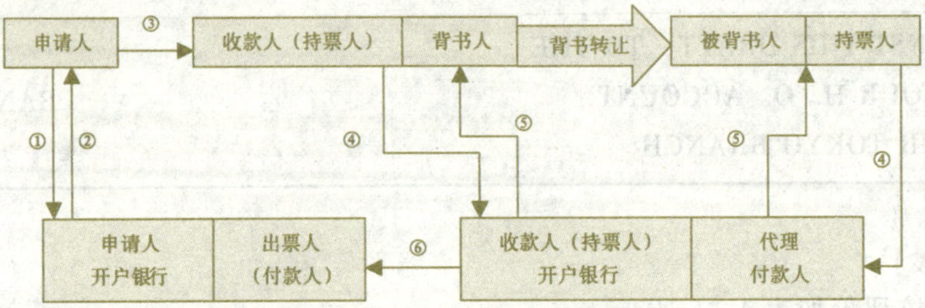

图 4－2　银行本票结算流程图

说明：①申请签发；②出票；③申请人将银行本票支付收款人；④提示付款；⑤代理付款人账；⑥银行间资金清算。

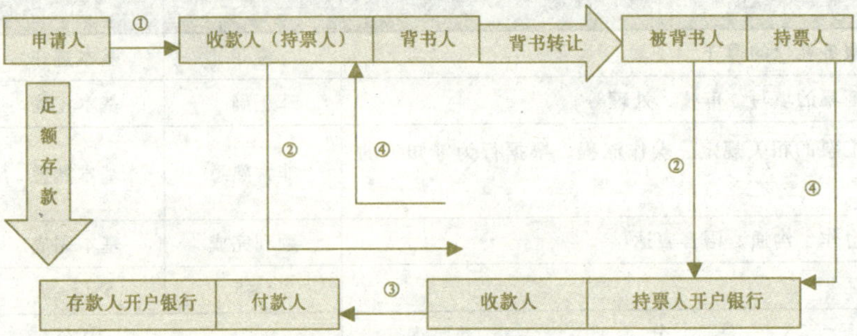

图 4－3　支票结算流程图

说明：①出票；②送交支票；③交换支票并清算资金；④收妥入账。

【介绍要点】

1. 本票内容的必备要素。本票具有票据的一切性质，其格式也是横条式，国际结算中的本票多用英文来写。

相关知识

本　票

我国《票据法》对本票概念的界定是：本票是出票人签发的，承诺自己在见票时无条件支付确定的金额给收款人或者持票人的票据。我国《票据法》所称本票是指银行本票。

由于本票的付款人就是出票人自己，因此本票的当事人只有两个，即出票人和收款人。本票的出票人在任何情况下均是主债务人。

本票除不必承兑，亦不必参加承兑以及对本票银行不予贴现等情形之外，其余的票据行为与汇票的行为基本相同，即出票、背书、保证、到期日、付款、参加付款、追索权等行为界定与汇票的规定一样。

根据本票的出票人的身份不同，可分为一般本票和银行本票。

本票必须具备的要素与项目有：

(1) 表明其为本票的文字，如“PROMISSORY NOTE”。使用英国票据法的国家和地区无此要求。

(2) 无条件支付承诺。这里的支付也是不能附加条件的，但不是汇票的“命令”，而是承诺，如“Promise of Pay”。

(3) 一定金额。这一要求与汇票相同。

(4) 出票人签章。

(5) 出票日期和地点，要写在本票的右上角，若未写明出票地点的，出票人所在地即为出票地。

(6) 付款期限。若是××days after date，即出票后若干天时到期日；有的直接指定到期日，如2009年12月20日，则属固定日期的本票；若没有表明期限，视为即期本票；若是××days after sight，即见后若干天付款。

(7) 收款人或指定人。

(8) 付款地点。未写明付款地点的则出票地的营业场所为付款地。

我国《票据法》规定，上述8个项目中，除付款地点、付款期限、出票地点外，其余6个要素均为绝对必备项目，本票上未记载以上事项之一的，本票无效。我国的《票据法》虽然未把付款地和出票地点作为有效本票必须记载的内容，但也要求本票上记载付款地、出票地等事项的，应当明确清楚。而《日内瓦统一法》规定，本票还需载明付款地与出票地，若未载明付款地的，出票地为付款地；若未载明出票地的，出票人的地址就是为出票地。

表4-6为国际结算中常见的银行本票样式。

表 4-6　　银行本票

BANK OF EFT. LTD Add: Queen's Road CASHIER'S OR DER Hong Kong, Aug, 5, 20... Pay to the order of ××Co. Ltd. the sum of Hong Kong Dollars Sixty Thousand Only. HK $ 60000.00 For BANK OR EFT, LTD Manager

2. 支票内容的必备要素

相关知识

支　票

支票是由出票人签发的，委托办理支票存款业务的银行在见票时无条件支付确定的金额给收款人或者持票人的票据。

支票的含义可以概括为银行存款户根据协议向银行签发的即期无条件支付命令。

支票应记载的必备项目有：①表明“支票”的字样；②无条件支付委托；③付款人（银行）的名称；④确定的金额；⑤出票日期；⑥出票人签章。

我国《票据法》规定，以上六个要素是支票绝对必须记载的项目，未记载以上事项之一的支票无效。另外，《票据法》还规定支票上的金额可以由出票人授权补记；支票上未记载收款人名称的，经出票人授权，也可以补记。支票上未记明付款地点的，付款人的营业场所为付款地。未记载出票地点的，付款人的营业场所、住所或经常居住地为出票地。出票人的签章应当与在付款人处预留的签名式样或印鉴相符。此外，根据《日内瓦统一法》，支票还需记载收款人名称或加上“或其指定人”或“持票人”字样及付款地点、出票地点。

相关知识

支票的种类

根据不同的标准，支票大体上可分为以下几种：记名支票、不记名支票、划线支票、保付支票、旅行支票。此外，在我国，还有专门用于支取现金的现金支票，现金支票只能用于支取现金，不能做转账使用。

表 4-7 为国际结算中常见的支票样式。

【岗位实训】

1. 分别按照银行本票和支票的业务流程，小组完成“任务描述”中的业务操作。
2. 审核下面的银行本票和支票（见表 4-8、表 4-9）。

表 4-7 支票

Cheque for USD 60000.00 New York, Dec 20, 20…
Pay to the order of ABC Co., the sum of U.S. DOLLARS SIXTY THOUSAND ONLY.
TO: Bank of ×××
Now York For DEF Corporation, New York
Manager

表 4-8

PROMISSORY NOTE
Beijing December 20, 2006
USD 5000.00
On demand We promise to pay the order of B Company the sum of Five Thousand U.S. dollars only.
For A Company, Beijing
(Signed)

表 4-9

CHEQUE FOR BANK OF CHINA BEIJING BRANCH
A/C NO. ________
Beijing, Date December 20, 2006
Pay to the order of IBM Company the sum of Four Thousand U.S. dollars ($ 4000)
Cheque No. 031256903
(Signed) Smith

【岗位考核】

本岗位考核评价如表 4-10 所示。

表 4-10 岗位考核评价表

实训内容	2~1.5 分	1.5~0.5 分	0.5~0 分
职业礼仪：外事服务礼仪的遵守	遵守	基本遵守	违反
专业技能：银行本票和支票填写、审核、处理等	正确	基本正确	错误
专业知识：银行本票和支票的相关规定、操作流程、相关知识等熟悉程度	非常熟悉	基本熟悉	不熟悉
团队精神：小组合作、沟通、语言表达	顺利完成	基本完成	未完成
完成时间（分钟）	t≤5	5<t≤7	t>7
总　分	10 分		

教学研讨

1. 国际结算中本票和支票的使用与国内结算中的本票和支票大同小异，主要区别在于国际结算规则与惯例的规定以及各国票据法间的差异，在教学中，建议侧重于讲授这些不同点。

2. 对于国际结算本票和支票的业务处理，各银行的具体操作和岗位要求有所不同，所以在教学中很难细化，探讨在教学中如何突破？

模块二　用不同的结算方式处理国际结算业务

国际结算方式是指分处于两个不同国家的经济交易的当事人在一定的条件下，运用某种的途径和特定货币，结清相互间债权债务关系的一种行为或方式。实际上这也是一种债务人对债权人偿还债务的方式，又称之为国际支付方式。

客户可以选择不同的结算方式办理国际结算业务。办理国际结算的方式包括汇付方式、托收方式、信用证方式等常见业务。

学习目标

1. 掌握并理解汇款、电汇、信汇、票汇等的概念，掌握汇款业务（电汇、信汇等）的基本流程，了解业务操作中的相关规定；

2. 理解托收的含义及其分类，掌握托收业务的基本流程；

3. 掌握并理解信用证的相关知识，掌握信用证结算方式的基本流程。

学习准备

1. 银行模拟教学平台软件；

2. 各种业务凭证、印章、现金（练功券可替代）等；

3. 小组教学，每小组3～4名学员。

任务一　用汇款方式进行结算

【任务描述】

业务内容：2008年7月，北京A公司向美国C公司购买价值50万美元的原材料，收到货物后，计划采用汇款方式，向C公司支付货款。

【业务流程】

电汇、信汇、票汇业务流程如图 4－4、图 4－5、图 4－6 所示。

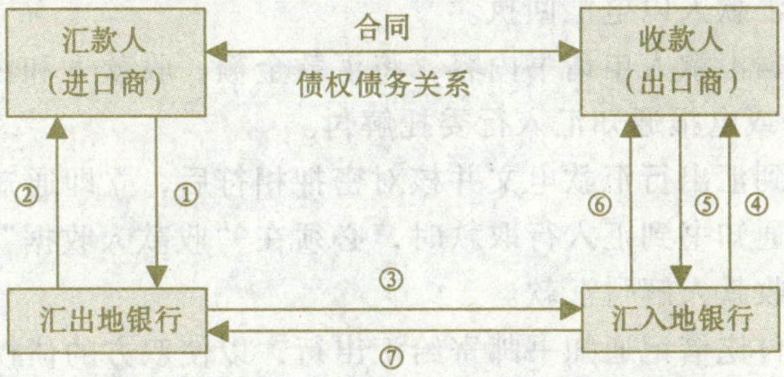

图 4－4　电汇业务基本流程

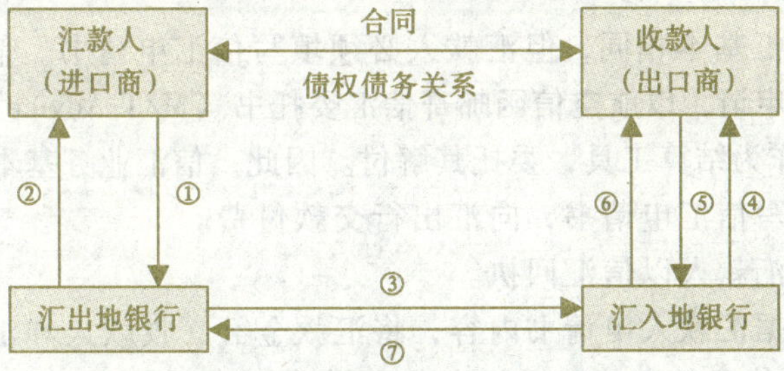

图 4－5　信汇业务基本流程

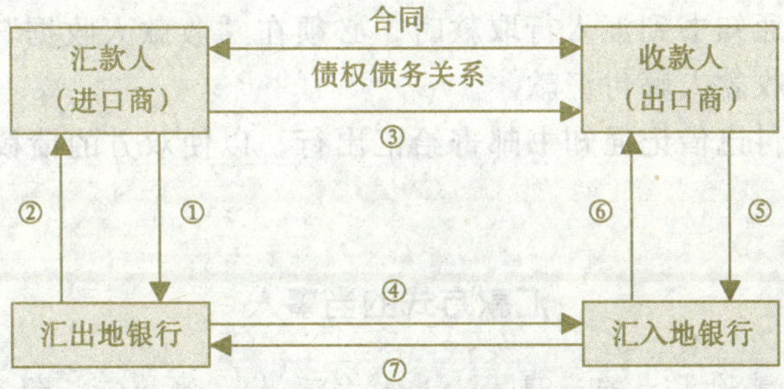

图 4－6　票汇业务基本流程

【操作要点】

相关知识

汇款的含义

汇款（Remittance）也称汇付或国际汇兑，是指付款人或债权人通过本国银行或其他途径，运用各种结算工具将货款汇交国外收款人的一种结算方式。由于当前国际贸易实务中，汇款一般都是通过银行机构来进行的，因此，汇款的含义也可以表述为是银行（汇出行）应汇款人（债务人）的要求，以一定的方式将一定的金额，通过其国外联行或代理行作为付款银行（汇入行），付给收款人（债权人）的一种国际支付结算方式。

一、电汇业务的具体操作程序

步骤1：汇款人填写电汇申请书，向汇出行交款付费。

步骤2：汇出行给汇款人以电汇回执。

步骤3：汇出行根据汇款人申请书内容，将汇款金额、收款人和汇款人姓名、地址、汇款人附言等内容以电传或电报通知汇入行委托解付。

步骤4：汇入行收到汇出行汇款电文并核对密押相符后，立即通知收款人取款。

步骤5：收款人持通知书到汇入行取款时，必须在“收款人收据”上签名或盖章。

步骤6：汇入行向收款人解付汇款。

步骤7：汇入行持付讫借记通知书邮寄给汇出行，以使双方的债权债务得以结算。

二、信汇业务的具体操作程序

信汇业务流程与电汇基本相同，但汇款人必须填写信汇申请书。信汇与电汇的唯一差别是：汇出行应汇款人的申请，以航空信函邮寄信汇委托书（M/T Advice）或支付委托书（Payment Order）给汇入行作为结算工具，委托其解付。因此，信汇业务基本流程仍是7个步骤。

步骤1：汇款人填写信汇申请书，向汇出行交款付费。

步骤2：汇出行给汇款人以信汇回执。

步骤3：汇出行根据汇款人申请书内容，将汇款金额、收款人和汇款人姓名、地址、汇款人附言等内容以航空信函邮寄信汇委托书或支付委托书通知汇入行委托解付。

步骤4：汇入行收到汇出行汇款信函并核对密押相符后，立即通知收款人取款。

步骤5：收款人持通知书到汇入行取款时，必须在“收款人收据”上签名或盖章。

步骤6：汇入行向收款人解付汇款。

步骤7：汇入行持付讫借记通知书邮寄给汇出行，以使双方的债权债务得以结算。

相关知识

汇款方式的当事人

1. 汇款人。即将款项汇出的当事人，也称付款人。他是委托银行将款项汇付国外收款人的一方，在进出口贸易业务中通常是指买方。汇款人在委托汇出行办理汇款时要出具汇款申请书。

2. 受款人。即汇款的接受者。他是指接到汇入行通知后收取汇款的当事人，在进出口贸易业务中通常是指卖方。

3. 汇出行。即接受汇款人的委托，办理汇出汇款的银行。汇出行有义务按照汇款人的指示，向其联行或代理行发出付款委托书，委托他们向付款人解付汇款。

4. 汇入行或解付行。即指受汇出行的委托，解付汇款的银行，或指将款项交给收款人的银行，又叫付款行或解付行。汇入行通常是汇出行的联行或代理行，即收款人所在地的银行，比如出口地银行。

应该注意的是：信汇委托书或支付委托书上须加具有权签字人的签字，汇入行收到委托书后，凭汇出行的印鉴样本核对无误后，即按委托书的地址通知收款人前来领取汇款。收款

（1）收单审单。受理客户提交的原始结算凭证，并进行审核。

（2）制作电子信息。发报经办行汇划录入人员，按规定将客户提交的原始结算凭证上的要素转换为电子文件，交复核员复核。

（3）复核。复核员将原始结算凭证要素与电子文件对应要素一一核对，以确保信息录入无误。

（4）打印。复核员分别打印两联"××银行委托电子汇划款项借方（贷方）清单"、"电子清算划收（划付）款专用凭证"。

"××银行委托电子汇划款项借方（贷方）清单"格式如表6－54所示。

表6－54　××银行委托电子汇划款项借方（贷方）清单

（业务公章）　　编号：

发报经办行行号＿＿＿＿　＿＿＿＿年＿＿＿＿月＿＿＿＿日

顺序号	收报清算行行号	收报经办行行号	收款人账号	收款人名称	金额	密押	付款人账号	付款人名称	事由
1	2	3	4	5	6	7	8	9	10
0									
1									
2									
3									
4									
5									
6									
7									
8									
9									
金额合计						发报清算行编押：		核押：	

发报经办行复核：　　经办：　　发报清算行录入：　　核查：

（5）登记登记簿。根据"××银行委托电子汇划款项借方（贷方）清单"和"电子清算划收（划付）款专用凭证"登记"电子汇划业务收（发）登记簿"。

（6）发送电子汇划信息。"××银行委托电子汇划款项借方（贷方）清单"和"电子清算划收（划付）款专用凭证"经审核员审核无误后通过银行会计核算系统发送发报清算行。

（7）办理转账。如为贷记业务，以有关原始结算凭证作借方记账凭证，"电子清算划收（划付）款专用凭证"作贷方传票，划收款清单作贷方传票附件，编制会计分录如下：

借：吸收存款——付款人户（或其他科目）

　　贷：清算资金往来——分行辖内往来（往账——××清算行）

如为借记业务，编制相反的会计分录。

2. 发报清算行发送电子汇划信息操作要点。

（1）接收电子汇划信息并审核。通过计算机从银行会计核算系统接收电子汇划信息，并由计算机自动审核其完整性和合规性。

（2）加编密押。审核无误后，由编押人员编制并录入联行密押。

（3）发送信息。编押人员加编密押后通过系统内电子汇划系统将资金汇划信息发送总行清算中心。

（4）打印。由计算机打印两份“××银行电子汇划款项往账借方（贷方）清单”和两联“电子清算划收（划付）款专用凭证”。

“××银行电子汇划款项往账借方（贷方）清单”如表6－55所示。

表6－55　　××银行电子汇划款项往账借方（贷方）清单

发报清算行行号______　　年___月___日　　编号：

顺序号	收报清算行行号	收报经办行行号	收款人账号	收款人名称	金额	密押	付款人账号	付款人名称	业务种类	事由
金额合计						录入员				复核

（5）办理转账。如为贷记业务，编制会计分录如下：

借：清算资金往来——分行辖内往来（来账——××经办行户）

　　贷：存放同业——系统内存放款项（上存总行备付金户）

如为借记业务，应编制相反的会计分录。

3. 总行清算中心电子汇划业务操作要点。

（1）接收电子汇划信息并登账。通过计算机从系统内电子汇划系统接收电子汇划信息，并由计算机自动审核其完整性和目的地。审核无误后，自动进行账务处理。

（2）清分下传。将接收的电子汇划信息按收报清算行进行清分，并将清分后的电子汇划信息下传给收报清算行。

（3）资金划转。每日营业终了，根据各清算行资金汇划信息更新其在总行开立的备付金存款账户，如为贷记业务，应编制会计分录如下：

借：同业存放——系统内存放款项（发报清算行备付金存款户）

　　贷：同业存放——系统内存放款项（收报清算行备付金存款户）

如为借记业务，应编制相反的会计分录。

（4）账务核对并备份。每日营业终了应进行账务核对，同时对生成的传输数据备份保存，防止数据丢失。

4. 收报清算行接收电子汇划信息操作要点。

（1）接收电子汇划信息并审核。通过计算机从系统内电子汇划系统接收电子汇划信息并由计算机自动审核。

（2）清分下传。审核无误后再由计算机自动按收报经办行进行清分，并通过银行会计核算系统下传给收报经办行。

（3）打印凭证。日终打印两份"××银行电子汇划款项来账借方（贷方）清单"和"电子汇划款项借方（贷方）专用凭证"。

"××银行电子汇划款项来账借方（贷方）清单"格式如表6-56所示。

表6-56　××银行电子汇划款项来账借方（贷方）清单

收报清算行（盖章）

收报经办行行号________　______年______月______日　编号：

顺序号	发报清算行行号	发报经办行行号	收款人账号	收款人名称	金额	密押	付款人账号	付款人名称	业务种类	录入日期	凭证提交号	事由
金额合计						发报行核押						

收报清算行复核　　经办　　收报经办行复核　　经办

（4）办理转账。如果是贷记业务，编制会计分录如下：

借：存放同业——存放系统内款项（上存总行备付金户）

　　贷：清算资金往来——分行辖内往来（往账）

如果是借记业务，应编制相反的会计分录。

5. 收报经办行接收电子汇划信息操作要点。

（1）接收电子汇划信息并审核。通过计算机从银行会计核算系统接收电子汇划信息并审核。

（2）打印。审核无误后，打印"××银行电子汇划款项来账借方（贷方）清单"和一式三联"电子汇划款项借方（贷方）补充报单"。"电子汇划款项借方（贷方）补充报单"格式如表6-57所示。

表 6－57　　××银行电子汇划借方（贷方）补充报单

收报　　年　月　日　　凭证提交号：

<table>
<tr><td>发报清算行行号</td><td></td><td>发报经办行行号</td><td></td><td>收报清算行行号</td><td></td><td>收报经办行行号或行名</td><td></td></tr>
<tr><td rowspan="2">收款人</td><td>账号或地址</td><td colspan="2"></td><td rowspan="2">付款人</td><td>账号或地址</td><td colspan="2"></td></tr>
<tr><td>名　称</td><td colspan="2"></td><td>名　称</td><td colspan="2"></td></tr>
<tr><td colspan="5" rowspan="2">金额（大写）</td><td colspan="3">千 百 十 万 千 百 十 元 角 分</td></tr>
<tr><td colspan="3">密押　　核押</td></tr>
<tr><td colspan="5">事由</td><td colspan="3">会计分录：
借方：
贷方：</td></tr>
<tr><td colspan="5">备注：
原凭证种类：
原凭证号码：
原凭证金额：</td><td>收款人</td><td colspan="2">转账日期
复核　　记账</td></tr>
</table>

（3）登记“电子汇划业务收（发）登记簿”。根据打印的清单和补充报单，登记“电子汇划业务收（发）登记簿”。

（4）办理转账。如为贷记业务，则以“电子汇划款项贷方补充报单”作借方传票，第二联“××银行电子汇划款项来账借方（贷方）清单”作贷方传票办理转账，编制会计分录如下：

借：清算资金往来——分行辖内往来（来账）

　　贷：吸收存款——收款人户（或其他有关科目）

如为借记业务，则以“委托电子汇划款项借方清单”作借方传票，“电子汇划款项借方补充报单”第二联作贷方传票办理转账，编制会计分录如下：

借：吸收存款——收款人户（或其他有关科目）

　　贷：清算资金往来——分行辖内往来（来账）

（5）通知客户。将第三联“电子汇划款项借方（贷方）补充报单”加盖转讫章后作收账通知送收款人。

【岗位实训】

1. 画出系统内电子汇划系统信息传递流程图。

2. 设计系统内各环节业务操作流程图。

3. 编制发报经办行、发报清算行、总行清算中心、收报清算行和收报经办行办理电子资金汇划信息传送和资金清算业务的会计分录。

4. 设计系统内电子汇划系统各环节电子汇划信息传送和资金清算业务的单项和综合型实训练习题。

5. 进行电子汇划业务核算的实训练习。

【岗位考核】

本岗位考核评价内容见表6－58。

表6－58　岗位考核评价表

考核内容		考核标准		
		5～4分	3～2分	1～0分
专业技能	编制经办行、清算行和总行清算中心办理电子资金划拨业务的会计分录	正确规范	一般	错误多
	录入电子汇划信息	正确规范	一般	错误多
	打印清单或凭证、报单	正确规范	一般	错误多
	编押核押	正确规范	一般	错误多
专业知识	电子汇划信息传输流程	非常熟悉	基本熟悉	生疏
	电子汇划业务会计核算手续	非常熟悉	基本熟悉	生疏
职业素养	爱岗敬业精神	好	较好	差
	服务礼仪	规范	一般	随意
	应急处理能力	强	较强	弱
	严格执行规章制度的意识	强	较强	弱
备注	以5分制为基础，总分为各考核项目得分数的算术平均数			

教学研讨

1. 组织有关电子汇划业务联网传输和会计核算手续的知识竞赛。
2. 设计电子汇划信息传输流程图。
3. 设计电子汇划业务核算的单项和综合实训练习题。

任务三　核算同城票据交换业务

【任务描述】

业务场景：××商业银行××支行×分理处。

业务角色：佳佳：同城票据交换业务记账员。

业务内容：办理提出票据、退票、差错处理、提入票据、资金清算等业务的记账工作。

【业务流程】

同城票据交换业务处理流程见图6－40。

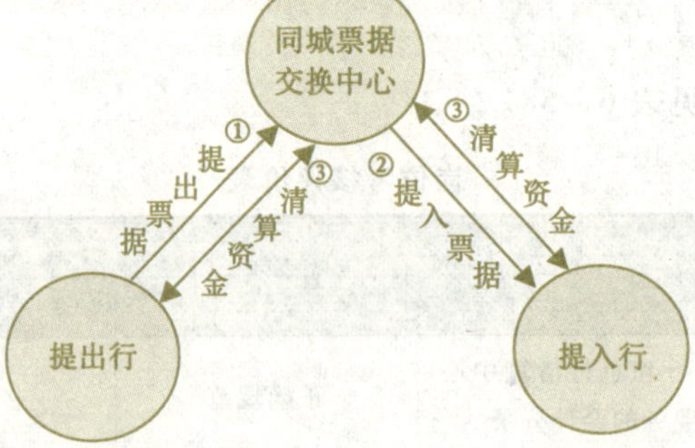

图 6-40　同城票据交换业务处理程序图

【操作要点】

1. 提出行提出票据业务操作要点。

（1）受理业务。接收客户提交的结算凭证（如银行本票、支票、进账单等）。

（2）审核接收的票据。审核的要点如下：①凭证要素是否齐全；②是否在有效期限内；③大小写金额是否相符；④进账单与所附凭证的金额是否一致；⑤收款人（或付款人）名称和账号是否本行开户单位以及对方开户行是否参加票据交换；⑥与单位预留印鉴（或支付密码）是否相符。

（3）录入信息。将审查无误的同城交换票据由票据清算员逐笔输入微机。交复核员复核。

（4）复核清分。经复核员复核无误后，由计算机将输入数据按提入行清分，拷贝软盘。

（5）打印传递。按提入行分别打印“同城票据交换借方（或贷方）汇总表”一式两联并传递给记账员。

（6）记账签章。记账员以第一联“汇总表”作“清算资金往来——同城票据清算（提出代付票据）”科目借方传票或“清算资金往来——同城票据清算（提出代收票据）”科目贷方传票办理转账。

①提出的代收票据的，以原始结算凭证作借方传票，编制会计分录如下：

借：吸收存款——付款人户（或其他有关科目）

　　贷：清算资金往来——同城票据清算（提出代收票据）

②提出代付票据的，另编转账贷方传票，编制会计分录如下：

借：清算资金往来——同城票据清算（提出代付票据）

　　贷：其他应付款——待清算户

记账后，记账员在汇总表和提出交换的票据上签章，签章后转交复核员复核。

（7）审核签章。复核员复核无误，复核员签章连同提出的同城票据交换借方或贷方汇总表第二联及所附的代付、代收票据，交会计坐班主任审查核对无误后，在提出票据及提给各行同城票据交换借、贷方汇总表上加盖“同城票据交换专用章”。

（8）提出交换。由同城票据交换员登记“同城票据交换登记簿”，按规定时间到票据交换（清算）所，进行同城票据交换。

（9）收妥入账。俟交换超过退票时间，应将在“其他应付款——待清算户”款项转入客户账户。记账员抽出专夹保管的进账单，填制“其他应付款”科目转账借方传票，交复核员复核无误后，办理转账。编制会计分录如下：

借：其他应付款——待清算户

　　贷：吸收存款——收款人户

2. 提入行提入票据业务操作要点。

（1）收票审核。交换员从同城票据交换中心提入票据并审核，审核要点与提出票据的审核要点基本相同，另需审核下列内容：

①提出行送来的“汇总表”与所附票据是否相符；②是否属于本行票据；③提回票据有无漏盖交换章。

（2）正常票据办理转账。根据提入的同城票据交换借方（或贷方）汇总表与原始票据办理转账。

①提入代收票据。以“汇总表”作“清算资金往来——同城票据交换（提入代收票据）”的借方传票，提入的原始票据为“吸收存款——收款人户”科目贷方传票，编制会计分录如下：

借：清算资金往来——同城票据交换（提入代收票据）

　　贷：吸收存款——收款人户

②提入代付票据。以提入的原始票据作“吸收存款——付款人户”科目借方传票，以“汇总表”作“清算资金往来——同城票据交换（提入代付票据）”的贷方传票，编制会计分录如下：

借：吸收存款——付款人户

　　贷：清算资金往来——同城票据交换（提入代付票据）

3. 同城票据交换资金清算业务操作要点。

（1）接收资金清算凭证。票据交换员接收同城票据交换中心退回盖有同城票据交换专用章的“同城票据交换计算表”及“同城票据交换差额清算凭证”。

（2）审核凭证。票据交换员凭“同城票据交换计算表”核对提入票据份数、金额并与提入的“汇总表”核对相符，审核无误后交记账员。如有不符，立即通知交换所尽快查以更正。

（3）清算资差额汇差的清算。

①应收差额的清算。记账员收到审核无误的“资金清算差额表”后，填制一联“转账借方传票”，作“存放中央银行款项”科目借方传票，以“汇总表”分别作“清算资金往来——同城票据交换”各明细科目的借、贷方传票，编制会计分录如下：

借：存放中央银行款项

　　清算资金往来——同城票据清算（提出代收票据）

　　清算资金往来——同城票据交换（提入代付票据）

　　贷：清算资金往来——同城票据清算（提出代付票据）

　　　　清算资金往来——同城票据交换（提入代收票据）

②应付差额的清算。记账员收到审核无误的“资金清算差额表”后填制一联转账贷方传票作“存放中央银行款项”科目贷方凭证，以“汇总表”分别作“清算资金往来——同城票据交换”各明细科目的借、贷方传票，编制会计分录如下：

借：清算资金往来——同城票据清算（提出代收票据）

　　清算资金往来——同城票据交换（提入代付票据）

　　贷：存放中央银行款项

清算资金往来——同城票据清算（提出代付票据）
清算资金往来——同城票据交换（提入代收票据）

【岗位实训】

1. 画出同城票据交换业务处理流程图。
2. 画出同城票据交换系统各环节业务操作程序图。
3. 编制提出票据、提入票据和清算应收差额和应付差额业务的会计分录。
4. 审核同城票据交换业务的各项凭证。
5. 进行同城票据交换业务核算的实训练习。

【岗位考核】

本岗位考核评价内容见表6－59。

表6－59　　岗位考核评价表

考核内容		考核标准		
		5～4分	3～2分	1～0分
专业技能	区分代收票据和代付票据	正确规范	一般	错误多
	编制提出票据、提入票据的会计分录	正确规范	一般	错误多
	编制清算应收差额和应付差额的会计分录	正确规范	一般	错误多
	审核提出的票据和提入的票据	正确规范	一般	错误多
	计算应收差额和应付差额	正确	较正确	错误多
	正确使用和管理印章	正确规范	一般	错误多
专业知识	同城票据交换及其参与者的任务	非常熟悉	基本熟悉	生疏
	代收票据和代付票据	非常熟悉	基本熟悉	生疏
	应收差额和应付差额的计算公式	非常熟悉	基本熟悉	生疏
职业素养	爱岗敬业精神	好	较好	差
	服务礼仪	规范	一般	随意
	应急处理能力	强	较强	弱
	严格执行规章制度的意识	强	较强	弱
备注	以5分制为基础，总分为各考核项目得分数的算术平均数			

教学研讨

1. 组织同城票据交换知识竞赛。
2. 设计同城票据交换业务处理程序图。
3. 设计同城票据交换业务核算的单项和综合实训练习题。

项目7 个人理财业务与服务

个人理财业务与服务包括理财顾问服务和综合理财服务两项业务。该项目是商业银行近几年新兴起的一项中间业务，在个人和家庭理财悄然升温、日趋繁荣的情形下，商业银行的这项业务日显重要。本项目主要培训学员掌握理财顾问服务和综合理财服务的专业岗位技能和规范服务的要求，具体来讲，该项目要求掌握理财顾问服务中向客户提供财务分析、财务规划、投资建议、个人投资产品推介等专业服务业务的能力；掌握综合理财服务中向客户提供私人银行业务服务和理财计划服务的专业技能。通过本教材的培训，使学员对个人理财业务与服务的整体业务流程有一个全面的掌握，能熟练完成每项业务环节的操作，提升自身的专业技能和业务素质。

本项目包括以下两个模块：理财顾问服务；综合理财服务。

模块一　理财顾问服务

学习目标

1. 了解理财顾问服务的概念；
2. 熟悉理财顾问服务的流程；
3. 掌握理财顾问服务中向客户提供财务分析、财务规划、投资建议、个人投资产品推介等专业服务业务的技能和具体操作步骤；
4. 具有银行从业人员职业道德和从业操守；
5. 具备明确的客服意识和规范的客服礼仪；
6. 具备顺利处理该类业务的岗位能力。

学习准备

1. 商业银行模拟理财中心客户接待室；
2. 各种业务凭证、印章、表格等；
3. 小组教学，每小组 8～10 名学员。

任务一　财务分析

【任务描述】

该任务主要涉及与客户有效沟通、收集客户信息，根据客户的理财需求，对客户的财务状况、风险特征、财务目标进行分析等财务问题，要求银行从业人员具备与客户有效沟通、收集客户信息的能力，并能根据客户的理财需求，分析客户的财务状况、风险特征以及财务目标，提出财务规划建议。

【业务流程】

财务分析业务流程如图 7－1 所示。

图 7－1　财务分析业务流程图

【操作要点】

一、电话预约

提醒客户需要携带的相关资料，如记账记录、对账单、股票、债券等相关凭证、保险单、房贷合同、纳税凭证等。如果是初次面谈，应明确与客户面谈的目的和主要内容，准备好所有的背景资料，包括有关的宏观经济指标、个人财务规划提案的样本等。

二、迎接客户

与客户接触起初的 15 秒钟非常重要，能在这个时候留给客户好的印象，就成功了一半，因此专注客户迎宾是服务的关键时刻。起身等候客户时应注意客户的来向，保持端庄的仪态。

三、沟通交流

掌握有效沟通的技巧，语言沟通应掌握开放式提问和封闭式提问的技巧，并注意语言的专业化和法律责任。非语言沟通包括眼神、面部表情、身体姿态、手势等等要遵守职业规范要求。

四、收集客户信息

1. 一般包括事实性信息、判断性信息、推论性信息（见表7-1）。

表7-1　　客户信息分类

事实性（定量）信息	关于客户事实性描述：工资收入、年龄。	“我的年收入约15万元。”
判断性（定性）信息	无法用数字来表示的信息，常常带有主观性：客户对风险的态度、客户的性格、客户未来的工作前景。	“我不希望在我的投资计划中采用股票投资。”
推论性信息	确切的判断性信息并不能在客户的回答中直接得出，而需要从业人员加以分析和推断。	“我不希望承担太大的风险，对股票所知有限，希望了解这方面的知识再做决定。”

从表7-1中可以看出三类信息的区别，定性信息需要从业人员作出一定的判断；推论性信息需要进一步询问和了解后再做判断。这时，设计一系列的问题，通过客户对这些问题的回答来归纳出所需要的信息。设计调查问卷，通常是一项十分专业的活动。

2. 收集信息的方法（见表7-2）。

表7-2　　收集信息方法

初级信息的收集	客户的个人和财务资料只能通过与客户沟通获得，称之为“初级信息”，是进行理财规划分析和拟订计划的基础。但仅仅通过交谈的方式收集信息是远远不够的，还要采用数据调查表来帮助收集定量信息。有时候，需要向客户的律师或保险人索取相关材料，这需要客户填写授权书并签字。
次级信息的收集	宏观经济信息一般可以通过政府部门或金融机构公布的信息中获得，称之为“次级信息”。次级信息的获得相对容易，但其涉及面广，需要平时工作中注意收集和积累，有条件应建立数据库。

五、协助客户填写相关表格

数据调查表是收集客户信息的最有效方式。对量化信息使用数据调查表显得整洁和条理清晰。对于定性信息使用问答题或选择题的方式更有效。数据调查表必须能够为个人财务规划提供有效的信息，且涉及的内容十分繁多。

数据调查表的种类：客户联系方式、个人信息、收入与支出、资产与负债、收入节余计划、房产资料、社会保障、养老基金安排、风险管理信息、遗产管理信息、投资需求与目标、投资偏好、客户财务价值观、个人财务规划目标。

六、对客户的财务状况进行分析

收集客户的相关数据，编制客户“个人资产负债表”和“个人现金流量表”。客户财务状况分析是整理客户的所有资产与负债，统计家庭的所有收入与支出，最后生成家庭资产负债表和现金流量表，并据此对客户的财务状况进行分析。

1. 个人资产负债表。

（1）个人资产负债表。是指反映个人或家庭在某一时点上的资产和负债状况的财务报表。个人资产负债表的平衡关系：

总资产 = 总负债 + 净资产

从个人资产负债表中可以得到以下信息：其一，家庭资金来源的构成，包括债务和权益，家庭与外部发生的经济往来关系等；其二，家庭的财务实力、短期偿还债务的能力、资产结构的变化情况和财务状况的发展趋向；其三，家庭资产评估的主要资料；其四，家庭资产净值（净资产）。

（2）个人资产负债表的编制。

第一步，列出资产清单，按资产的流动性分类，包括流动资产、固定资产、投资资产；

第二步，列出负债清单，按到期时间长度（年月季）分为短期负债和长期负债；

第三步，计算出净资产，净资产等于资产减去负债。

【例 7－1】 王小石和郝梅是一对生活在北京的年轻夫妇，目前没有孩子。王小石 27 岁，北京某外企部门的技术员，郝梅 25 岁，国企普通职员。其家庭资产负债表如表 7－3 所示。

表 7－3　王小石家庭资产负债表

2009 年 12 月 31 日

资产项目	金　额	负债项目	金　额
个人使用资产		流动负债	
衣物	8000	信用卡	3500.00
日常用品	10000	汽车贷款月供	1934.60
珠宝首饰	2000	住房贷款月供	2259.29
汽车	60000		
摩托车	25000	流动负债合计	7693.89
住房	700000		
个人使用资产合计	805000	长期负债	
流动性资产		汽车贷款	55408.34
现金	1000	住房贷款	176399.64
活期存款	10000	长期负债合计	231807.98
流动性资产合计	11000		
投资性资产		总负债	239501.87
定期	30000		
股票	20000		
公积金	7000	净资产	703498.13
养老保险金	70000		
投资性资产合计	127000		
总资产	943000	负债与净资产合计	943000.00

（3）个人资产负债表分析。

①家庭财务结构分析——负债比率分析，即负债与资产的比率。负债所占资产份额越低，说明资产质量越好。其公式为：

资产负债率 = 负债/资产 ×100%

若比率 =1，说明资产等于负债，此时净资产为0；

若比率 <1，说明资产大于负债，此时净资产为正，可以考虑投资；

若比率 >1，说明资产小于负债，此时净资产为负，意味着财务状况已趋恶化，理论上讲已经破产。

资产负债率在0～1之间，该比率控制在0.5以下较为理想，如果该比率低于0.5，那么由于资产流动性不足，出现财务危机的可能性较小。在例7－1中，王先生的资产负债率为0.25（239501.87/943000×100%），处于较为理想的状态。

②家庭资产结构分析——个人使用净资产与投资净资产分析。个人使用净资产（个人使用资产减去个人使用资产负债）的特性是其价值相对较为稳定。因此个人或家庭净资产中若个人使用净资产占大部分，总净资产就会随负债的减少缓慢成长；若投资净资产占大部分，因为金融资产市值波动幅度一般较大，总净资产的起伏较大。投资负债的比重愈大，投资净资产波动幅度愈大。但不可否认的是，即使是资产负债表中完全无负债的人，其金融资产都是存款，在房价持平或仅能随物价微涨的年份，金融资产的获利还是高于以提供使用价值为主的个人使用资产。

③帮助客户通过资产负债状况进行理财诊断。资产和负债是理财天平的两端，资产高于负债的客户，天平会往资产的一方倾斜，以所产生净资产的筹码来取得平衡。有些客户负债高于资产，只有获得足以减少负债的净收入才能恢复平衡。

对于资产远高于负债的客户，在西方，个人理财规划的重点在于节税而非创造更高的资产。若节税得当，要转移20%的税后资产给下一代，比投资多赚20%来缴税更容易。对于资产略高于负债的一般客户，其个人理财规划的重点是衡量未来生命周期资产负债的可能变化而做好应对准备。避免晚年负债高于资产，成为子女的负担。资产和负债天平也可以衡量保险的需求。一般客户当资产减损而负债依旧时，为了避免天平倒向负债的一端，就要购买保险以理赔金的筹码加注在资产上，使天平回复均衡状态。

2. 个人现金流量表。现金流量表用来说明在过去一段时间内，个人的现金收入和支出情况，可以显示这个家庭是怎样从上年的财务状况变成现在的财务状况的。

（1）家庭收入与家庭支出。家庭收入是指整个家庭剔除所有税款和费用后的可自由支配的纯所得；家庭支出是指全家所有的现金支付。家庭收入和支出项目见表7－4。

表7－4　家庭收入与家庭支出

家庭收入	工作所得：全家所有成员得工资、奖金、补助、福利、红利等。
	经营所得：自有产业得净收益，如生意、佣金、店铺等。
	各种利息：存款、放贷、其他利息。
	投资收益：租金、分红、资本收益、其他投资等。
	偶然所得：中奖、礼金等。
家庭支出	日常开支：饮食、服饰、房租、水电、交通、通讯、赡养、纳税、维修等开支。
	投资开支：储蓄、保险、债券、股票、基金、外汇、房地产等各种投资项目的投入。
	奢侈消费：学费、培训费、休闲、保健、旅游等开支。

（2）家庭收入与家庭支出的分类及其稳定性和变动趋势分析（见表7-5）。

表7-5　收入与支出的分类

收入的分类	工资收入	受雇于人取得的收入，该收入比较稳定，但是收入的调整有限，且面临失业而导致收入中断的风险。
	经营收入	从事经营获得的收入，该收入空间比较广泛，但随业绩的高低有所波动，且经营不善会导致破产而丧失该部分收入。
	投资收入	进行投资活动获得的财产所得。该部分收入一般较高，但波动较大，投资不当被套牢，损失惨重。
	偶然收入	收到的馈赠或者中奖得到的收入。该收入是随机的，数量上也不稳定。
支出的分类	消费支出	属于可变动支出，是个人比较容易控制的一部分，每月的变动性较大。
	投资支出	包括房地产投资和汽车消费贷款的本金支付等，如通过按揭方式进行支付，这部分支出由个人和信贷机构通过合约的形式固定下来，是不可变动的。
	偿债支出	个人信贷的利息部分或偿还的短期贷款，这部分支出同投资支出一样，也是不可变动的。
	其他支出	主要指一些临时性支出，这部分支出变动性较大。

（3）个人现金流量表的编制。

第一步，确定现金流入，包括工资、稿费、利息收入、股票分红等；

第二步，记录现金支出，包括固定支出和可变支出；

第三步，计算净现金流量，净现金流量等于现金流入减去现金支出。

如例7-1资料，王小石和郝梅家庭现金收支如表7-6所示。

表7-6　王小石家庭收入支出表

2009年1月1日—2009年12月31日

收入项目	金　额	占比（%）	支出项目	金　额	占比（%）
1. 现金流入	133247	100	2. 现金流出	109928.72	100
1.1 工资、薪金收入	132000	99.06	2.1 日常消费支出	49600	45.12
工资	120000	90.06	食物支出	15000	13.65
津贴	12000	9.01	日用品支出	2000	1.82
1.2 财产经营现金收入	1000	0.75	服装鞋帽支出	4000	3.64
现金股利	1000	0.75	享受型支出	2000	1.82
1.3 债权现金收入	247	0.19	通信费用支出	2400	2.18
银行存款利息	247	0.19	交通费用支出	13300	12.10
			医疗费用支出	3000	2.73
			人际交往支出	1000	0.91
			住宅相关支出	68000	6.19
			其他	100	0.09
			2.2 投资支出	47812.32	43.49
			房地产投资	25757.04	23.43
			其他	22055.28	20.06
			2.3 偿还债务	2516.40	2.29
			2.4 其他支出	10000	9.10
			3. 汇率折算差额	0	0
			4. 现金净流量（1-2+3）	23318.28	

（4）现金流量表分析。

①对计算出的净现金流量进行分析：若净现金流量 >0，说明日常有一定的积累；若净现金流量 =0，说明收入与支出平衡，日常无积累，若净现金流量 <0，说明日常入不敷出，意味着要动用以往的储蓄或借债。如例 7－1 中王先生的净现金流量大于0，说明平时有一定储蓄的积累。

②帮助客户通过对现金流量表分析进行理财诊断。通过对现金流量表分析，找到对个人收支平衡的控制方法，即解决如何开源节流的问题。提高家庭收入可能的方式主要考虑以下方面：增加工作收入、增加理财收入、降低生活支出、降低理财支出（见表7－7）。

表 7－7　　提高家庭收入的方式

增加工作收入	• 在原有工作上力求获得晋升加薪； • 论时或论件计酬时，加班或增加工作量来增加收入； • 兼第二份职业； • 找寻待遇更好的工作机会； • 行销能力强者，可寻找以业绩佣金为主的工作来提高收入。
增加理财收入	理财收入 = 金融资产 × 投资报酬，当客观环境出现利息调高、股市上升、房租上扬时，拥有相关资产的人，其理财收入就会增加。另外，投资时若能顾及节税的规划，或是利用手续费打折时投资，所省下的钱也可以当做是创造理财收入。以借款扩大投资，当投资报酬率高于借款利率时，财务杠杆的运用会使得理财收入大幅度上扬。
降低生活支出	• 省吃俭用，少上餐馆少买衣服，不买短期内用不着的东西； • 善用折扣，在打折时出手，同样的东西以较低的价格取得； • 多用大众运输工具，如公交车、火车，可节省交通费； • 制定支出预算，大额消费或旅游应事前计划按预算执行； • 使用公共资源，以逛公园、上图书馆的方式节省休闲支出。
降低理财支出	• 寻找适合自己状况的政策性低利息贷款或首次买房贷款； • 让自己合乎自用房贷利息可扣抵税款规定，降低税后支出； • 以租代购，以租房代替买房，通常租金支出会低于房贷本息支出； • 保单调整，将储蓄险调整为保障型寿险，可在同样保额下降低保费支出。

七、分析客户的风险特征

风险是对预期的不确定性，是可以被度量的。同样的风险在不同的主体那里会有不同的感受，因此，每个客户对待风险的态度是不一样的。客户对待风险的态度有以下特征：

（1）风险编好：反映的是客户主观上对风险的态度，也是一种不确定性在客户心理上产生的影响。

（2）风险认知度：反映的是客户主观上对风险的基本度量，这也是影响人们对风险态度的心理因素。如：房地产市场和股票市场都具有很高的风险，但几年前，我国股票市场持续下跌而房地产市场持续增长，结果有不少人不能正确评估房地产市场和股票市场的风险。

（3）实际风险承受能力：反映的是风险客观上对客户的影响程度，同样的风险对不同的人影响是不一样的。如，同样用10万元炒股票，其风险是客观的，但对于一个仅有10万元养老金的退休人员和对一个百万富翁来说，产生的影响是截然不同的。

风险厌恶者和风险喜好者在生活中的主要区别如表 7－8 所示。

表 7－8　　风险偏好分类

风险厌恶者	风险喜好者
将风险视为危险	将风险视为挑战或机遇
倾向于高估风险	倾向于低估风险
喜欢较低的可变性	喜欢较高的可变性
在一个情景假想中容易朝着坏的方向进行自我暗示（即强调损失的可能性）	在一个情景假想中容易朝着好的方向进行自我暗示（即强调收益的可能性）
倾向于悲观	倾向于乐观
偏好秩序	偏好模棱两可
不喜欢变化	喜欢变化
相对于不确定性更喜欢确定性	相对于确定性更喜欢不确定性

八、分析客户的财务目标

确定客户的财务目标是个人财务规划过程中关键的一环。每个人最基本的财务需求来自消费。消费包括日常衣食住行的各项开支和休闲娱乐的消费。消费之后剩余的收入可以作为储蓄或者通过投资增加资产的成长以支付未来的消费。然而未来的消费除了需要资产的支持之外，还需要保险的保障。如果现阶段的消费过高，即过度消费，将会增加达到财务目标的难度，要达到长期或短期的财务目标必须把消费控制在合理的水平。个人财务规划师应该帮助客户认识合理的目标和消费水平在个人财务规划中的重要性，从而使其自发地制定和执行消费计划与投资规划。

1. 财务目标的内容。寻求个人财务规划服务的客户有着各种各样的财务目标，短期的目标如控制日常生活开支、进行储蓄和购买消费品等；中期的目标可能是为养育子女和子女教育筹集经费，或购买自有住宅；长期的目标则可以是实现投资收益最大化、过上安逸的退休生活和死后的遗产税支出，从而为继承人留下较多的资产以支持他们的生活等。个人财务规划师是帮助客户在个人财务上取得成功的人，可以把人生可能的财务目标划为五类，见表 7－9。

表 7－9　　人生财务目标的内容

实现收入和财富的最大化	财富指的是个人拥有的现金、投资和其他资产的总和。要积累个人财富，个人支出就必须小于其收入，所以说，个人财富的最大化最终是通过增加收入和适当控制支出实现的。增加收入的途径可以是寻找更高薪水的工作或者进行投资等，具体的方式取决于个人的能力、兴趣和价值观念。控制支出的方法主要是把所有支出项目进行细分为可控支出，在力保不可控支出的前提下，尽量降低不必要的可控制支出，比如过多的置装费用和过多的旅游费用。
进行有效消费	个人收入通常有两个用途：消费和储蓄（储蓄今后会转化为投资）。由于消费开支常常占用了个人收入的大部分，所以对这部分资金的有效使用是十分重要的。通过学习一定的个人财务规划技术，比如保存好个人的财务记录、进行现金预算、合理使用信用额度、购买适当的保险和选择合理的投资工具等，就可以控制个人的日常开支，实现有效消费。

续表

满足对生活的期望	人一生中除了保证生存的必要支出以外，还有各种各样的人生目标。足够的储蓄，拥有自己的房产和汽车，没有负债以达到财务的安全和自主，有一份高薪的工作，这些都可以成为人的生活目标。这些目标往往难以同时实现，这意味这个人必须在这些目标中进行选择和规划。对于个人来说，这种规划必须有一个“终生”的视角，也就是说，人们应该分清在个人/家庭生命周期的不同阶段，什么是最重要的、必须实现的目标，而什么目标对当前而言较为次要。从而合理全面地安排自己及家庭的生活。
确保个人财务安全	财物安全是指个人对其现有的财务状况感到满意，认为拥有的财务资源可以满足其所有的必要开支和大部分期望实现的目标。这时，个人对其财务方面的事务有较强的信心，不会因为资金的紧缺而感到忧虑和恐惧。一般来说，确保个人财务安全的标准有：①有一份稳定而充足的收入；②工作中有发展的潜力；③有退休保障；④有充足的紧急备用金以备不时之需；⑤有一定的房产（如果是分期付款，则要有足够的资金来源）；⑥购买了合适和充足的保险；⑦有实物资产方面投资；⑧有合理的金融投资组合；⑨制定了有效的投资规划、税收规划和遗产规划。不同的个人对财务安全的要求会有所差别，以上标准只能作为参考。
为退休和遗产积累财富	对于许多人来说，为退休后的生活提供保证是他们进行储蓄的最终目的。由于退休后收入会减少，而个人往往已经习惯了原有的生活状态，所以为了不降低生活水平，个人需要在未退休前将一部分收入作为退休基金留做他日所用。此外，在一些较为传统的国家，为子女留下一份相当数额的财产（遗产）也是个人的重要目标之一。

2. 财务目标的种类。上述内容只是对个人财务目标作了大致的描述，要进行个人财务规划，还需要财务规划师深入了解客户的具体目标和期望。按照目标指定的频率和实现时间的长短来区分，客户的目标还可以分为以下几种：①短期目标是指那些需要客户每年制定和修改的，并在较短时期内（一般 5 年以内）实现的愿望。比如将日常生活开支减少、购置新车、存款等。②中期目标是指那些制定后在必要时可以进行调整，并希望在一定时期内（一般 6 ~ 10 年）实现的愿望。比如子女教育经费的筹集、购房经费的筹集等。③长期目标是指那些通常一旦确定，就需要客户长时间（一般 10 年以上）的计划和努力才能实现的愿望。比如退休生活目标保障目标、遗产管理等。另外，处于不同生命周期的客户，其理财目标也是各不相同的（见表 7 - 10）。

表 7 - 10　　处于不同生命周期的客户目标

投资者类型	短期目标	中、长期目标
大学生	• 租赁房屋 • 获得银行的信用额度 • 满足日常支出	• 偿还教育贷款 • 开始投资计划 • 购买房屋
20 多岁单身青年	• 储蓄 • 购车 • 进行本人教育投资 • 建立备用基金 • 将日常开支削减 10% • 实现旅游	• 进行投资组合 • 建立退休基金

续表

投资者类型	短期目标	中、长期目标
30多岁已婚投资者（子女尚幼）	• 将旧的交通工具更新 • 子女的教育开支 • 增加收入 • 购买保险	• 进行子女的教育家具的投资 • 购买更大的房子 • 将投资工具分散化
50多岁已婚投资者（子女已成年）	• 购买新的家具 • 提高投资收益的稳定性 • 退休生活保障投资	• 出售原有的房产 • 制定遗嘱 • 退休后的旅游计划 • 养老金计划的调整

3. 帮助客户制定合理可行的财务目标。客户的理财目标包括必须实现的目标和期望实现的目标。必须实现的目标是指在正常的生活水平下，客户必须要完成的计划或者满足的支出，必须实现的目标要优先考虑。期望实现的目标是指在保证正常的生活水平的情况下，客户期望可以完成的计划或者满足的支出。

九、财务规划建议

根据客户的生命周期特征、风险特征和财务现状，为客户提供财务规划建议。

生命周期理论指出，个人在相当长的时间内计划他的消费和储蓄行为的，在整个生命周期内实现消费的最佳配置。个人或家庭生命周期与理财活动见表7－11。

表7－11　　个人或家庭生命周期与理财活动

生命周期	特　征	理财活动
青年单身期	是指参加工作至结婚的时期。	掌握理财知识，参与、尝试投资工具的操作，培养良好的理财习惯。
家庭形成期	是指从结婚到子女出生。	理财任务重，恋爱、结婚、买房买车、娱乐、继续教育支出等，很容易形成人不敷出的窘境，因此，必须加强现金流管理，多储蓄、合理安排日常收支，适当节约资金进行高风险投资，如股票、基金等。
家庭成长期	是指从子女出生直到其完成学业为止。	成家立业之后，两人工作，收入、家庭比较稳定，面临着未来的子女教育、父母赡养、自己退休三大人生重任，这时期的理财任务是尽可能多地储备资产，积累财富，重点是投资计划、现金计划、保险计划。
家庭成熟期	是指从子女参加工作到夫妻退休为止。	进入中年，收入和财富积累都处于人生的最佳时期，更是个人财务规划的关键时期，因个人开始面临财务的三大考验，分别为子女教育准备的教育费用、为父母准备的赡养费用、为自己退休准备的养老费用，还清中期贷款。
退休养老期	是指从夫妻都退休开始到最后一个人过世止。	这一时期，没有债务负担，财富积累到了最高峰。重要的理财任务是妥善管理好积累的财富，积极调整投资组合，降低投资风险，以保守稳健型投资为主。主要人生目标是安享晚年，主要理财任务是稳健投资保住财产，合理支出积蓄的财富以保障退休期间的正常支出。

【岗位实训】

根据例7－1的资料，对王先生家庭的财务状况进行分析，并提供合适的理财规划建议。

【岗位考核】

1. 能够与客户有效沟通，准确收集客户信息。

2. 能对客户的财务状况、风险特征、财务目标进行客观的分析与评价。

3. 能够编制客户的资产负债表和现金流量表。

4. 能够提出合理可行的财务规划建议。

任务二 制定现金理财规划

【任务描述】

制定现金理财规划是满足个人或家庭短期需求而进行的管理现金及现金等价物和短期融资的活动。该任务主要涉及收集客户信息，帮助客户分析其家庭现金需求，并能估算客户现金需求等财务问题，要求银行从业人员具备有效收集客户信息的技巧，学会估算客户现金需求，能编制客户收入—支出表，能够根据客户的需求状况和现金规划工具的特点选择适当的现金管理工具，并且制订现金规划方案的具体业务能力。

【业务流程】

制定现金理财规划的业务流程如图7－2所示。

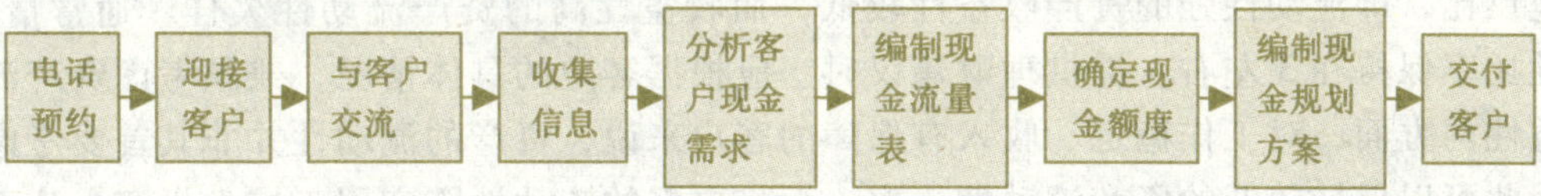

图7－2 制定现金理财规划业务流程图

【操作要点】

1. 电话预约

理财师在电话中提醒客户携带相关资料，如记账记录、对账单、股票、债券等相关凭证、保险单、纳税凭证等。

2. 迎接客户

提前准备会谈所需的资料，迎接客户时应遵守职业规范礼仪。

3. 与客户交流

首先应该向客户说明什么是现金规划、现金规划的需求因素、现金规划的内容以及现金规划应遵循的原则，即短期需求用手头的现金来满足，预期的需求可以通过各种类型的储蓄或短期投资、融资工具来解决。

4. 收集客户信息

收集与客户现金规划有关的信息，如个人职业、家庭情况、收支状况等，引导客户编制月（年）度收入支出表，为了更好地与现金规划过程衔接，收支表可以1个月为周期编制。

5. 分析客户的现金需求

在分析客户的现金需求阶段，要考虑两方面的因素，对金融资产流动性的要求和持有现金及等价物的机会成本。

考虑对金融资产流动性的要求，客户持有现金有三方面的动机：

（1）交易动机，由于收入和支出在时间上的不同步，个人或家庭需要现金或现金等价物是为维持日常生活需要；决定于收入水平和生活习惯等因素的影响，个人或家庭的收入水平越高，交易数量越大，其为保证日常开支所需要的货币量就越大。

（2）预防动机，由于未来收入和支出的不确定性，为了预防意外支出而持有一部分现金及现金等价物的动机；取决于个人或家庭对意外事件的看法，但也和收入有很大的关系。

（3）投机动机，为把握投资机会获得较大收益而持有现金；取决于投资机会和风险偏好。

持有现金及等价物的机会成本是指现金及等价物流动性强而收益性较低，持有收益率低的现金及等价物也就意味着丧失了持有收益率较高的投资品种，因此，持有现金及等价物存在机会成本。

6. 编制现金流量表

编制个人或家庭收入支出表的目的是提供个人或家庭获取现金的能力和时间分布，以利于正确地进行消费和投资决策。编制主要原则有：真实可靠原则、充分反映原则和明晰性原则。并重点对客户的流动性比率进行分析，流动性比率是流动资产与月支出的比值，它反映客户支出能力的强弱。其公式为：流动性比率＝流动资产/每月支出。

资产流动性是指资产在保持价值不受损失的前提下变现的能力。资产的流动性与收益性通常呈反比，即流动性强的资产收益性较低，而收益性高的资产流动性欠佳。通常情况下，流动性比率保持在3左右。提供理财建议时，应根据客户的具体情况，兼顾考虑资产流动性与收益性两方面，对工作稳定、收入有保障的客户来说，资产的流动性并非其首要考虑的因素，因此可以保持较低的资产流动性比率，而将更多的流动性资产用于扩大投资，从而取得更高的收益。而对于那些工作缺乏稳定性、收入无保障的客户来说，资产流动性显然要比资产收益性重要得多，因此应建议此类客户保持较高的资产流动性比率。

7. 确定现金额度

合理确定现金及现金等价物额度实际上就是在现金及现金等价物的流动性和持有现金及现金等价物的机会成本之间进行权衡。

在确定现金及现金等价物额度时还可以参考客户的流动性比率，收入支出表可以反映客户每月的基本支出额度，再乘以流动性比率，就得到了现金规划的资金额度。一般可以将现金额度确定在个人或家庭每月支出的3～6倍，具体额度一定要通过收入和支出构成的稳定性角度来确定，若在个人或家庭的收入结构中，自雇收入或其他不稳定收入所占的比重较大，应适当地调高流动性比率，增加现金规划的资金额度。

另外，在正常的收入与支出范围内，每月或多或少有结余，但是当收入突然中断或支出突然暴增时，此时若没有一笔紧急备用金可供动用则会捉襟见肘，陷入一时的财务困难。因此要重点考虑两方面的紧急备用金：一是失业或失能导致的工作收入中断；二是紧急医疗或意外灾变所导致的超支费用。至少应准备3个月的固定支出，较保守者可准备6个月，时间以1年为限。建议以5000元作为紧急备用金的安全存量额度，因为收入中断与意外超支费用现象有可能同时发生，因此所需要的紧急备用金额度应为两者相加，而非取其高者。

8. 编制现金规划方案

确定现金及现金等价物额度后，还需要对个人或家庭的金融资产进行配置。将每月支出3~6倍的现金额度在现金规划的一般工具中进行配置，即可在现金、各类银行存款、货币市场基金等金融产品间进行配置。现金规划的一般工具包括：现金、储蓄品种、货币市场基金。

9. 现金规划的融资方式

向客户介绍现金规划的融资方式，解决超额的现金需求。现金规划的融资工具包括：信用卡融资、贷款融资、保单质押融资、典当融资（见表7-12）。

表7-12　　现金规划融资工具分类

现金规划的融资工具	理财建议或提醒	操作提示
信用卡融资	运用信用卡理财应注意以下： （1）符合条件的免息透支； （2）免息分期付款； （3）高透支额度调高临时额度； （4）预计借现金； （5）循环信用； （6）支出记录与分析； （7）支出管理； （8）建立信用。	消费者在使用信用卡进行消费时注意： （1）免息还款期的计算问题； （2）当心部分偿还不能享受免息待遇； （3）信用卡提现并不享受免息期待遇； （4）免年费，并非年年免。
贷款融资	（1）适合家庭的有凭证式国债抵押贷款、存单质押贷款； （2）是各种贷款方式中最可靠，获得资金最多的一种，手续简便。	（1）个人和家庭取得贷款不易，如果能够预测到有这方面的需求，手中保留一些如银行存单、国债等是有必要的； （2）规范自己的财务和经营，争取较高的信用等级。
保单质押融资	（1）可质押的保单有两类：医疗保险和意外伤害保险合同；具有储蓄功能的养老保险； （2）期限短，一般不超过6个月，最高贷款余额不超过保单现金价值的70%左右。	（1）对于个人或家庭来说，投保人寿保险非常重要，切不可为了应付资金周转而退保； （2）保单也可以帮助周转资金。
典当融资	（1）可典当的有动产、财产权利、房产； （2）期限最长不得超过6个月，续当一次的期限最长为6个月。	

【例7-2】 薛女士申请某银行的信用卡，按发卡规定，每月2日为账单日，22日为还款日。本月，薛女士刷卡消费了6500元。若银行为她提供的信用额度为6000元，问：

（1）银行为薛女士提供的免息优惠是多少天？

（2）若银行为薛女士提供的浮动信用额度为信用额度的10%，银行收取的超额费用是多少？

（3）若薛女士要购买的商品价值为8000元，她用信用卡支付时，需要提前进行电话申请调高临时信用额度，最高额度可达到多少？调高的信用额度一般在几天内有效？

（4）2月5日，薛女士使用信用卡预借现金，则当天取现金的累计金额不超过多少？她承担的手续费是多少？使用信用卡预借现金所享受的免息优惠是多少天？

答：（1）银行为薛女士提供的免息优惠为52天。

（2）持卡人只能在规定的信用额度内透支消费，但有些银行在核准的信用额度外，不用客户申请，还会给予客户一定比例的上浮信用额度，持卡人在浮动信用额度内可继续刷卡，银行也不会给予提醒。对于超出额度的消费金额，银行会按一定比例收取超限费用，通常为超额部分的5%。因此，对于薛女士的透支额，该银行收取的超限费用为：（6500－6000）×5%＝25元。

（3）申请调高临时信用额度，最高可达5万元的信用额度。调高的信用额度一般在30天内有效。

（4）每卡每日取现金的累计金额不超过2000元。一般发卡行规定，持卡人以信用卡办理预借现金时，需承担按每笔预期借现金额的3%计算手续费。最低收费额为30元人民币或3美元。预借现金交易不享受免息还款期待遇，自银行记账日起按日利率0.5‰记收利息至清偿日止。

【例7－3】 韩先生拥有某银行的信用卡，该发卡行规定的账单日为每月的10日，到期还款日为28日。本月账单周期韩先生在5月30日只有一笔交易，消费金额为人民币2000元，韩先生的本期账单“本期应还金额”为人民币2000元，“最低还款额”为200元。

（1）若韩先生在6月28日前，只偿还最低还款额100元，则在7月10日的对账单中循环利息是多少？

（2）若韩先生在6月28日前，全额还款2000元，则在7月10日的对账单中循环利息是多少？

答：（1）若韩先生在6月28日前，只偿还最低还款额100元，则在7月10日的对账单中循环利息是：

利息＝2000元×0.05%×29天（5月30日至6月28日）＋（2000－200）×0.05%×12天（6月28日至7月10日）＝39.8（元）

（2）若韩先生在6月28日前，全额还款2000元，则在7月10日的对账单中循环利息是0。

【岗位实训】

（1）马先生一家的每月平均支出表如表7－13所示。

表7－13

家庭固定电话费	100	马先生手机费	500
马太太手机费	130	上网费	360
水电费	300	购买日常生活用品开支	1300
交通开支	2500	休闲娱乐开支	500
每月寄给马先生父母	1000	每月寄给马太太父母	1000

问：①制定现金规划时，建议马先生准备的现金或现金等价物的额度是多少？②制定现金规划时，马先生一家现金及等价物的额度在哪些一般现金工具中分配？

参考答案：

①制定现金规划时，将现金额度确定在个人或家庭每月支出的3～6倍。马先生一家每

月支出 7690 元，即马先生一家现金及等价物的额度应确定在 23070～46149 元之间。

②制定现金规划时，马先生一家的现金及等价物的额度应在现金、储蓄品种、货币市场基金一般现金工具中分配。

（2）王女士的银行信用卡账单日为每月 10 日，到期还款日为每月 28 日。3 月 10 日，为王女士打印的本期账单中仅有 2 月 25 日的一笔交易，消费金额为人民币 2000 元。王女士的本期账单列印"本期应还金额"为人民币 2000 元，"最低还款额"为 200 元。问：1）若王女士在 3 月 28 日前，只偿还最低还款额 200 元，则在 3 月 10 日的对账单中循环利息是多少？2）若王女士在 3 月 28 日前全额还款 2000 元，则在 4 月 10 日的对账单中循环利息是多少？

参考答案：

①在 3 月 10 日的对账单中循环利息是：

利息 =2000 元 ×0.05% ×32 天（2 月 25 日至 3 月 28 日）+（2000－200）×0.05% ×12 天（3 月 28 日至 4 月 10 日）=42.8（元）

②在 4 月 10 日的对账单中循环利息是 0。

（3）刘刚今年 29 岁，在某市一家外贸公司担任市场经理。妻子赵铭 27 岁，在某中职学校当老师，目前还没有小孩。两人的资产负债表和家庭收入、支出表见表 7－14、表 7－15。请为刘刚夫妇制订现金规划方案。

表 7－14 刘刚资产负债表

2009 年 12 月 31 日

资产项目	金额	负债项目	金额
个人使用资产		流动负债	
家具和家用电器	50000	信用卡	—
珠宝首饰	10000	个人借款	—
汽车	—	流动负债合计	0
住房	720000		
个人使用资产合计	780000		
流动性资产			
现金	5000	长期负债	
活期存款	10000	汽车贷款	—
定期存款	80000	住房贷款	456000
货币市场基金	0	长期负债合计	456000
流动性资产合计	95000		
投资性资产			
债券	0		
股票	40000	总负债	456000
基金	45000		
保险理财产品	—		
投资性资产合计	85000	净资产	504000
总资产	960000	负债与净资产合计	960000

表 7-15 **刘刚家庭收入支出表**

2009 年 1 月 1 日—12 月 31 日

收入项目	金额	占比（%）	支出项目	金额	占比（%）
1. 现金流入	200922.08	100	2. 现金流出	107903.90	100
1.1 工资、薪金收入	199424.48	99.25	2.1 日常消费支出	43400	40.22
刘刚	153794.48	76.54	水电煤气支出	1800	1.67
赵铭	45630.00	22.71	通信费用支出	2400	2.22
1.2 投资现金收入	1497.60	0.75	交通费用支出	4200	3.89
利息	1497.60	0.75	日用品支出	7200	6.67
资本利得	—	—	外出就餐支出	6000	5.56
红利	—	—	其他费用	1200	1.11
			服装鞋帽支出	5000	4.63
			赵铭美容支出	8400	7.78
			刘刚个人支出	7200	6.67
			医疗费用支出	0	0
			2.2 旅游度假支出	9600	8.89
			度假	5000	4.63
			娱乐和休闲	4600	4.26
			2.3 赡养费用支出	6000	5.56
			刘刚父母赡养	3000	2.78
			赵铭父母赡养	3000	2.78
			2.4 投资支出	48903.90	45.32
			房产	48903.90	45.32
			保险	0	0
			3. 现金净流量（1-2）	78018.18	

参考答案：

现金规划方案：

建立家庭备用金是现在家庭成员正常生活的基础，可以避免因失业、意外疾病事故或其他突发事件使家庭经济出现剧烈的变动，使家庭成员更安心地工作和生活。

①现金储备一般是家庭月生活费用的 1～6 倍，建议刘刚夫妇储备金保持在月均收入的 3 倍，大概在 2 万元。除了家里 5000 元现金外，还要把银行存款中的 15000 元作为生活开支覆盖储备金。

②家庭意外储备，考虑到两人目前还没有小孩，可以暂时少留一点，预留 1 万元，并建议刘刚将银行定期存款购买货币市场基金，其收益高于活期存款，又可以两天通知灵活取现，还免缴利息税，在国外，货币型基金被视为现金看待。

③建议两人各申请一张信用卡，分别申请 1 万元的信用额度，可以成为临时应急资金来源。这样一来，刘刚家庭在短期内可以动用的现金储备有 5 万元（20000 + 10000 + 10000 + 10000），应该足以应急了。

【岗位考核】

1. 能够根据客户的理财目标和财务状况估算客户现金需求。
2. 能够编制客户的资产负债表和现金流量表。
3. 能够根据客户的需求状况和现金规划工具的特点选择适当的现金管理工具。

4. 能够为客户制订现金规划方案。

任务三　制定消费理财规划

【任务描述】

家庭消费支出包括住房支出、汽车消费支出、信用卡消费支出等内容。消费规划是理财规划中不可或缺的内容，其目的是要合理安排消费资金，家庭消费规划不当，会出现入不敷出的窘境，所以家庭应在包括住房消费、汽车消费、消费信贷几个方面做好规划。

该任务主要涉及帮助客户制定消费目标、帮助客户进行贷款规划等财务问题，要求银行从业人员具备能够分析客户住房需求，选择适当的支出方式，能够根据因素变化调整支付方案。能够向客户提供汽车消费的相关咨询服务。能够分析客户的汽车消费需求，选择适当的支出方式和贷款机构，能够根据因素变化调整支付方案。能够向客户提供住房消费的相关咨询服务。能够分析客户消费信贷需求，能够帮助客户有效使用信用卡及其他消费信贷方式。

【业务流程】

制定消费理财规划业务流程见图7－3。

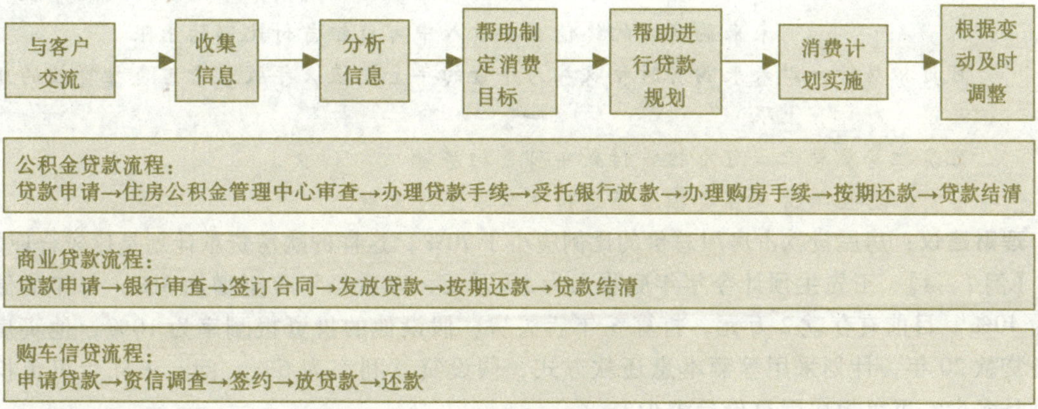

图7－3　制定消费理财规划业务流程

【操作要点】

一、与客户交流

确定客户的消费需求，如购房需求、购车需求、消费信贷。

二、收集客户的信息

客户信息包括家庭组成、家庭收入、收支状况以及固定资产等。

三、分析客户信息

对客户家庭经济现状进行分析，列出资产负债表和收入支出表。

四、帮助制定消费目标

若购房目标，包括购房的时间，希望的居住面积和届时的房价；若购车目标、消费目标，并需要消费贷款，要确定贷款方式、还款方式及还款期限。

五、帮助进行贷款规划

帮助客户进行贷款规划，如选择何种贷款方式、还款方式及还款期限等，并运用相关税收及法律知识，为客户提供必要的支持。

六、根据未来情况变动及时调整

根据客户未来情况的变动，对计划作出及时的调整，主要调整措施有提前还贷和延期还贷。

七、制定住房消费规划

1. 购房目标包括客户家庭计划购买的时间、希望的居住面积、届时的房价。购房面积需求应把握的原则是：不必盲目求大；无需一次到位；量力而行。购房环境需求包括居住社区的生活质量、上班的距离、子女上学、配套设施等。

2. 购房的财务决策的基本方法。

（1）以储蓄及缴息能力估算负担得起的房屋总价。常用的评价标准有：

可负担首付款＝目前净资产在未来购房时的终值＋目前到未来购房时间内年收入在未来购房时的终值×年收入中可负担首付比例的上限

可负担房贷＝以未来购房时年收入为年金的年金现值×年收入中可负担贷款的比率上限

可负担房屋总价＝可负担首付款＋可负担房贷

可负担房屋单价＝可负担房屋总价÷需求平方米数

理财建议：房屋贷款占房屋总价的比例应小于70%，这样的购房贷款计划是比较合理的。

【例7－4】 王先生预计今年年底收入为10万元，以后每年有望增加3%，每年的储蓄率为40%。目前有存款2万元，打算5年后买房。假设他的投资报酬率为10%，他买房时准备贷款20年，计划采用等额本息还款方式，假设贷款利率为6%。问：王先生可负担首付款是多少？可负担房屋总价是多少？

①可负担首付款部分见表7－16。

表7－16

	(1)＝年收入(1＋3%)	(2)＝(1)×40%	(3)＝(2)×(1＋10%)$^{n-1}$
	年收入	年储蓄	储蓄部分在购房时的终值
0		20000	32210
1	100000	40000	58564
2	103000	41200	54837
3	106090	42436	51348
4	109273	43709	48080
5	112551	45020	45020
终值合计			290059

因此，王先生可负担首付款为29万元。

②可负担的贷款部分。未来购房时（第六年）年收入中可负担贷款的部分为：112551 ×(1+10%)×0.4=49522元，贷款利率为6%（N=20，I/Y=6，PMT=49522，CPT PV? PV=568013。后付年金现值=49522×1-(1+6%)$^{-20}$/6%=56.8)，因此，可负担的贷款部分56.8万元。

③可负担房屋总价=可负担首付款+可负担房贷=29+56.8=85.8（万元）

④房屋贷款额占房屋总价的比率=可负担房屋总价÷需求平方米数=56.8÷85.8=66.2%

⑤若王先生计划购买100平方米的房子，则可负担房屋单价=809000÷100=8090元/平方米。

（2）按想购买的房屋价格来计算每月要负担的费用。

欲购买的房屋总价=房屋单价×需求面积

需要支付的首期部分=欲购买的房屋总价×(1-按揭贷款成数比例)

需要支付的贷款部分=欲购买的房屋总价×按揭贷款成数比例

每月摊还的贷款本息费用=需要支付的贷款部分的以月为单位的准备年金值

理财建议： 贷款购房房价最好控制在年收入的6倍以下，贷款期限在8~15年之间。

【例7-5】 张先生预购买100平方米的房子，目前市场价格是3000~6000元/平方米，则购房100平方米的房子，所需要的费用为30~60万元。假设按七成按揭，贷款期限为20年。

- 购房费用为30万元。

①需要支付的首期部分=30×(1-70%)=9（万元）

②需要支付的贷款部分=30×70%=21（万元）

③每月摊还的贷款本息费用=1505（元）

- 购房费用为60万元。

①需要支付的首期部分=60×(1-70%)=18（万元）

②需要支付的贷款部分=60×70%=42（万元）

③每月摊还的贷款本息费用=3010（元）

如果每月除了应付日常生活外能节余3010元，可买6000元/平方米的房子。而如果每月除了应付日常生活外只能节余1505元时，只能买3000元/平方米的房子。

（3）其他需要考虑的因素（见表7-17）。

加总上述购房款、相关税费、装修费用、购置家具和电器等费用，可以得出客户家庭在预期购房时间上总的资金需求，也是购房规划要实现的财务目标。

（4）估算最佳住房贷款额度的两个最重要的指标：

①房屋月供款与税前总收入的比率。房屋月供款占借款人税前月总收入的比率一般不应超过25%~30%。

②所有贷款月供与税前月总收入的比。房屋月供款加上其他10个月以上贷款的月供款得到的总额占借款人税前月总收入的比率，一般应控制在33%~38%之间。

（5）住房消费信贷有个人住房公积金贷款和个人住房商业性贷款。还款方式见表7-18。

表 7-17　　制定住房消费规划需要考虑的其他因素

①契税	普通住宅按房屋成交价的1.5%缴纳。
②评估费	
③律师费	公积金贷款不需要支付。其他贷款各地规定不同，北京300元，二手房公证费每间200元左右。
④保险费	公积金贷款：无论采用什么担保方式，都可以不购买保险。 商业贷款： • 采用财产抵押担保的，须购买房屋综合险。 • 采用财产抵押并加连带责任保证担保的，必须购买房屋险。 • 采用财产质押担保或连带责任担保的，可以不购买保险。
⑤抵押登记费	按每平方米0.3元（建筑面积）计算登记费。二手房贷款需公证的，公证费每间200元左右。
⑥印花税	• 单位与个人与房产开发商签订《商品房买卖合同》时按0.5‰贴花。 • 购房者与商业银行签订《个人购房贷款合同》按0.05‰贴花。 • 个人领取《房屋产权证》时，每件贴花5元。 • 个人出租房屋，签订房屋租赁合同，按租赁金额0.1‰缴纳。不足1元的，按1元贴花。 • 个人出售房屋，签订产权转让书据，按所载金额0.5‰缴纳。

表 7-18　　住房消费信贷还款方式

还款方式	缴款方式	缴款负担	全期偿付利息总额	其他优缺点	适用人群
等额本息还款法	每月以相等的金额平均偿还贷款本金和利息	每月相同	较多	每月付款金额相同，容易做资金规划，但全期支付总利息较多	收入处于稳定状态的家庭，如公务员、教师等
等额本金还款法	按月偿还贷款本金和利息，期中每月所还本金相等	期初较重，逐月减少	较少	每月付款金额不同，不易做规划，前期负担重，但有越还越轻松，所付利息较少的优点	收入较高，还款初期还款较大款项来减少利息支出的借款人
等额递增还款法	还款期限划分为若干时间段，每个时间段内月还款额相同，下一个时间段的还款额按一个固定金额递增	逐月递增	最多	期初负担轻，但全期所负担利息较多	目前收入一般，还款能力较弱，但未来收入预期会逐渐增加的人群。如毕业不久的学生、收入不高的年轻人
等额递减还款法	把还款期限划分为若干时间段，每个时间段内月还款额相同，下一个时间段的还款额按一个固定金额递减	逐月递减	最少	期初负担重，后期所负轻，全期所负担利息较少	目前还款能力较强，但未来收入预期会逐渐减少的人群。如中年人、未婚的白领人士

①等额本息还款法公式：

$$每月还款额=\frac{贷款本金\times(1+月利率)^{还款期限}}{(1+月利率)^{还款期限}-1}$$

【例7-6】 赵先生向银行申请了20年期30万元贷款，利率6.273%，采用等额本息还款，每月还款额为多少？

$$解：每月还款额 = \frac{300000 \times 6.273\%/12 \times (1+6.273\%/12)^{240}}{(1+6.273\%/12)^{240}-1}$$

$$= 2196.81\ （元）$$

②等额本金还款法公式：

$$每月还款额 = \frac{贷款本金}{还款期数} + （贷款本金 - 累计已还本金）\times 月利率$$

【例7-7】 胡女士向银行申请了20年期30万元贷款，利率6.273%，采用等额本金还款，每月还款额为多少？

解：300000/240 = 1250（元）

$$第一个月还款额 = \frac{300000}{240} + (300000-0) \times 6.273\%/12 = 2818\ （元）$$

$$第二个月还款额 = \frac{300000}{240} + (300000-1250) \times 6.273\%/12 = 2812\ （元）$$

……

$$最后一个月还款额 = \frac{300000}{240} + (300000-298750) \times 6.273\%/12 = 1257\ （元）$$

（6）租房的选择。适宜租房的人群包括：刚踏入社会的年轻人、工作地点与生活范围不确定者、储蓄不多的家庭。租房与买房比较如表7-19所示。

表7-19　　租房与买房比较

	租　房	购　房
优点	负担较轻，以同样的付出拥有较佳的居住品质，灵活方便，自由性强，可有效节省交通费用	房子有增值潜力，可满足心理层面归属感、安全感的需求
缺点	较不稳定，没有保障	负担较重，房贷的压力可能会让生活的质量大打折扣
所得	自备款所衍生的收入	增值潜力、税收优惠
付出	每月的房租	自备款所衍生的收入，购房相关税款、如契税、印花税、房屋管理维护费用等

八、制定汽车消费规划

1. 与客户交流，确定客户的购车需求。

2. 收集客户信息，包括家庭组成、家庭收入、支出以及固定资产等。

3. 分析客户信息，对其现状进行分析，列出家庭资产负债表和收入支出表。

4. 确定贷款方式、还款方式及还款期限。个人汽车贷款的年限是3~5年，汽车消费贷款的首付款不得低于所购车辆价格的20%。银行大都提供银行认可的财产抵押、质押或第三方保证贷款，并规定必须购买指定经销商的汽车。

5. 购车计划的实施。

6. 根据客户情况的改变及时调整方案。

九、制定消费信贷规划

1. 与客户交流，确定客户有消费信贷或者信用卡消费的需求。
2. 收集客户信息，包括家庭组成、家庭收入、支出以及固定资产等。
3. 分析客户信息，对其现状进行分析，列出家庭资产负债表和收入支出表。
4. 帮助客户进行贷款规划如选择何种贷款方式、还款方式及还款期限等。
5. 消费计划的实施。
6. 根据客户情况的改变及时调整。

【岗位实训】

1. 秦先生预计今年年底收入为10万元，以后每年有望增加5%，每年的储蓄率为50%。目前有存款5万元，打算5年后买房。假设他的投资报酬率为10%，他买房时准备贷款20年，计划采用等额本息还款方式，假设贷款利率为6%。问：（1）秦先生可负担首付款为多少？（2）秦先生可负担的贷款为多少？（3）秦先生可负担房屋总价为多少？（4）秦先生房屋贷款额占房屋总价的比率为多少？（5）若秦先生计划购买100平方米的房子，可负担房屋单价为多少？

参考答案：

（1）秦先生可负担首付款如表7－20所示。

表7－20

	年收入	年储蓄	储蓄部分在购房时的终值
0		50000	80526
1	100000	50000	73205
2	105000	52500	69878
3	110250	55125	66701
4	115763	57882	63670
5	121551	60776	60776
终值合计			414756

因此，秦先生可负担首付款为41万元。

（2）秦先生可负担的贷款为多少？

可负担贷款＝以未来购房时年收入为年金的年金现值×年收入中可负担贷款的比率上限

未来购房时（第六年）年收入中可负担贷款的部分为：121551×（1＋10%）×0.5＝66853元，贷款利率为6%，（N＝20，I/Y＝6，PMT＝66853，CPT PV＝766798.56。后付年金现值＝66853×1－(1＋6%)$^{-20}$/6%＝76.7万元)，因此，可负担的贷款部分76.7万元。

（3）秦先生可负担房屋总价为多少？

可负担房屋总价＝可负担首付款＋可负担房贷＝41＋76.7＝117.7（万元）

（4）秦先生房屋贷款额占房屋总价的比率为多少？

房屋贷款额占房屋总价的比率＝可负担房屋总价÷需求平方米数

＝76.7÷117.7×100%＝65.17%

（5）若秦先生计划购买100平方米的房子，可负担房屋单价为多少？

可负担房屋单价 = 117.7 ÷ 100 = 11770（元/平方米）

2. 李女士在北京买了一套价值 50 万元的普通住房。理财师应为客户解决以下问题：

（1）李女士需要缴纳的契税是多少？

500000 × 1.5% = 7500（元）

（2）李女士办理公积金贷款，需要支付律师费是多少？是否购买保险？

办理公积金贷款，不需要支付律师费，所以，律师费 = 0。

买房人选用公积金贷款，无论采用什么担保形式，都是可以不购买保险的。

（3）李女士与房地产开发商签订《商品房买卖合同》需要缴纳的印花税是多少？

印花税 = 500000 × 0.5‰ = 250（元）

（4）李女士是通过向银行贷款买房的，在与商业银行签订《个人购房贷款合同》时所缴纳的印花税是多少？

印花税 = 500000 × 0.05‰ = 25（元）

（5）李女士从有关部门领取《房屋产权证》时须缴纳的印花税是多少？

缴纳的印花税是 5 元。

（6）李女士两年后，以 55 万元的价格出售该房产，在与买方签订产权转让收据时，须缴纳的印花税是多少？

印花税 = 5500000 × 0.5‰ = 275（元）

【岗位考核】

1. 能够向客户提供住房消费的相关咨询服务；能够分析客户住房消费需求，选择适当的支付方式，并能够根据因素变化调整支付方案。

2. 能够向客户提供汽车消费相关咨询服务；能够分析客户的汽车消费需求，选择适当的支出方式和贷款机构，并能够根据因素变化调整支付方案。

3. 能够向客户提供消费信贷的相关咨询服务；能够分析客户消费信贷需求，能够帮助客户有效使用信用卡及其他消费信贷方式。

任务四　制定教育理财规划

【任务描述】

教育规划可以分为个人教育规划和子女教育规划两种，其在消费时间、金额等方面的不确定性较大，子女教育规划通常是家庭理财规划的核心。该任务主要涉及帮助客户分析、估算教育费用，制定教育规划等财务问题，要求银行从业人员具备掌握教育规划原则，能够按照教育规划步骤估算客户的教育费用。了解教育金的主要来源。掌握各种教育规划工具，能够根据每个客户的不同情况给出合理的理财方案，并根据因素变化调整教育规划方案。

【业务流程】

制定教育理财规划的流程如图 7－4 所示。

图 7－4　制定教育理财规划流程图

【操作要点】

一、与客户交流

在为客户提供理财规划服务之前，首先要对客户家庭的成员结构和收入水平进行全面的了解；收集信息以后，通过编制客户的家庭财务表将个人或家庭信息整理归档到资产负债表和现金流量表当中去，并通过对两张表进行分析以及向客户的问询，判断客户对待风险的态度即期风险承受能力，这是理财师针对不同客户制订列出方案的基础。遵守目标合理、提前规划、定期定额、稳健投资的子女教育规划原则，为客户制订合适的子女教育理财规划方案。

二、了解客户家庭情况

了解客户家庭成员结构和财务状况，对客户家庭的成员结构和收入水平进行全面了解；了解客户子女情况，明确希望读什么类型的大学，客户子女目前的年龄有多大。

三、确定子女教育目标

对客户的教育需求进行分析，依据实际需求，利用理财工具试算出子女教育的经费预估金额，并针对目标金额选择理财工具进行规划。

【例 7－8】　假设学费上涨率每年为 6%，客户子女年龄为 10 岁，预计 18 岁上大学，目前大学四年级学费为 2.4 万元。客户打算以目前已有的 1 万元作为子女教育启动资金，投资于收益为 7% 的项目上，估计客户未来教育用总额和需补缺额各是多少？

解：未来教育用总额 $=24000\ (1+6\%)^8=38252$（元）

未来投资收益 $=10000\ (1+7\%)^8=17182$（元）

需补缺额 $=38252-17182=21070$（元）

可以采用财务计算器进行等额本息还款法方式计算，操作如表 7－21、表 7－22 所示。

（1）估计客户未来教育用总额（表 7－21）。

表 7－21

	操　　作	显　　示
将计算器重新设置	2ND　+/－　ENTER	RST 0.00
设置小数点	2ND　·3　ENTER	DEC＝3.000
退出小数点的设置	2ND　CPT	0.000
输入目前大学四年学费现值	－24000 PV	PV＝－24000
输入学费上涨率	6　I/Y	I/Y＝6
输入期数	8　N	N＝8
计算届时所需教育金	CPT FV	FV＝38252

（2）估计客户需补缺额（表7－22）。

表7－22

	操　作	显　示
输入投资收益率	7　I/Y	I/Y＝7
输入启动资金的额度	－10000 PV	PV＝－10000
输入期数	8　N	N＝8
计算启动资金的终值	CPT FV	FV＝17182
计算资金缺口	38252－17182	21070

四、估算客户的教育费用

在确定教育消费计划时间和大学类型后，要估算出客户的教育费用，可以遵循以下步骤：第一，设定一个通货膨胀率；第二，按预计通货膨胀率计算所需要的最终的费用；第三，分别计算如果采用一次性投资计划所需要的金额现值和如果采用分期投资计划每月所需支付的年金。

【例7－9】　刘先生的儿子刚刚考入国内某著名大学。儿子正式入学之前，刘先生计算了儿子读大学一年的费用，主要包括：全年学费10000元，住宿费1200元，日常各项开支预计每月1000元，以全年10个月计，共需10000元。预计刘先生和太太全年税后收入10万元。问：

（1）刘先生的儿子届时的教育费用是多少？

刘先生的儿子届时的教育费用＝学费＋住宿费＋日常开支

＝10000＋1200＋10000＝21200（元）

（2）刘先生的家庭所承担的教育负担比是多少？

教育负担比＝届时的教育费用/全年税后收入×100%

＝21200/100000×100%＝21.1%

（3）在估算客户的教育费用时，遵循以下步骤：设定一个通货膨胀率；按预计通货膨胀率计算所需要的最终费用；分别计算如何采用一次性投资计划所需要的金额现值和如果采用分期投资计划每月所需支付的年金。

五、选择适当的规划工具

清楚各种工具的优缺点，为客户选择适合的工具，如表7－23所示。

表7－23　各种规划工具特点

	优点	缺点
教育储蓄	无风险，收益稳定，且较活期存款相比回报高。	能办理的投资者比较少，只有小学四年级以上的学生才能办理。规模非常小，存款最高为两万元。
教育保险	范围广，可分红，强制储蓄、特定条件下保费可豁免。	并非最有效的资金增值手段。中途退出只能拿到较低的现金价值，变现能力较低。
政府证券	安全性高，流动性强，容易变现，可免税。	

续表

	优点	缺点
股票和公司债券	收益高，如果教育规划时间长过 7 年，客户承受风险能力强，对其有很好的驾驭能力，可适当选择。	风险大，在整个组合中其所占比例不应过大。
投资基金	所需资金少，弹性极大，随时可以买卖，流动性佳，变现性好。	有一定的风险。
大额存单	固定面额，固定期限，可以转让，利率相对一般定期存款要高。	

六、制定客户教育规划

1. 教育规划原则：目标合理；提前规划；定期定额；稳健投资。

2. 教育规划工具：

（1）短期教育规划工具主要包括学校贷款、政府贷款、资助性机构贷款和银行贷款等。

（2）长期教育规划工具主要包括传统教育工具和其他工具。

①传统教育工具：教育储蓄和教育保险。

②其他工具：政府债券、股票和公司债券、大额存单、共同基金。

七、教育资金来源

教育资金来源及其特点如表 7－24 所示。

表 7－24　　　　教育资金来源及其特点

资金来源		特　征
政府资助		①特困补助及减免学费政策。 ②“绿色通道”政策。
奖学金	本专科生	①优秀学生奖学金。 ②专业奖学金。 ③定向奖学金。
奖学金	研究生	①研究生优秀奖学金。 ②研究生普通奖学金。
奖学金	国家奖学金	
工读收入		在校参加勤工俭学，收入取得的时间、金额都不容易确定。
教育贷款（见表 7－25）		①学校学生贷款。 ②国家助学贷款。 ③一般商业贷款。
留学贷款		

学生贷款、国家助学贷款、一般商业贷款的区别，如表 7－25 所示。

表7-25 学生贷款、国家助贷款、一般商业贷款的区别

	学生贷款	国家助贷款	一般商业贷款
贷款经办机构	学生所在学校	政府按隶属关系委托助学贷款管理中心通过招投标方式确定国家学贷款经办银行。	
贷款对象	无力解决在校期间生活费的全日制本专科在校学生；但不包括实行专业奖学金制度之专业的学生。	无力支付学费、住宿费和生活费的全日制本专科在校学生（含高职生），研究生和第二学士学位学生。	
贷款利息	无息。	在校期间的贷款利息全部由财政补贴，毕业后全部自付。	按法定贷款利率执行。
贷款担保	采用信用担保的形式：由学生家长担保。	无担保信用贷款。	采用保证担保、抵押担保、质押担保等形式；担保人可以是法人也可以是自然人。
学校介入程度	完全由学校负责。	学校负责协助经办银行办理。	学校负责证明借款学生的学生身份及其在校表现。
贷款额度	贷款数额=基本学习、生活费用-奖学金（额度较小）	贷款数额每人每学期最高不超过6000元。	一般在2000～20000元之间（额度较大）。
贷款期限	最长为毕业后6年内。	毕业后视就业情况，在案两年内开始还贷，6年内还清。	各商业银行规定不同。
贷款减免偿还措施	有	无	无

八、变动及时调整

根据客户未来情况的变动及时调整理财规划方案，教育理财规划一般一年审视并作出评估和调整，以便使理财方案更加符合实际。

九、注意事项

1. 教育基金作为子女将来得到良好教育的经济基础，在规划工具选择时，应注重考虑安全性和收益性，避免投资股票等风险过高的投资品种；还要考虑利率变动的风险。

2. 教育贷款的归还依赖于客户子女工作后的现金流，可能会影响客户的其他生活计划，理财的作用就在于为其安排贷款计划，使教育费用和其他支出之间不产生冲突。

3. 若客户有意让子女出国留学，还要考虑汇率问题，除了预测以当地货币计算的留学成本，还要充分考虑汇率波动的风险。

【岗位实训】

1. 王先生女儿今年8岁，预计18岁上大学，目前大学四年的学费25000元，假设学费上涨率每年为5%，估计王先生未来教育用总额和资金缺口多少？

参考答案：

（1）估计王先生未来教育用总额（表 7－26）。

表 7－26

	操　作	显　示
将计算器重新设置	2ND　+/－　ENTER	RST 0.00
设置小数点	2ND　·3　ENTER	DEC＝3.000
退出小数点的设置	2ND　CPT	0.000
输入目前大学四年学费现值	－25000 PV	PV＝－25000
输入学费上涨率	5　I/Y	I/Y＝5
输入期数	10　N	N＝10
计算届时所需教育金	CPT FV	FV＝40722

（2）估计王先生需补缺额（表 7－27）。

表 7－27

	操　作	显　示
输入投资收益率	8　I/Y	I/Y＝8
输入启动资金的额度	－10000 PV	PV＝－10000
输入期数	10　N	N＝10
计算启动资金的终值	CPT FV	FV＝21589
计算资金缺口	40722－21589	19133

2. 包先生的女儿今年 12 岁，读小学 5 年级，银行从业人员为包先生进行理财规划，问：

（1）银行从业人员向包先生介绍的传统理财工具有哪些？

（2）若包先生选择了教育储蓄，其是否符合开户对象？教育储蓄起存点和可选择的存期有哪些？存入的本金最高限额是多少？提前支取的规定是什么？

（3）若包先生选择了教育保险，他投保年限通常最高是几年？教育保险有哪些优点？

参考答案：

答：（1）传统理财工具是教育储蓄和教育保险。

（2）符合。教育储蓄的开户对象为小学四年级（含四年级）以上的学生。

教育储蓄 50 元起存。可选择的存期有 1 年、3 年和 6 年。

存入的本金最高限额是 2 万元。

教育储蓄提前支取时必须全额支取。

（3）他投保年限通常最高是 18 年。

教育保险的优点是：范围广，可分红，强制储蓄以及特定情况下保费可豁免等优点。

【岗位考核】

1. 能够搜集客户教育需求信息，分析教育费用的变化趋势。

2. 能够按照教育规划步骤估算客户的教育费用。

3. 掌握各种教育规划工具，能够根据每个客户的不同情况给出合理的理财方案，并根据因素变化调整教育规划方案。

任务五 制定保险理财规划

【任务描述】

保险规划是针对人生可能面临的人身伤害、疾病、火灾等各种风险，为规避这些风险而在购买保险理财产品上的计划。该任务主要涉及帮助客户分析其所面临的人身、财产和责任方面的风险，客户分析保险需求，提供咨询服务。要求银行从业人员具备掌握搜集客户与风险管理规划相关的基本信息的方法。掌握保险的基础知识，掌握分析客户保险的基本原则，能够看懂保险合同的要点，了解人身保险产品，并能够结合市场上的保险产品进行比较，选出性价比较高的保险产品，掌握分析保险产品的基本内容。

【业务流程】

制定保险理财规划流程如图7－5所示。

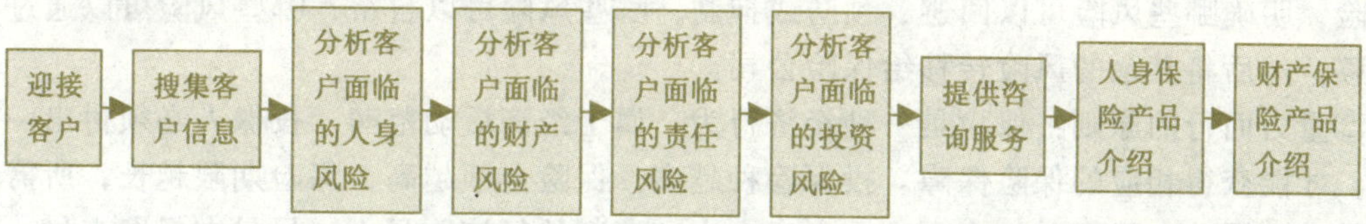

图7－5 制定保险理财规划流程图

【操作要点】

1. 迎接客户。迎接客户时，应遵守职业规范礼仪。

2. 搜集客户信息。搜集客户信息，在搜集完制定保险规划所必须的信息后，应将这些信息汇总，并编制成相应的表格，便于阅读。

3. 分析客户面临的人身风险。

（1）生命风险。为了评估一个负担家庭生计者的死亡对家庭所产生的财务影响，根据风险管理的方法可以建立一个生命价值分析模型。该模型将家庭可能遭受的财物损失以经济价值取代，次价值通常是购买寿险的依据。利用该模型可以帮助人们决定是否购买人寿保险，以及确定合理的保险金额。

（2）健康风险。以人的身体为对象，被保险人在疾病或意外事故所导致伤害时费用会损失的风险。

4. 分析客户面临的财产风险。以客户财产及其有关利益为保险标的，保险人对因保险事故发生导致财产损失的风险，其保险标的为火灾保险、运输保险、工程保险。

5. 分析客户面临的责任风险。

（1）侵权责任。个人或家庭成员因在从事各项业务和日常活动中，由于疏忽、过失等行为造成他人的损害，或虽无过错但根据法律规定应对受害人承担民事责任。个人或家庭面临的侵权损害赔偿责任的诉讼可能是由以下原因引起的：过失、故意侵权、绝对责任。

（2）违约责任。如果当事人不履行合同中约定的义务，或者法律直接规定的义务，就可能导致违约并承担责任。

（3）其他责任。

6. 分析客户面临的投资风险。

（1）利率风险。利率风险是指由于利率波动使资产价值或利息收入减少，或者使负债利息支出增加的可能。

（2）通货膨胀风险。投资债券的实际收益率公式为：实际收益率 = 名义收益率 - 通货膨胀率。

（3）价格变动风险。即债券市场价格变化带来损失的可能性。

（4）信用风险。即发行债券的企业未按约定期支付本息的风险。

（5）流动性风险。金融资产变现而发生损失的可能性。

7. 提供咨询服务。内容有保险基础知识、保险的基本原则、保险合同等。

（1）购买保险的原则。

①转移风险的原则：每一个投保人购买保险都是为了转移风险，在发生保险事故时可以从保险公司那里获得约定的经济补偿。因此，在投保前，全面系统分析自身或家庭面临的各种风险，明确哪些风险可以回避、预防或抑制，哪些风险可以自留，哪些风险可以通过非保险转移，然后将其余的风险转移给保险公司。

②量力而行的原则：保险是一种经济行为，属于经济活动范畴，投保人必须付出一定的保费，才能获得相应的保险保障。投保险种越多，保险金额越高，保险期限越长，所需保费也就越高，因此，投保时一定要充分考虑个人和家庭的经济购买力，尽量在保费支付一定的情况下获得最大的保障，或者在获得可接受保障的水平时保费支付最低，防止保险过度或保险不足。

（2）购买保险的步骤。

①确定保险标的。确定保险标的是购买保险的首要任务。保险标的可以是财产及相关利益、人的寿命和身体。投保人可以是本人、与本人有密切关系的人、所拥有的财产及可能依法承担的民事责任作为保险标的。

在为自己或家人购买人身保险时，投保人通常要考虑三个因素：一是适合性，自己或家人购买人身保险必须考虑保障的范围；二是经济支付能力，人寿保险通常是一种具有储蓄功能的长期产品，具有投资性质，每年需要缴纳一定的保费，投保人必须确保每年有足够的收入流，以支付每年的保费；三是选择性，保险市场险种和产品十分丰富，而且推陈出新，没有人能够见一个买一个，一方面未必需要，另一方面也肯定买不起，因此，必须根据家庭的实际需要和经济购买力，有选择地投保险种。比如，在购买力有限的情况下，成年人或家庭的主要收入者的保险应该优先给子女或纯粹的受抚养人；年轻时应该侧重于保障型的险种，随着年龄的增长，应该将投保的重点转向健康保险和具有储蓄功能的保险。

②选择保险产品。人们生活中面临着各种人身风险、财产风险和责任风险。而同一个保险标的面临着多种风险。因此，在确定保险需求和保险标的后，必须考虑投保什么险种。以人身保险为例，每个人都同时面临着意外伤害险、死亡风险与疾病风险，因此，我们应该分别为这些风险投保相应的意外伤害保险、人寿保险和健康保险。对于财产保险，同一家庭也面临着多方面的风险，比如，家用汽车面临着失窃、碰撞、第三者责任等风险，这时车主就

必须分别投保盗车险、车损险、第三者责任等多种险种或附加条款。

投保人在金融理财师、保险代理人、保险经纪人或其他财务顾问的帮助下，能够全面细致地分析不同保险标的所面临的风险及需要投保的险种，综合考虑各类风险发生概率、事故风险后可能造成的损失幅度以及个人的风险承受能力。

③确定保险金额。在确定保险产品的种类之后，就需要确定保险金额。保险金额是当保险标的保险事故发生时，保险公司所赔付的最高金额。保险金额的确定应该以该财产的实际价值和人的生命经济价值为依据。

财产的价值比较容易估算，对一般财产而言，如家具、家用电器、汽车等财产保险的保险金额，投保人可以根据财产的实际价值自行确定，也可以按照重置价值来确定。对于特殊的财产，如珠宝、古董等，则需要专家评估确定。

从严格意义上来说，人的价值是无法估量的，因为人的精神内涵超过其物质内涵。但是，从保险的角度来看，我们可以根据性别、年龄、配偶情况、收入水平、消费水平、受抚养人的个数及年龄、银行存款及其他财富、市场利率、通胀率、个人贷款余额等计算人的生命经济价值，作为人寿保险金额的参照依据。

④明确保险期限。在确定保险金额后，还需要确定保险期限，因为这涉及投保人预期缴纳保费的多少和频率，与个人未来的预期收入密切相关。

对于财产保险、意外伤害保险、健康保险等险种，通常为中、短期保险合同，在保险期满后可以续保或不续保。对于人寿保险，保险期限一般较长，有的长达10年、20年、30年或一辈子。在为个人和家庭制订保险计划时，应该将长短期限品种结合起来综合考虑。

⑤选择合适的保险公司与保险中介。购买保险不同于购买一般商品，投保人在缴纳保费之后，保险保障能否如期实现取决于整个保险期间保险公司是否具有充足的偿还能力，能否提供良好的保险售后服务。因此，选择一家合适的保险公司以及获取保险的渠道至关重要。考察保险公司的优劣可以从公司经营理念、财务实力、理赔记录、管理水平、服务质量等方面加以考察，但对于一般的消费者来说，这并非易事。

8. 人身保险产品介绍。通过网上搜索、电话咨询和拜访保险代理人等方式咨询保险产品。

9. 财产保险产品介绍。选择房屋险和机动车辆保险，通常要考虑保险公司的费率和保障范围，要尽量通过上网或拨打保险公司的售后服务电话，咨询保险产品。

10. 人生的四个阶段及其保险需求。

人生的四个阶段及其保险需求如表7-28所示。

表7-28 人生的四个阶段及其保险需求

期间	特征	保险需求
少儿期	经济不独立，没有收入 需要较大的教育费用支出 免疫力较差，容易患病 自我保护能力弱，易受伤害	学生平安保险 少儿健康保险 少儿教育保险
青年期	开始有独立的经济收入 积蓄较少，消费欲望高 父母年纪渐大，责任增加 准备结婚、买房、购车	期交保费的储蓄型保险 人身意外伤害保险 医疗费用保险 贷款保险

续表

期间	特征	保险需求
中年期	收入稳定，希望生活安定 家庭财产较多，要求保全 储蓄较丰，有投资需求 上有老下有小，责任较重 身体开始出现各种疾病 注重感情和家庭和睦	分红、连投、万能等储蓄投资保险 高额人身意外伤害保险 家庭财产险，汽车保险 重大疾病等健康保险
老年期	收入减少 疾病增加 关注养老保险 生病卧床需要护理	养老年金保险 疾病住院保险 老年看护保险

11. 收入水平与保险购买。按照经济收入状况，将消费者分为高收入阶层、高薪阶层和中低收入阶层，其各自的主要风险，合适的保险规划。

（1）高收入阶层。高收入阶层是指率先致富的一部分经商者、演艺界明星、体育界明星，这部分人数不多，但收入极高，有很强的经济能力和较强抵御风险的能力，这些人优越感很强，一般自认为不需要保险，所得收入已够子孙花销。高收入阶层一样会面临风险并导致较大的财务波动，他们同样需要购买保险来转移风险，稳定财务，当然，普通的保险产品对他们意义确实不大，而必须量体裁衣，针对他们的特殊身份、社会地位、精神满足感等特点来制定保险规划，主要考虑以下因素：

①资产提前规划，遗产税已经成为国际上大多数国家采用的一项重要税种，我国的遗产税也正处于紧锣密鼓的筹划阶段，而高收入阶层是遗产税关注的重点，为了将更多资产合理合法地转移给下一代，高收入阶层必须提前考虑利用寿险规避遗产税。

②意外险是高收入阶层的重点选择，以应付对未来不确定的人身风险，高收入阶层收入较高，花销也不低，意外事故可能造成重大的财务波动，因此，必须合理安排意外保险，转嫁较大的财务风险。

③满足特殊的精神需求，高额的寿险保单往往是他们身价、地位的重要体现；健康险也是他们需要考虑的重点，健康的身体是每个人一生的追求，无论富人还是穷人，但对于高收入阶层而言，疾病的高额花费和疾病期间收入的损失将更高。综合起来，高收入阶层主要应考虑定期保障型保险、意外险、健康险、终身寿险等险种，保费支出可以是年收入的20%以上。

（2）高薪阶层。高薪阶层主要是指外资合资企业高级职员、高收入的业务人员、部分文体工作者及知识分子，他们的物质生活和精神生活都比较优越、充实，生活水平较高，但由于不再享受国有企业职工的福利待遇，大部分人仍有后顾之忧，担心老年时由于各种原因收入减少，生活水平下降或患病时支付不起高额的医疗费等意外事件发生。这部分个人或家庭对人身保险的需求比较强烈，而且也具有较高的保险购买力，保险规划时考虑的重点是：

①保障期长，能够应付养老问题的险种应该尽早考虑，如养老保险、终身保险；

②为应付对疾病风险和医疗费用，必须购买足够的健康保险和医疗保险；

③高收入阶层的消费者通常会有一部分剩余资金，可以考虑购买一定的投资连结型产

品，在确保保障的同时，享受保险公司专业、稳健经营的成果；

④由于这个收入阶层的一家之主是家庭的主要经济来源，应该为其投保意外险。综合起来，该阶层消费者主要考虑养老保险、终身寿险、健康保险、医疗保险、投连与分红保险、意外险等，各险种的保险金额总体上低于高收入阶层，保费支出可以是家庭收入的10%～20%。

（3）中低收入阶层。中低收入阶层的人口比例最大，从事的职业比较广泛，他们收入较低，各项福利保障也相对不高，抵御风险的能力较低，因此，他们是寿险公司主要的客户。从收入状况上分，这部分人群可以进一步细分：一类是收入微薄，除维持生活费用外无力购买保险；另一类是收入除用于生活开支外，还有相当一部分剩余资金，这就为其选择保险提供了条件。由于我国实行多年的就业、福利、保障三位一体的社会保障制度正在深化改革，中低收入阶层普遍希望寻求一种能够取代社会保障，而又花钱不多的保障方式，因此，主要考虑如下因素：

①中低阶层消费者收入低，抵御风险的能力不强，低保费、高保障的险种是他们的首选，如保障型的人寿保险和短期的意外伤害保险；

②该收入阶层的消费者应付疾病风险的能力也比较弱，为了应付日益增长的高额医疗费，应着重考虑健康保险；

③该阶层的保户一般比较关注本金的返还，如果经济收入允许，可考虑储蓄保险、返本保险。综合起来，中低收入阶层应该主要考虑定期保障型保险、健康保险、医疗保险、分红保险、储蓄保险等险种，保费支出通常是家庭收入的3%～10%。

12. 注意事项。

（1）人身保险的个人和家庭总需求和净需求的计算可能受通货膨胀率、贴现率、收入增长率、年金系数等假设的影响，应该注意分析计算结果的合理性和可靠性，以及某种假设变化时可能造成的影响方式和影响程度，而不能迷信定量分析。指导训练的教师的直觉和经验对指导学生掌握这一点也很重要。

（2）个人和家庭保险需求不是一成不变的，而是随着家庭财产、收入水平、消费水平、家庭人口结构与年龄、法律政策变化等因素而变化的，应该每隔一段时间（如3～5年）或发生重大的家庭事件重新评估保险需求和保险规划的适当性。

（3）个人和家庭保险需求还可能包括残疾收入保险、长期护理保险等各个方面，要谨防某些风险保险过度，同时防止遗漏某些保险需求或保障不足。

【例7－10】 客户：刘先生35岁，太太徐女士32岁，孩子贝贝3岁，在某私立幼儿园上学。刘先生和徐女士都是办公室白领，属中层管理人员。

单位都为他们缴纳了比较充足的社会保障，而且单位也都为员工购买了团体医疗保险，保障部分门诊和住院费用；每年单位还为每位员工购买意外伤害保险，保险金额为20万元。

刘先生目前年收入20万元，徐女士年收入也为20万元。两人已经购买了住房并且还清了房贷，目前有一套价值200万元的自住商品房。每月除了支付贝贝的入托费1600元之外，每月养车及日常生活费用大概1万元，其中，贝贝每月的生活费用平均2000元，小刘夫妇各4000元。

保险规划理财建议：小刘夫妇各购买50万左右保额的人寿保险。按照小刘夫妇现在的年龄，如果全部购买定期寿险，则保费支出大约每年总计3000多元。险种组合方面，建议为定期寿险，加终生寿险的组合，还可以购买部分投资连结保险或万能保险。因为定期寿险主要是保障，而且保费比较低廉；而终生寿险可以用于遗产规划；投资连结保险或万能保险则兼具养老的功能。所以，只要小刘夫妇能够承受保费，应当如此构造保险产品。

【岗位实训】

1. 客户：鲁先生，41 岁，研究生毕业，现供职于一家股份制公司，任总裁，年税后收入 60 万元。其妻 40 岁，在一家公司任文员，年税后收入 4 万元。女儿 15 岁，读初三，计划高中毕业后到英国留学。鲁先生夫妻已购 1 套别墅并装修入住。原住房现出租，月租金 2500 元。鲁先生夫妻已购有私家车。鲁先生夫妻在艺术品投资市场投资字画 30 余万元，金银纪念币 10 万元。存款有 2 年期存款 5 万元、定期存款 40 万元、活期存款 5 万元。

参考答案：

保险规划理财建议：鲁先生夫妇正在 40 岁的年龄，是健康投资的最佳时期，建议鲁先生夫妇投资 10 份重大疾病险，分别获得 30 万的保险保障，其中重大疾病保险 20 万，并应注意两点：一是保险责任在 8 ~ 12 种疾病的保险较好；二是投保后定期作身体检查特别是妇检。

【岗位考核】

1. 能够搜集客户相关人身信息和财产信息，并能够分析客户的静态风险管理需求。

2. 能够向客户介绍不同保险产品、解释保险合同条款，能够准备投保单相关文件。

3. 能够掌握分析客户保险的基本原则，能够看懂保险合同的要点，了解保险产品，并能够结合市场上的保险产品进行比较，选出性价比较高的保险产品。

任务六　制定投资理财规划

【任务描述】

投资是实现其他财务目标的重要手段，通过投资实现资产增值，客户可以有足够的财务资源来实现诸如购房、养老等生活目标。投资规划是利用投资创造潜在收益来实现客户的财务目标，它是理财规划的一个组成部分。投资规划涉及的金融市场不确定性因素很多，产品差异程度很大，因此，投资规划也是理财规划中较难的一个规划。

该任务主要涉及帮助客户分析其投资需求，选择投资工具，制定投资规划，要求银行从业人员具备正确把握投资规划的含义，熟悉投资规划前的各项准备工作，掌握投资规划所需要的客户信息，掌握投资规划的流程，掌握各种投资工具的功能和特点，掌握各种投资工具的操作流程。

【业务流程】

制定投资理财规划流程如图 7 - 6 所示。

图 7－6 制定投资理财规划流程图

【操作要点】

1. 与客户沟通。与客户沟通前，应分析当前市场，并研究前期准备的相关报告。在与客户沟通时，应做的工作是：

（1）协助客户树立正确的理财观念，如投资的本质不是单纯追求收益；长期投资的观念；尊重市场的观念。

（2）熟悉所有搜集整理的客户信息以及整体理财规划状况，特别是客户投资理财需求、投资理财目标。

2. 搜集信息。应全面掌握客户信息，尤其是对与投资规划有关的信息以及客户的风险承受能力和投资偏好。如表 7－29 所示。

表 7－29 客户信息及其反映特点

①反映客户现有投资组合信息	这类信息反映了客户现有的资产配置情况，包括金融资产和实物资产、流动资产和固定资产各占多大比重，各类资产中又有哪些投资产品。	这需要详细列明客户现有资产的种类、各种资产的投资额及其在客户总投资中所占的比重。
②反映客户的风险偏好的信息	客户的风险偏好属于客户的判断信息。一般来说，客户的风险偏好可以分为五种类型，即保守型、轻度保守型、中立型、轻度进取型和进取型。	这种类型的划分是根据客户购买金融资产的类型及其组合确定的。在信息搜集和整理阶段，应该根据客户所提供的基本信息对客户的风险偏好状况作出初步判断。
③反映客户家庭预期收入情况的信息	客户的收入、支出信息是客户最重要的财务信息之一，客户家庭预期收入成为客户未来现金流入的主要来源，也成为客户投资的主要依据。	为了获得客户家庭收入信息，需要掌握的相关信息主要有：反映客户当前收入、支出状况的目前收入表、目前支出表、客户个人现金流量表，以及由此计算出的客户日常支出与收入比和结余比例。
④反映客户投资目标的各项相关信息	客户往往不能明确地指出自己的投资目标，需要银行从业人员通过适当的方式，循序渐进地加以引导，帮助客户将模糊的混合的目标逐渐分析、细化、具体化。	对于客户的投资需求的了解，有助于银行从业人员为客户制订有效的、适合自身情况的投资规划方案，并且帮助银行从业人员协调投资规划和其他之间的资产分配。

3. 客户分析。根据所搜集的信息，准确判断客户的风险承受能力和投资偏好，分析客户可用于投资资金的性质，以协助客户确定一个可行的合理目标。

（1）投资理财。是指投资者运用自己的资本购买金融资产，目的是在一定时期内预期获得资产增值和一定收益。金融资产包括股票、债券、基金和金融衍生品等投资，也称为间接投资。

（2）投资规划的流程。

①筹资是进行投资的第一步。筹资的含义有两个：其一是指通过负债的方式融资，即借钱投资；其二是指个人和家庭在每个阶段合理规划了自己的各项支出之后，为投资留下一部分现金以期获得资产加速成长。

②明确客户的风险态度，并根据客户的需求和实际状况，选择投资工具。正确判断客户的风险态度对于投资策略的选择和投资组合的管理至关重要。客户的风险承受能力需要综合客户的投资历史信息、现有投资组合信息和个人的基本状况、风险态度确定。如表7－30所示。

表7－30　客户的风险类型

风险类型	含义	资产配置策略
保守型	保护本金不受损失和保持资产的流动性是保守型投资者首要目标。	现金投资比例25%；固定收益类投资比例45%；风险较高的股票15%；房地产15%
轻度保守型	在保证本金安全的基础上能有一定的增值是轻度保守型投资者首要目标。	现金投资比例20%；固定收益类投资比例40%；风险较高的股票20%；房地产20%
均衡型	渴望有较高的投资收益，但又不愿承受较大的风险。希望投资收益长期、稳定地增长。	现金投资比例15%；固定收益类投资比例25%；风险较高的股票35%；房地产25%
轻度进取型	专注于投资的长期增长，而较少考虑取得现金收入的需求。常常会为提高投资收益而采取一些行动，并愿意为此承受较大的风险。	现金投资比例10%；固定收益类投资比例20%；风险较高的股票50%；房地产20%
进取型	高度追求资金的增值，愿意接受可能出现的大幅波动，以换取资金高度成长的可能性。	现金投资比例5%；固定收益类投资比例5%；风险较高的股票70%；房地产20%

③全面了解各种投资产品的特征和金融市场的结构，对投资产品的种类和数量以及时机作出选择。各类投资工具可能完成的投资目标如表7－31所示。

表7－31　各类投资工具可能完成的投资目标

投资工具	本金安全性	对抗通货膨胀	当期收入	增值潜力	流动性	难易性
储蓄账户	极好	不太好	稳定，不高	无	极好	很方便
货币市场基金	好至极好	不太好	固定、平稳接近通货膨胀率	一般没有	很好	方便
股绩优股	普通	普通	相当稳定，接近通货膨胀率	有一些	好	方便
成长股	中等至差	普通还好	不定/低	中等至很大	好	困难
债券	好至极好	不太好	固定、平稳接近通货膨胀率	通常没有	好	相当方便
一般基金	普通至差	不定、通常算好	不定	中等至很大	好	方便
房地产	通常算好	通常算好	不定	中等至很大	相当差	中至困难
贵金属	普通至差	通常算好	无	中等至很大	好	困难

④投资的管理。包括投资组合的结构、依据回报率和风险对投资组合业绩进行评估、根据投资组合绩效评估的结果进行投资组合的调整三大部分。

4. 提供咨询服务。

（1）股票。

①股票的含义与分类。股票是股份公司发给股东作为入股凭证并借以获取股息收入的一

种有价证券。就股票的本质属性来看，它是代表股份所有权的股权证书，是代表对一定经济利益分配请求权的资本证券，是在资本市场上流通的一种重要的有价证券。股票的分类如表 7－32 所示。

表 7－32　　股票的分类

按照股东的权利分类	普通股：指每一股份对公司财产都拥有平等权益，即股东享有平等权利不加以特别限制，并能随股份有限公司利润大小而分配相应的股票。表现出以下特征：①参与经营权；②收益分配权；③优先认购权；④剩余财产分配权。
	优先股：由股份公司发行的，在分配公司收益和剩余资产方面，此股票具有优先权的股票。与普通股相比，表现出以下特征：①约定股息率；②优先分配股息和清偿剩余资产；③表决权受限制，一般先表决权。④股票可由公司赎回（赎回价等于发行价）。
按照发行地分类	A 股：是境内公司发行，以人民币标明面值，在沪、深证交所上市，供境内投资者（不含港、澳、台）以人民币认购和交易的人民币普通股票。
	B 股：是境内公司发行，以人民币标明面值，在沪、深证交所上市，专供外国和我国香港、澳门、台湾地区的投资者以外币（沪市美元、深市港元）认购和买卖的人民币特种股票。
	H 股：是注册地在内地的公司发行并在香港上市，供境外机构认购和买卖的外资股。
	N 股：是注册地在内地的公司发行并在纽约上市，供境外机构认购和买卖的外资股。
	S 股：是注册地在内地的公司发行并在新加坡上市，供境外机构认购和买卖的外资股。
按照风险和收益分类	收入型股票：是指那些当前投资收益丰厚的股票。
	增长型股票：是指处于成长阶段公司的股票。这种公司正处在上升阶段，其销售额和收益额正处在上涨之势，公司在今后有足够的实力进行大发展，并能长期为股东带来投资收益。
	投机型股票：是指那些价格变化快、幅度大、前景很难确定的股票。由于这种股票价格波动大且涨落频繁，这就给证券投资者赚取巨额差价带来极大的可能性，因此这种证券备受证券投资者的青睐。
按收益能力分类	蓝筹股：即热门股。一般来说，发行这种股票的是在本行业内占有重要的甚至是支配性地位、有强大的金融实力、经营业绩好的大公司。蓝筹股的股票投资风险适中，收益丰厚，股价呈上升趋势，普遍受到投资者的欢迎。
	绩优股：在我国衡量绩优股的标准是每股税后利润和净资产收益率。一般而言，每股税后利润在全体上市公司中处于中上水平，公司上市后净资产收益率连续 3 年显著超过 10% 的股票就是绩优股。
	垃圾股：这类股票由于经营不善，出现困难，或亏损，其股价走低，交投不活跃。其具有很高的风险，也有可能带来高额回报。
	周期性股票：是指那些收益随商业周期波动的股票。在西方，人们认为钢铁、机器制造、建材等行业的股票属于这类股票。
	防守性股票：是指在任何经济波动条件下收益都比较稳定的股票。这种股票与周期股正好相反，在商业条件恶化时，它的收益要比其他股票优厚并且较为稳定。如水、电和交通等公共事业公司发行的股票。

②股票的发行市场与交易市场，如表 7－33 所示。

表 7－33　　股票交易市场的分类

按股票的交易方式分类	股票发行市场：是指政府或企业发行债券或股票以筹集资金的市场，是以证券形式吸收闲散资金，使之转化为生产资本的场所。也被称为一级市场、初级市场。
	股票交易市场：是指已发行的证券进行流通转让的市场，也是投资者在发行市场上认购取得有价证券后，再次乃至多次进行买卖、转让和流通的市场。也称二级市场、次级市场。
按市场的组织形式分类	场内交易市场：指由证券交易所组织的集中交易市场，有固定的交易场所和交易活动时间，它是全国最重要、最集中的证券交易市场。
	场外交易市场：亦称柜台交易市场或店头交易市场，是证券市场的一种特殊形式，它是指证券经纪人或证券商不通过证券交易所，将未上市的证券或已上市的证券直接同顾客进行买卖的市场。

③股票价格指数。股票价格指数是指金融服务机构编制的、通过对股票市场上一些代表性的公司发行的股票价格，进行平均计算和动态对比后得出的数值。

股票价格指数是以某一个基期的价格来衡量股票价格水平的，即令基期的平均价格为100，再用以后各时期的股价与基期股价相比较，计算出升降的百分点，就是该时期的股票价格指数。

④基本证券交易规则，如表 7－34 所示。

表 7－34　　基本证券交易规则一览表

交易时间	交易日为每周一至周五。国家法定假日和交易所公告的休假日，交易所休市。交易所认为必要时，经证监会批准，可以变更交易时间。交易时间内因故停市，交易所不做顺延。
竞价方式	集合竞价，是指在规定的一段时间内接受的买卖申报一次性集中撮合的竞价方式。沪市：9：15～9：25；深市：9：15～9：25
	连续竞价：集合竞价结束，交易时间开始时，随即进入连续竞价，直至收市。连续竞价阶段的特点是，每一笔买卖委托输入电脑自动撮合系统后，当即判断并进行不同的处理，能成交者予以成交；不能成交者等待机会成交；部分成交者则让剩余部分继续等待。沪市：9：30～11：30，13：00～15：00。深市：9：30～11：30，13：00～14：57，14：57～15：00 为收盘集合竞价时间。
竞价原则	价格优先：较高价格买入申报优先于较低价格的买入申报；较低价格的卖出申报优先于较高价格的卖出申报。
	时间优先：买卖方向、价格相同的，先申报者优于后申报者。先后顺序按交易主机接受申报的时间确定。
涨跌幅限制	现行制度规定，无论买入或卖出，股票（A、B 股）、基金类证券在 1 个交易日内的交易价格相对上一交易日收市价格的涨跌幅度不得超过 10%，ST 股票和*ST 股票价格涨跌幅度不得超过 5%。涨跌幅价格＝前收盘价×（1±涨跌幅比例）
交易相关费用	委托手续费：是证券公司经有关部门批准，在投资者办理委托买卖时，向投资者收取的。主要用于通讯、设备、单证制作等方面的开支，一般按委托的笔数计算。
	佣金：是投资者在委托买卖证券成交后按成交金额一定比例支付的费用，是证券公司为客户提供证券代理买卖服务收取的费用。此项费用由证券公司经纪佣金、证券交易所手费及证券交易监管费等组成。
	印花税：是根据国家税法规定，在人民币股票（A 股）和人民币特种股票（B 股）成交后对买卖双方投资者按照规定的税率分别征收的税金。此税收由证券公司代扣后由交易所统一代缴。债券和基金交易均免交此项税收。
	过户费：是委托买卖的股票、基金成交后买卖双方为变更股权登记所支付的费用。这笔费用属于登记结算公司的收入，由证券公司在同投资者清算交收时代为扣收。

⑤特别处理股票。ST：针对的对象是出现财务状况或其他状况异常的上市公司。*ST：根据深圳、上海证券交易所发布的《关于对存在股票终止上市风险的公司加强风险警示等有关问题的通知》，规定了五种情况的公司股票，将作为“退市风险警示”的特别处理。PT：对连续3年亏损的上市公司，由证监会决定暂停其股票上市，转为特别转让，在公司股票简称前冠以“PT”字样，只允许在周五进行交易，涨跌幅限制为5%。

（2）债券。

①债券的含义与分类。债券是发行者依照法定程序发行，并承诺以一定利率定期支付利息和到期还本付息的有价证券，是表明投资者与筹资者之间债权债务关系的书面凭证。债券的分类如表7-35所示。

表7-35　　债券的类型

按发行主体分类	政府债券：是政府为弥补财政赤字，筹集建设资金及归还旧债本息等而发行债券。
	金融债券：是银行或非银行的金融机构为筹集中长期信用资金而发行的债券。
	公司债券：是企业为筹集投资资金而发行的债券，多为长期债券。
	国际债券：是指各主权国家政府、信誉好的大公司以及国际机构等，在本国以外的国际金融市场上发行的债券。
按偿还期分类	短期债券：是指偿还本金期限在1年以下的债券。
	中期债券：是指偿还本金期限在1年以上，10年以下的债券。
	长期债券：是指偿还本金期限在10年以下的债券。
	永久债券：永久债券一般仅限于政府债券，而且是在不得已的情况下才采用。
按计息方式分类	附息债券：是指债券券面上附有各种息票的债券。
	贴现债券：是指券面上不附有息票，发行时按规定的折扣率，以低于票面价值的价格出售，到期按票面价值偿还本金的一种债券。
	单利债券：是指债券利息的计算采用单利计算方式，即按本金只计算一次利息，利不能生利。其计算公式是：利息＝债券面额×年利率×期限
	累进利率债券：是指债券利息按照债券的期限分为不同的等级，每一时间段按相应利率计付利息。
按债券利率浮动与否分类	固定利率债券：是指债券的利率在偿还期内不发生变化的债券。
	浮动利率债券：是指债券的息票利率会在某种预先规定的基准上定期调整的债券。
按是否记名分类	记名债券：是券面需要记载债权人的姓名的债券。转让时要重新登记，流动性较差。
	不记名债券：是券面无须记载债权人的姓名的债券。转让时无须重新登记，流动性较差。
按有无抵押担保分类	信用债券：是指仅凭债务人的信用做保证而发行的，没有抵押品做担保的债券。一般包括政府债券和金融债券，少数信用良好的公司也可以发行信用债券，但在发行时必须签订信托契约。
	担保债券：是指以抵押财产为担保而发行的债券。
按债券形态分类	凭证式国债：如果您在购买国债时，银行没有给您实物券，而是让您填一张“国库券收款凭证”的单据，那么这种国债就是凭证式国债。“凭证”指的就是“国库券收款凭证”。这种国债不可以上市流通转让，但可以提前兑付。
	记账式国债：如果您购买国债的时候，银行任何实物、纸张单据没有给你，只是在您的账户上记上一笔，那么您购买的就是记账式国债，它又称为无纸化国债。这种国债可以上市转让，流通性好。

②债券市场。

• 交易所交易市场。在证券交易所内部，其交易程序都要经证券交易所立法规定，其具体步骤明确而严格。

• 柜台债券市场。柜台交易为零售市场，是一个以投资者和企事业单位为主要投资者的市场。

• 银行间债券市场。银行间债券市场是债券的批发市场，主要交易的债券是记账式国债、政策性金融债、央行票据及其他经批准上市的债券。成员均为商业银行、信用社、证券公司、保险公司、财务公司、基金等金融机构投资者和非金融机构投资者，个人不能进入，交易方式为询价方式，交易金额较大。

（3）基金。

①基金的含义与分类。证券投资基金：是一种利益共享、风险共担的集合投资制度。即通过发行基金证券，集中投资者的资金，交由基金托管人托管，由基金管理人管理，主要从事股票、债券等金融工具的投资，并将投资收益按基金投资者的投资比例进行分配的一种间接投资方式。主要投资于股票、债券、期权、期货等金融工具。基金的分类如表7－36所示。

表7－36　　投资基金的分类

按组织形态分类	公司型基金：是依据《公司法》设立的投资基金。发起人发起设立以投资为目的的基金公司，并发行投资股份，投资者通过购买基金股份，依法成为基金公司的所有人，享有相应的权利和承担相应的义务。
	契约型基金：是一种信托投资基金，通过投资者、基金管理公司和基金托管机构三方作为当事人，通过签订基金契约的形式发行受益凭证而设立的一种基金。
按是否可赎回分类	开放式基金：是指基金发起人在设立基金时，基金资本总额或股份总数是不固定。投资者可随时提出申购或赎回申请，基金份额会随之增加或较少。开放式基金的基金价格以基金净资产价值为计算依据。
	封闭式基金：是指基金发起人在设立基金时，限定了基金发行的总额和存续期。在封闭期限内未经法定程序认可不能增减。基金单位的流通采取在交易所上市的办法，投资者以后要买卖基金单位都必须经过证券经纪商，在二级市场上进行竞价交易。封闭式基金的基金价格在基金净资产价值的基础上，还要考虑市场的供求变化。
按基金所投资股票的风格分类	成长型基金：以资本长期增值为投资目标的基金，投资对象主要是股票。
	收入型基金：以追求当期收入为投资目标的基金。
	平衡型基金：既要获得当期收入，又要追求长期增值为投资目标的基金。
按基金的投资对象分类	股票基金：是以股票为主要投资对象，目前在基金中，这类基金占大多数。
	债券基金：是以债券为主要投资标的，包括国债、企业债、可转债等。
	货币市场基金：是指投资于货币市场上短期有价证券的一种基金。货币市场基金资产主要投资于短期货币工具，如国库券、商业票据、银行定期存单、政府短期债券、企业债券。
	其他基金：期货基金、期权基金等。

续表

按资本来源和运用地域的不同分类	国内基金：是资金来源于本国并投资于国内金融市场的投资基金。一般而言，国内基金在一国基金市场上应占主导地位。
	国际基金：是资金来源于国内但投资于国外金融市场的投资基金。
	离岸基金：是资金来源于国外，并投资于国外金融市场的投资基金。
	国家基金：是资金来源于国外、而投资于国内金融市场的投资基金。
其他类型	伞型基金：通常在一个母基金下再设立若干个子基金，基金的各个子基金独立进行投资决策，最大的特点是在基金内部可以为投资者提供多种投资选择，投资者可以根据市场行情变化和自身投资需求的改变，在伞型基金中随时转换，又不需要支付转换费。
	基金的基金：是一种以其他基金证券对象的投资基金，特点是具有双重保护功能，即双重的专家理财和双重的分散风险，保护了投资者的利益，不利之处是成本较高。
	对冲基金：是一种私募基金，以各种公开交易的有价证券和金融衍生工具为主要投资对象，其投资策略包括一般投资基金所不同的对冲套利操作，即具备多头双向运行机制，可灵活运用各种衍生金融产品、杠杆工具避险或套利。

5. 选择投资工具。对市场上可以选择的投资工具进行分析，综合运用各种投资组合技术，确定各种证券的投资比例，为客户确定合适的投资组合。目前我国市场上可用的投资工具主要有：

股票：包括 A 股、B 股、H 股等。

债券：国债、企业债、金融债、可转让债等。

集合投资：证券投资基金、集合资金信托、私募基金等。

衍生产品：期货、权证等。

其他：外汇、黄金等。

6. 指导客户按投资程序投资。各种投资工具的投资程序是不一样的，有必要的话，应对客户的投资进行指导。股票投资程序，如图 7－7 所示。

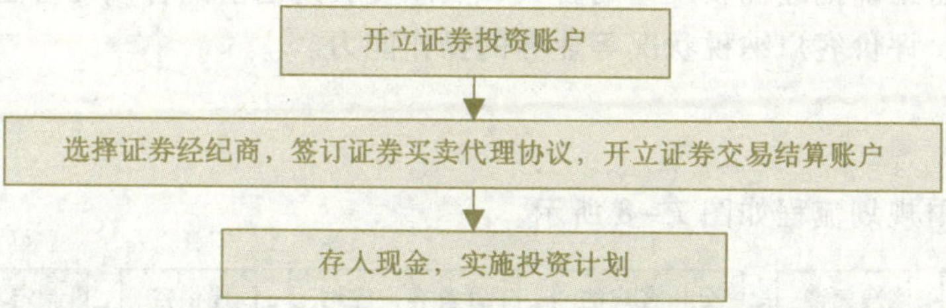

图 7－7　股票投资程序

7. 及时调整。关注市场行情，跟踪所选择投资工具的发展，推荐并指导客户在合理价位进行调整。

【岗位实训】

1. 小张刚从股市上买了一手某公司的股票，成为了公司股东。他想知道他对公司拥有的权利和义务。试向他提供相关的咨询服务。（1）股票已经发行，小张即为发行股票的公司的股东，有哪些权利？（2）小张的股票实质是什么？（3）小张股票的法律性质主要表现在哪些方面？（4）小张的股东权益有哪些？

参考答案：

答：(1) 股票已经发行，小张即为发行股票的公司的股东，有以下权利：A. 参与公司决策；B. 分享公司的利益；C. 分担公司的责任。

(2) 小张的股票实质是：股票只是代表股份资本所有权的证书，它本身并没有任何价值，不是真实的资本，而是一种独立于实际资本之外的虚拟资本。

(3) 小张的股票的法律性质主要表现在：A. 股票是反映财产权的有价证券；B. 股票是证明股东权益的法律凭证；C. 股票是投资行为的法律凭证。

(4) 小张的股东权有：A. 出席股东大会；B. 投票表决；C. 任免公司管理人员；D. 分取股息红利。

【岗位考核】

1. 能够搜集客户的风险偏好、现有投资组合信息、投资需求相关信息。

2. 能够向客户介绍基本投资工具的功能和特点。

3. 能够向客户介绍各种投资工具的操作流程。

任务七　制定税收理财规划

【任务描述】

税收规划又称节税，是纳税人在法律允许的范围内，通过对经营、投资、理财等经济活动的事先安排，充分利用法律提供的优惠和差别待遇，以减少税负，达到整体税后收益最大化。

该任务主要涉及帮助客户计算客户当前应纳税额、评价客户纳税状况等财务问题，要求银行从业人员具备正确把握税收规划的含义，熟悉税收规划前的各项准备工作。掌握计算客户当前应纳税额、评价客户纳税状况等业务的操作能力。

【业务流程】

制定税收理财规划流程如图 7－8 所示。

图 7－8　制定税收理财规划流程图

【操作要点】

1. 与客户沟通。在对客户进行税收规划的过程中，首先需要了解客户当前的应纳税额。

2. 搜集客户信息。在搜集制定税收规划所必须的信息后，应将这些信息汇总，并编制成相应的表格，以便于阅读。

3. 分析客户的税负状况。分析高税负的成因，评价客户纳税状况。

税收负担是指国家征收的税款占纳税人水源数量的比重，从纳税人的角度看，它反映出纳税人在纳税款时的负担水平，即承担了多少税款。

准确分析纳税人的税负状况，要比较分析纳税人的名义税率和实际税率、边际税率和平均税率，如表7－37所示。

表7－37 名义税率、实际税率和边际税率

名义税率	即为税率表所列的税率，是纳税人实际纳税时适用的税率。名义税率有比例税率、定额税率和累进税率三种。
实际税率	实际税率是指纳税人真实负担的有效税率，在没有税负转嫁的情况下，它等于税收负担率。
边际税率	边际税率是指在征税对象的一定数量水平上，征税对象的增加导致的所得税额的增加与征税对象的增量之间的比例。

4. 计算客户应纳个人所得税额。计算客户当前应纳税额，针对客户应纳不同的税种来计算当前应纳税额。

（1）工资、薪金所得。是指个人因任职或受雇而取得的工资、薪金、奖金、年终加薪、劳动分红、津贴以及与任职受雇有关的其他所得。

以每月收入减除2000元为应纳税所得额（外籍人员、专家、华侨、港澳同胞再减3200元）。税率为九级累进税率，5%～45%。计算公式：

应纳税所得额＝月工资薪金收入－2000

应纳税额＝应纳税所得额×适用税率－速算扣除数

（2）劳动报酬所得。是指个人每次取得的收入，定额或定率减除规定费用后的余额。劳动报酬所得的筹划主要是通过增加费用支出、合理安排收入次数的方法进行的。

劳动报酬所得以个人每次取得的收入，定额或定率减除规定费用后的余额为应纳税所得额。每次收入在4000元以下，定额减除费用800元；每次收入在4000元以上，定率减除20%的费用；每次收入在20000～50000元加征五成，税率30%，速算扣除数为2000元；超过50000元加征十成，税率40%，速算扣除数为7000元。

①每次收入在4000元以下：

应纳税额＝应纳税所得额×适用税率＝（每次收入额－800）×20%

②每次收入在4000元以上：

应纳税额＝应纳税所得额×适用税率＝每次收入额×（1－20%）×20%

（3）稿酬所得。是指个人因其作品以图书、报刊形式出版、发表而取得的所得。

每次不足4000元，应纳税额＝（每次收入额－800）×20%×（1－30%）

每次在4000元以上，应纳税额＝每次收入额×（1－20%）×20%×（1－30%）。

（4）特许权使用费所得。是指个人提供的专利权、商标权、著作权、非专利技术以及其他特许权的使用取得的所得。

特许权使用费所得以个人每次取得的收入，定额或定率减除规定费用后的余额为应纳税所得额。每次收入不超过4000元的，定额减除费用800元；每次收入在4000元以上的，定率减除20%的费用。费用扣除计算方法与劳动报酬所得相同。其中，每次收入是指一项特许权的一次许可使用所得的收入。计算公式：应纳税额＝应纳税所得额×20%。

（5）转让租赁所得。一般以个人每次取得的收入，定额或定率减除规定费用后的余额为应纳税所得额。每次收入不超过4000元的，定额减除费用800元；每次收入在4000元以

上的，定率减除20%的费用。财产租赁所得以一个月内取得的收入为一次。计算公式：应纳税额=应纳税所得额×20%。

（6）转让财产所得。以个人每次转让财产取得的收入额减除财产原值和合理费用后的余额为应纳税所得额。其中，每次是指以一件财产的所有权一次转让取得的收入为一次，适用20%的比例税率。计算公式：

应纳税额=应纳税所得额×20%

应纳税所得额=每次转让财产收入-财产原值-合理费用

（7）利息、股息、红利所得。以个人每次取得的收入额为应纳税所得额，不得从收入中扣除任何费用，适用20%的比例税率。计算公式：

应纳税额=应纳税所得额×20%

（8）中奖所得。中奖、中彩等偶然所得以每次收入额为应纳税所得额，适用20%的比例税率。计算公式：

应纳税额=应纳税所得额×20%

5. 提供咨询服务。其内容有税收规划的概念、税收规划的原理、税收规定等。

（1）通过税收筹划合理合法地使纳税人少纳税或不纳税，必须首先掌握税收筹划的基本原则，如表7-38所示。

表7-38　税收筹划的基本原则

绝对节税原则	绝对节税原则是指税收筹划直接使纳税人缴纳的绝对额减少。绝对节税原则的原理是：在各种可供选择的纳税方案中，选择缴纳税款最少的方案。
相对节税原则	相对节税原则是指一定时期纳税人的纳税总额并没有减少，但一段时间内各个纳税期的纳税数额发生变化，主要是纳税时间推迟，或前期纳税少，后期纳税多，相对增加了税后收益，相对于收入而言纳税总额相对较少。
风险节税原则	风险节税原则是指一定时期和一定环境条件下，把风险降低到最小程度去获取超过一般税收筹划所节减的税额。

（2）税收规划的基本方法，如表7-39所示。

表7-39　税收规划的基本方法

避免应税收入的实现	从减轻税收负担的角度来看，纳税人要尽量取得税法认定为是应税收入（或所得）的经济收入，这是个人税收筹划的基本方法。根据我国现行税法规定，几乎各种税种中都存在此类筹划的空间。
避免适用较高税率	个人所得通常采用超额累进税率。 个人取得的所得。按照提供所得的单位与个人之间是否存在稳定的雇佣与被雇佣关系，可以确认为“工资薪金所得”或“劳动报酬所得”。
充分利用“税前扣除”	
推迟纳税义务发生时间	推迟纳税可以使个人在不减少纳税总额的情况下获得货币的时间价值。其好处是：有利于资金周转，节省利息支出，以及由于通货膨胀的影响，延期以后缴纳的税款币值下降，从而降低了实际纳税额。
利用税收优惠	税法中减免税等税收优惠规定，为纳税人节税筹划提供了可能。

6. 制定不同税种的税收规划（见表7－40）。

表7－40 不同税种的税收规划

所得税规划方法	针对纳税人的筹划	居民纳税人与非居民纳税人。 有限责任公司与个体工商户、个人独资企业、合伙制企业的选择。
	计税依据的筹划	工资薪金福利化。 纳税项目转换与选择。 “削山头”筹划。 劳务报酬所得筹划。 稿酬筹划。 利息、股息和红利纳税筹划。 个体工商户所得的纳税筹划。 其他项目筹划。
流转税规划方法	增值税的筹划	纳税人身份筹划。 增值税与营业税纳税人选择的筹划。 进项税额的筹划。
	消费税的筹划	针对纳税人的筹划。 计税依据的筹划。 税率的筹划。
	营业税的筹划	征税范围的筹划。 税率的筹划。 税收优惠的筹划。
其他税种规划方法	房产税规划方法	主要围绕其征税范围、征税对象、计税依据及税收优惠进行。
	契税规划方法	计税依据是不动产的价格。
	城镇土地税规划方法	征税范围是城市、县城、建制镇和工矿区内的国家所有和集体所有的土地。
	印花税规划方法	计税依据有两种：计税金额和批凭证件数。
	车船使用税规划方法	征税范围是行驶在国内公共道路和河流、湖泊或领海的船舶。

7. 税收规划实务。

（1）选择不同的所得形式进行税收规划。我国现行个人所得税实现分类课征制度，当同一笔收入被归属于不同所得时，其税收负担不同，如一笔收入归属于工资、薪金所得，还是归属于劳动报酬所得，税收规划是非常不同的。工资、薪金所得适用于5%～45%的九级累进税率，劳动报酬所得适用于20%、30%、40%的三级累进税率，显然相同数额的工资、薪金所得与劳动报酬所得的税收负担是不同的。

【例7－11】 丁先生是一个高级知识分子，某年1月获得工资收入62500元。如果丁先生和该公司存在稳定的雇佣关系，则应按工资、薪金所得缴税，其应纳所得税为：

$(62500-2000)\times35\%-6375=14800$（元）

如果丁先生和该公司不存在稳定的雇佣关系，或采取某些可能的措施，使得本人与该公司没有稳定的雇佣关系，这笔收入就可按劳动报酬所得缴税，其应纳所得税为：

$62500\times(1-20\%)\times40\%-7000=13000$（元）

可节税 = 14800 - 13000 = 1800（元）

理财提示：

①将工资、薪金所得与劳动报酬所得分开、合并或转化，就可以达到节税的目的。

②应纳税额在20000元以下时，工资、薪金所得适用税率低于劳动报酬所得，若能将劳动报酬所得转化为工资、薪金所得，就可以达到节税的目的；而在应纳税额在20000元以上时，若能将工资、薪金所得转化为劳动报酬所得，就可达到减轻税收负担的目的。

（2）利用分次申报纳税进行税收规划。由于我国对个人工资、薪金所得适用5%～45%的九级累进税率，若采用分摊规划法，让每月工资、薪金不超过起征点，或控制在低利率档次，可有节税的效果。

【例7－12】 唐先生每月收入4200元，公司年终准备发5000元年终奖金，如何为唐先生制定税收规划以达到节税的目的？

方案一：唐先生在12月份一次领取5000元年终奖金时，应纳个人所得税：

当年12月份应纳税额 =（4200 + 5000 - 2000）× 20% - 375 = 1065（元）

第二年1月份应纳税额 =（4200 - 2000）× 15% - 125 = 205（元）

两月合计应纳税额 = 1065 + 205 = 1270（元）

方案二：若将唐先生5000元年终奖金分在12月和次年1月各领取一次时，应纳个人所得税：

当年12月份应纳税额 =（4200 + 2500 - 2000）× 15% - 125 = 580（元）

第二年1月份应纳税额 = 当年12月份应纳税额 = 580（元）

两月合计应纳税额 = 580 + 580 = 1160（元）

采用方案二可节税 = 1270 - 1160 = 110（元）

（3）利用非货币支付方式进行税收规划。我国工资、薪金所得按照固定收入扣除标准做相应扣除，但没有考虑个人的实际支出水平。在同样的税收条件下，生活支出多与生活支出少的人相比，就觉得自己的工资较低。可以对必不可少的支出项目，如住房支出、交通支出、培训支出或旅游支出，由企业代替员工个人支付，企业可以把这些支出作为费用换减企业所得税应纳税所得额，这样一来，个人实际工资水平未下降的情况，减少了应由个人负担的税款。

【例7－13】 卢先生每月收入3500元，其中900元为每月的房费支出，剩下的2600元是其他消费和储蓄的收入。如何为卢先生制定税收规划？

方案一：卢先生所在单位每月向他支付3500元，应纳个人所得税：

应纳个人所得税 =（3500 - 2000）× 10% - 25 = 125（元）

卢先生实际收入 = 3500 - 900 - 125 = 2475（元）

方案二：企业若为卢先生提供住房，而每月只付工资2600元，则卢先生不需缴纳个人所得税：

卢先生实际收入 = 2600 - 0 = 2600（元）

采用方案二可使卢先生增加收益 2600 - 2475 = 125（元）

（4）利用附加减除费用进行税收规划。我国工资、薪金所得，以每月收入额减除2000元后为应纳税所得额，但外籍人员、专家、华侨、港澳同胞等人员在以每月收入额减除2000元后，再减3200元，具备享受附加扣除费用待遇的个人，应有效利用这一政策，最大限度少纳税或不纳税。

【例7-14】 某人每月收入15200元，他应缴纳个人所得税是多少？

应纳税所得额 = 15200 - 2000 = 13200（元）

应纳税额 = 13200 × 20% - 375 = 2265（元）

若该人是一家外企的外国专家，每月收入15200元，他应缴纳个人所得税是多少？

应纳税所得额 = 15200 - 2000 - 3200 = 10000（元）

应纳税额 = 10000 × 20% - 375 = 1625（元）

后者比前者节税 = 2265 - 1625 = 640（元）

【岗位实训】

1. 韩小姐2006年2月从公司获得工资、薪金收入40000元。另外，周小姐还获得某设计院的劳动报酬收入40000元。

参考答案：

根据税法规定，其工资、薪金所得应纳所得税 =（40000 - 1600）× 25% - 1375 = 8225（元）

劳动报酬所得应税额 = 40000 ×（1 - 20%）× 30% - 2000 = 7600（元）

该月周小姐共应纳税15825元。

如果周小姐将该两项所得合并入工资、薪金所得纳税为：

（40000 + 40000 - 1600）× 35% - 6375 = 21065（元）

分开纳税可节税5240元。

2. 韦教授准备出版学术著作一本，预计稿酬所得为21000元。

参考答案：

（1）假设韦教授以1本书的形式出版该著作，则他应缴纳个人所得税是多少？

应缴纳个人所得税 = 21000 ×（1 - 20%）× 20% ×（1 - 30%）= 2352（元）

（2）假设韦教授以4本作为一套的系列丛书出版，其中每本的稿酬5250元，则他应缴纳个人所得税是多少？

稿酬税收规划的切入点为降低抵扣标准，是抵扣的标准高于20%。4000元稿酬是临界点，所以至少出版60本，每本稿酬低于4000元，减少了应纳所得税。

（3）假设韦教授想要减少自己所缴纳的个人所得税，假设每本书的稿酬相同，他应以几套作为一套系列丛书出版，并能节税多少元？

全年应缴纳个人所得税 = 6400 ×（1 - 20%）× 20% - 375］× 12 = 12288（元）

【岗位考核】

1. 能够为客户提供税收规划咨询服务，熟悉税收规划前的各项准备工作。

2. 能够分析、评价客户的税赋状况，计算客户应纳个人所得税额。

3. 能够根据不同客户的各种情况，制定适合的税收规划。

任务八　制定退休理财规划

【任务描述】

退休规划是为了保证客户在将来有一个自立的、有尊严的、高品质的退休生活，而从现在开始实施的理财方案。该任务主要涉及帮助客户分析其养老需求，确定退休目标，预测退休后的资金需求和退休后收入，制订退休养老计划等问题，要求银行从业人员具备掌握搜集客户退休养老方面的信息，通过对我国养老保险制度、企业年金制度和常见保险产品的了解，能够为客户提供咨询服务。

【业务流程】

制定退休理财规划流程如图 7－9 所示。

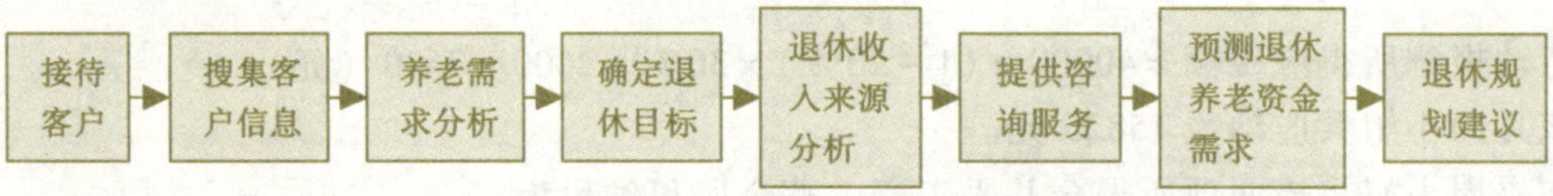

图 7－9　制定退休理财规划流程

【操作要点】

1. 接待客户。遵守接待礼仪。

2. 搜集客户信息。了解客户的退休养老信息，这些信息有：资产负债状况、现金流量状况、客户的风险偏好、客户的性格特征、婚姻状况、职业状况、参加基本养老保险和商业保险情况、赡养老人和抚养子女的情况等信息；了解客户的退休养老需求。

3. 养老需求分析。在现实际生活中，有大量的因素对个人的退休生活带来影响，从而构成了对养老规划的需求。这些因素包括：家庭结构、预期寿命、退休年龄、性别差异、经济运行周期和利率及通货膨胀的长期趋势。对信息进行分类，引导客户提出养老需求，分析客户退休养老需求，一般客户的养老需求是退休后的消费、其他需求及如何在不工作情况下满足这些需求。

4. 确定退休目标。退休目标正是退休规划所要实现的目标，包括期望的退休年龄和退休后的生活状态。

期望的退休年龄是退休规划的起点，在预期寿命不变的情况下，积累退休收入的时间与退休后生活时间此消彼长。对于提早退休的个人而言，较短的积累和较长时间的消耗期需要较高的积累比例来维持，这就意味着要大幅缩减当前消费，甚至降低当前消费质量，同时紧急备用金也将被削减；反之则在积累期的生活要比较从容。

退休后的生活状态应建立在对收入和支出进行合理规划的基础上。

5. 退休收入来源分析。重点对客户退休收入来源进行分析，个人退休收入来源包括三个方面：

（1）社会保障体系。主要包括社会养老保险和医疗保险。社会保障是指当劳动者因年老、患病、生育、伤残、死亡等原因暂时、永久丧失劳动能力或失业时从国家或社会获取物质帮助的社会制度。社会保障体系包括社会保险、社会救助、社会优抚和社会福利四部分。对个人退休而言，重点要关注的是养老保险和医疗保险。

（2）年金保险。是指保险公司每隔一定时间向被保险人给付一次性保险金的保险。

（3）个人为退休准备的资金。这一部分资金来源主要有两方面：一是运用过去的积蓄投资；二是运用现在到退休前的剩余工作生涯中的储蓄来积累。

6. 提供咨询服务。必须对提供咨询服务所应当掌握的知识有一个比较全面的了解，才能为客户提供优质的退休养老规划咨询服务。可以有选择地向客户介绍基本养老保险/企业年金和商业养老保险的基本知识，向客户介绍并比较我国目前市场上的主要保险产品（人寿保险产品）。

（1）社会养老保险制度。所谓养老保险是国家和社会根据一定的法律和法规，为解决劳动者在达到国家规定的解除劳动义务的劳动年龄界限，或因年老丧失劳动能力退出劳动岗位后的基本生活而建立的一种社会保险制度，如表 7－41 所示。

表 7－41　　我国的基本养老保险制度内容

划分方法			特　点	适用范围
按筹措模式划分	现收现付式		当期缴费收入全部用于支付当期的养老金开支，不留或只留很少的储备基金。是一种靠后代养老的保险模式。	世界上大多数国家如美、法、德、英、瑞士和智利等建立之初的养老保险制度都是现收现付式。
	基金式	完全基金式	当期缴费收入全部用于当期缴费的受保人建立养老储备基金，是一种自我养老的保险模式。	
		部分基金式	即期的缴费一部分用于应付当年的养老金支付；另一部分用于为受保人建立养老储备基金，是自我养老和后代养老相结合的一种养老模式。	
按征集渠道划分	国家统筹养老保险模式		劳动者在年老丧失劳动能力之后均可享受国家法定的社会保险待遇，但国家不向劳动者本人征收任何养老社会保险费，所需的全部资金都来自于国家的财政拨款。一般都对领取人规定了基本的领取条件，如必须达到法定退休年龄。	一般在社会主义国家中实行。
	强制储蓄养老保险模式		保险基金来自企业和劳动者两个方面，国家不进行投保资助，仅给予一定的政策优惠。	必须在经济发展速度较快而水平也较高的情况下才能实行。只有少数亚非发展中国家实行这一制度，如新加坡。
	投保资助养老保险模式		由社会共同负担、社会共享、实际上也就是国家 企业、劳动者三方共同出资的方式筹集养老保险的模式。	这是世界上大多数国家实行的养老保险模式，如美国、中国。

（2）企业年金的基本知识。企业年金又称企业退休年金制度、企业补充养老保险金制度和企业年金制度，它是企业在参加基本养老保险并按规定履行缴费义务的基础上，自主实行的一种补充性养老保障制度。企业年金具有非营利性、企业行为、政府鼓励和市场化运营的特征。

我国的企业年金的特点是：

①企业年金所需费用由企业和职工个人共同缴纳。企业缴费每年不超过本企业上半年职工工资总额的1/2，企业和职工个人缴费合计一般不超过本企业上半年职工工资总额的1/6；

②企业年金基金实行完全积累，采用个人账户方式进行管理。

③建立企业年金的企业，应当确定企业年金受托人。

④受托人是指企业成立的企业年金理事会，也可以是符合国家规定的法人受托机构。

（3）商业养老保险的基本知识。个人养老保险是个人自愿地为实现老年收入保障提前进行的养老金积累行为。通常有两种积累形式，即银行储蓄和购买商业养老保险（主要指年金保险），后一种方式更为普遍。

选择养老保险产品，一般要考虑两个方面的因素，如表7-42所示。

表7-42　选择养老保险产品考虑的因素

价格因素	目前我国保险监管机构对保险公司的产品实行条款备案制度，对许多险种实行价格限制，因此各保险公司的产品价格存在差异但是差异不大。
非价格因素	保险公司的偿付能力。
	保险公司的服务质量。
	保险公司的民调评价。
	保险公司的经营特长。

（4）建立退休养老规划的原则：及早规划原则、弹性原则、退休基金使用的收益化原则、谨慎性原则。

7. 预测退休养老资金需求

不同的退休目标对应着不同的资金需求，理财师考虑将退休目标财务化，有一个简单的方法，就是以当前的支出为基础，仔细分析退休前后支出结构的变化，然后按差额进行调整即可得到退休后的支出额。

计算退休养老费用要考虑以下因素：①预期退休后第一年的月或年生活费用；②通货膨胀率，或是说各项费用增长率；③投资回报率；④目前到退休时的年限；⑤退休后的预期寿命。具体计算方法：

（1）按目前的物价估计退休后第一年的月生活费用（A）；

（2）根据费用增长率（C），以及目前到退休所经历的年限（n）计算出按退休时物价水平第一年所需的生活费用；

（3）根据第一年所需的生活费用（E）、费用成长率（C）、投资回报率（R）和退休后的预期余寿（N）计算出退休时所需要准备的养老总费用（T）。具体计算公式：

$E = A \times 12 \times (1+C)^n$

退休第一年所需的生活费用：$E = A \times 12 \times (1+C)^1$

退休时所需要准备的养老总费用：$T=E\frac{1-(1+C/1+R)}{R-C}$

按照目前的生活水准，将个人生活需求水平分以下几个等级（以北京为例）：①基本水平需求每月2000元；②平均水平需求每月3000元；③舒适水平需求每月5000元；④满意水平需求每月8000元。

【例7-15】 赵先生今年35岁，计划60岁退休，预期寿命85岁。他想在退休后保持每月3000元的平均生活状态，每年36000元。根据目前国内的物价水平和投资回报率，假设年费用增长率C为3%，年投资回报率R为5%，计算赵先生退休后养老总费用是多少？

$(1+3\%)^{85-35}=4.383906\times(1+3\%/1+5\%)^{85-35}=0.382286$

退休第一年所需的生活费用：

$E=A\times12\times(1+C)^{n}=3000\times12\times(1+3\%)^{85-35}=157820.616$（元）

退休时所需要准备的养老总费用：

$$T=E\frac{1-(1+C/1+R)^{n}}{R-C}$$

$$=157820.61\times\frac{1-(1+3\%/1+5\%)^{85-35}}{5\%-3\%}=4874400.20\text{（元）}$$

赵先生计划自己退休后，若要保持平均生活状态的退休生活，需要的养老费用的确是比较大的数额，所以退休规划及早准备是必要的。

8. 退休规划建议。

（1）预测退休收入。客户退休后收入主要是由社会保障收入、退休金、补贴、儿女孝敬、投资回报和其他收入组成。

（2）计算退休资金缺口。对比预测的退休后收支差额，就可以知道退休资金缺口，即个人需要弥补的部分。若收支差额为正，意味着收入足以满足实现退休目标，重点注意资金安全；若收支差额为负，则要制订相应的计划来赚取收入以弥补。

（3）制订弥补退休资金缺口的计划。包括寻找额外收入、参加具有更大收益的保障计划、扩大投资额等，这些办法要慎重，一旦不成功，可能就不得不降低退休生活目标。

9. 注意事项。必须对提供咨询服务所应当掌握的知识有一个全面的了解。目前我国的社会保障制度和企业年金制度仍处于不断变革中，各种各样的商业性保险产品层出不穷，理财规划师只有不断更新知识，才能为客户提供优质的退休养老规划咨询服务。

【岗位实训】

1. 小王大学毕业，即将踏入工作岗位，但她对我国的养老保险制度一无所知，觉得自己还年轻，刚参加工作，不知道是否也应该早日对以后的退休养老进行规划，于是向理财师就养老保险制度进行了咨询。

参考答案：

（1）社会养老保险是在何种情形下才自动发生作用的？

社会养老保险是在法定范围内的老年人完全或基本退出社会劳动生活后才自动发生作用的。

（2）什么是现收现付式的养老保险？有什么特点？

现收现付式的养老保险是指当期的缴费收入全部用于支付当期的养老金开支，不留或只留很少的储备基金。它是一种靠后代养老的保险模式，上一代人并没有留下养老储备基金的积累，其养老金全部需要下一代的缴费筹资，实际上这种保险靠的是代际之间的收入转移。

(3) 什么是完全基金式的养老保险？有什么特点？

完全基金式的养老保险是指当期的缴费收入全部用于为当期缴费的受保人建立养老储备基金，储备基金的目标应当是满足未来向全部受保人支付养老金的资金需求。它是一种自我养老的保险模式，各代之间不存在收入的转移，每一代人都是靠自己工作期间缴纳的保险费所积累起来的养老储备基金来维持老年生活。

(4) 什么是部分基金式的养老保险？

部分基金式的养老保险是介于现收现付式和完全基金式之间的一种筹资模式，即期的缴费一部分用于应付当期的养老支出，一部分用于为受保人建立养老储备基金。

(5) 国家统筹式养老保险制度一般对领取人规定了基本的领取条件是什么？

国家统筹式养老保险制度是一般都对领取人规定了基本的领取条件，一般是必须达到法定的退休年龄。

【岗位考核】

1. 能够搜集客户退职业生涯规划信息、退休后生活质量期望信息、现有退休养老准备的信息。

2. 能够向客户介绍我国养老保险制度、企业年金制度和商业保险的基本内容。

3. 能够分析客户养老需求，确定退休目标，预测客户退休后的资金需求和退休后的收入情况。

任务九　财产分配与传承规划

【任务描述】

财产分配与传承规划是为了保证家庭财产安全承继而设计的财产规划方案，是当事人在其健在时通过选择适当的遗产管理工具和制订合理的遗产分配方案，对其拥有或控制的财产进行安排确保这些财产能够按照自己的意愿实现特定目的，是从财务的角度对个人生前的财产进行整体规划。

该任务主要涉及帮助客户界定遗产范围，把握遗产分割遵守基本原则，协助客户填写相关的文本文件。要求银行从业人员具备熟悉搜集客户家庭结构信息的各种流程。熟悉有关财产权属的法律规定，掌握界定财产属性的方法。熟悉有关婚姻财产风险因素，能够根据客户具体情况分析其财产风险。掌握夫妻财产分配的法律规定，认识其对财产分配规划的重要意义。掌握遗产的界定及遗产分割的原则。

【业务流程】

财产分配与传承规划业务流程，如图 7－10 所示。

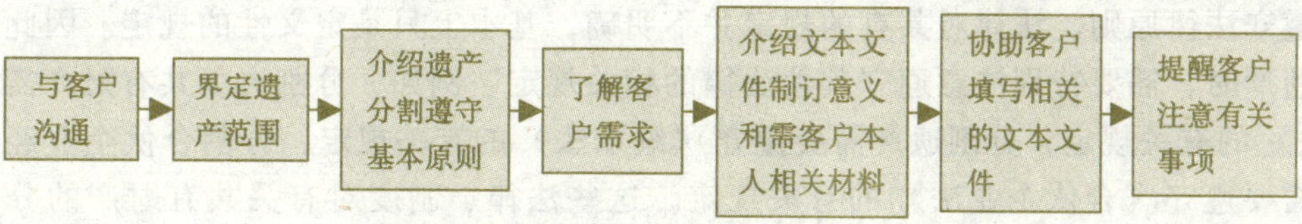

图 7－10　财产分配与传承规划业务流程

【操作要点】

1. 与客户沟通。搜集客户信息，全面了解客户的财产情况，包括资产和负债，如表 7－43 所示。

表 7－43　客户的财产分类

个人财产分类	解　释	持有目的
合法收入	个人通过各种合法途径取得的货币收入与实物收入。	既可用于生活的，有可用于生产的，是个人参加商品交换取得其他财产的物质前提。
不动产	房屋是个人所有权的重要财产，个人可以通过自建、购建、继承、赠与等方式取得房屋所有权。房屋为不动产，必须依法登记才能取得完全的法律效力。	可以自用于生活目的，也可以用于生产经营的目的，还可以依法转让。
金融资产	个人存入银行的所有货币总和。	既可以用于保障家庭生活、子女教育等诸多需求，也可以作为一种保守的理财方式用以资金的保值增值，还可以借给亲戚朋友以备不时之需。
生活用品、古董、图书资料	生活用品是指满足个人或家庭日常生活所需的消费品，图书资料是记载科学文化知识的物质资料。	个人收藏古董主要是为了满足个人对文化艺术珍品欣赏和收藏的特殊需求，或者作为投资工具。

2. 界定遗产的范围。可以设计一份客户资产负债清单。

个人财产所有权可以是对储蓄、房屋、家电、书籍等各种生活资料的所有权，也可以是对法律允许的生产资料的所有权，无论是生产资料还是生活资料，所有人都可以基于对财产的所有权而行使下面的权利，如表 7－44 所示。

表 7－44　对财产的所有权而行使的权利

权　利	定　义	例　子
占有权	所有人对财产的实际控制权和掌握的权利	公民对自己家家电、衣物的支配和控制
使用权	所有人依法按财产的性能和用途对财产加以利用的权利	使用家电、衣物，满足衣食住行和精神消费的需要
受益权	所有人将财产所产生的经济利益据为己有的权利	公民将房屋出租就有获得租金并支配的权利
处分权	所有人有权决定财产的归属和命运的权利，也即所有人有处置财产的权利	公民将房屋出租、将食品食用、物品丢弃等行为都是对财产的处置

3. 向客户详细介绍遗产分割应遵守的基本原则，提醒客户遗产分割中的法律风险。

（1）分割基本原则。

①遵守法律原则。法律对共有的规定并不明确，基本上只是定义性的规定。因此，在分割共有遗产时，需要特别注意遵守其他法律的相关规定，例如，分割夫妻共有财产需要遵守《婚姻法》的有关规定，分割遗产需要遵守《继承法》的有关规定，分割合伙企业经营积累的财产需要遵守《合伙企业法》的有关规定，这些法律、制度对有关共有财产的分割问题都有比较具体的规定。

②遵守约定原则。共有人相互间的共有关系有约定的，分割共有财产时应遵守其约定。

③平等协商，和睦团结原则。共有财产的分割直接涉及各共有人的物质利益，容易引起纠纷，影响团结，因此在分割共有财产时，对有争议的问题就要本着平等协商、和睦团结的原则来处理。

（2）分割方法。

①实物分割。如果共有财产分割后无损于它的用途和价值时，可以在共有人之间进行实物分割，使各自共有人取得应得的份额。

②变价分割。是将共有财产出卖换成货币，然后由共有人分割货币。

③作价补偿。作价是指估定物的价格。当共有财产是不可分物时，如果共有人希望取得该物，就可以作价给他，由他将超过其应得份额的价值补偿给其他共有人。

4. 了解客户需求。提供财产分配规划咨询和财产传承规划咨询。

（1）财产分配规划咨询，如表7－45所示。

表7－45　　财产分配规划咨询

界定财产分配规划中的财产属性	夫妻法定财产	夫妻法定共有财产
		夫妻法定特有财产。
	夫妻约定财产	类型：分别财产制、一般共有制和部分共有制。只能选择一种进行财产约定。
		夫妻财产协议的有效要件： ①夫妻双方具有合法的身份。 ②夫妻双方必须具有完全行为能力。 ③夫妻对财产的约定是基于其真实的意思表达。 ④夫妻约定的内容必须合法。
客户财产分配规划咨询	离婚条件	协议离婚：《婚姻法》规定男女双方自愿离婚的，准予离婚。
		诉讼离婚：《婚姻法》规定如感情确已破裂，调解无效，应准予离婚。
	子女监护	法定监护：父母是子女的法定监护人。
		指定监护：没有法定监护的子女可指定监护人。
	子女收养	在法律上，子女可以分为亲子女、继子女和养子女。其中，养子女与父母的关系就是收养关系。

（2）财产传承规划咨询。财产传承规划中涉及的财产就是遗产，遗产是公民死亡时遗留的财产，遗产是继承法律关系的客体，即继承权的标的。遗产具有的特征：遗产只能是公民死亡时遗留的财产，具有时间上的特定性；遗产的内容具有财产性和概括性；遗产范围上的限定性和合法性，如表7－46所示。

表7-46 遗产范围

遗产所包括的范围	①公民的收入。
	②公民的房屋、储蓄和生活用品。
	③公民的林木、牲畜和家禽。
	④公民的文物、图书资料。
	⑤法律允许公民所有的生产资料。
	⑥公民的著作权、专利权中的财产权利。
	⑦公民的其他合法权利。包括股票、支票等有价证券和债券等债权等。
遗产不包括的范围	①与被继承人人身不可分的人身权利，如名誉权等人格权。
	②与人身有关的和专属性的债权债务。
	③国家资源的使用权。
	④承包经营权。

5. 根据客户需求，界定其所需相应财产文本文件的类型。向客户详细介绍该文本文件的制定对客户的意义，以及需要客户本人准备的相关材料。

6. 协助客户填写相关的文本文件。

7. 根据客户的实际财务状况，提醒客户注意有关事项，尤其要提醒客户注意影响文本文件生效的情形。

【岗位实训】

1. 王某现在80岁，妻子健在，有一个女儿，两个儿子，有一个25岁的孙女、一个22岁的孙子和一个10岁的外孙。他想制定一份财产传承规划，希望银行理财师提供一些咨询服务。

参考答案：

(1) 夫妻之间权利、义务关系形成的必要条件是什么？

结婚登记是婚姻成立的形式要件，是婚姻成立的法定程序，它是婚姻取得法律认可和保护的方式，同时也是夫妻之间权利义务关系形成的必要条件。

(2) 通常意义上的财产分配规划是针对哪种类型的财产而言的？

通常意义上的财产分配规划是针对夫妻财产而言的，是对婚姻关系存续期间夫妻双方的财产关系进行的调整。

(3) 当事人健在时为了保证财产安全承继而设计什么样的财务方案？

当事人健在时，为了保证财产安全承继而设计的财务方案是财产传承规划。

【岗位考核】

1. 能够搜集客户家庭构成信息，编制简单的财产清单，能够识别客户的财产分配和传承意愿。

2. 能够向客户介绍个人或家庭有关财产权属的法律规定。

3. 能够分析客户的继承关系，界定财产权的归属，估算客户财产数额。

4. 能够准备相关文件。

任务十　综合理财规划

【任务描述】

综合理财规划是在对客户的家庭状况、财务状况、理财目标及风险偏好等详尽了解的基础上，通过与客户的充分沟通，运用科学的方法、统计资料、分析核算等手段，对客户的财务现状进行描述、分析和评议，并对客户财务规划提出方案和建议的书面报告。该任务主要涉及能够从整体考虑客户的需求与现实状况，协调各大规划之间的顺序与重要程度，最终形成综合理财规划建议书。要求银行从业人员具备综合理财规划建议书的写作能力，具备制订各分项理财规划方案的能力，具备对理财方案的预期效果进行分析以及理财方案的执行和调整能力。

【业务流程】

综合理财规划流程图，如图 7－11 所示。

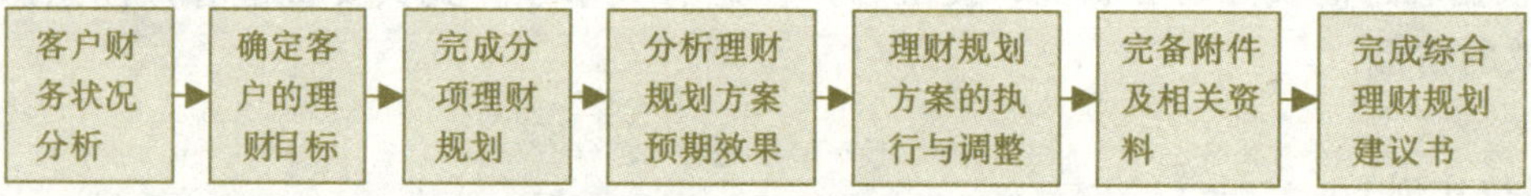

图 7－11　综合理财规划流程图

【操作要点】

1. 客户财务状况分析。包括：

（1）资产负债分析。

（2）家庭收入分析。

（3）家庭支出分析。

（4）客户财务状况的比率分析：

①结余比率＝年结余/年税后收入

②投资与净资产比率＝投资资产/净资产

③清偿比率＝净资产/总资产

④负债比率＝负债总额/总资产

⑤负债收入比率＝负债/税后收入

⑥流动性比率＝流动性资产/每月支出

（5）客户财务状况预测。比如，客户现在正处在事业的黄金阶段，预期收入会有稳定的增长，投资收入的比例会逐渐加大。同时，现有的支出也会增加，随着年龄的增加，保险医疗的费用会有所增加。目前按揭贷款是唯一的负债，随着时间的推移，这笔负债会越来越小。

（6）客户财务状况。总体来看，客户偿债能力较强，结余比例较高，财务状况较好。其缺陷在于活期存款占总资产的比例过高，投资结构不太合理。

2. 确定客户的理财目标。理财规划可以分为全面理财规划和专项理财规划两种，银行从业人员在撰写理财规划建议书时，应该根据不同类型的理财规划制定不同指向的理财目标。

(1) 全面理财规划。在全面理财规划中，由于客户关心的是家庭整体财务状况达到最优水平，因此，制定的理财目标需包括诸如养老、保险、子女教育、投资、遗产等多方面因素。在与客户沟通过程中，银行从业人员在深入了解客户的具体目标和期望后，应该辅助客户把客户的理财目标分为几个阶段性目标，按照目标指定的频率和实现时间的长短来区分，客户的目标可以分为以下几种：

(2) 专项理财规划。专项理财规划，由于客户只关心在某一特定方面实现最优，因此只需考虑与该专项理财规划相关的因素即可，不要求全面分析。

首先，应制定规划目标。银行从业人员在与客户充分交流，总结出客户通过专项理财规划，所希望实现的规划目标。包括足够的意外现金储备、充分的保险保障、双方父母的养老储备基金、夫妻双方的未来养老储蓄基金，子女教育储备基金等。

其次，应制定具体目标。包括家庭储蓄率应达到的比重、各金融产品所应达到的比重、保险保障覆盖程度、家庭现金流量、非工资性收入比重和家庭净资产值等。

3. 完成分项理财规划。当假设条件、预期目标、优先次序三个条件都设计完成后，就可以分项设计分项理财规划方案了：(1) 现金规划。(2) 消费支出规划。(3) 教育规划。(4) 风险管理和保险规划。(5) 税收规划。(6) 投资规划。(7) 退休规划。(8) 财产分配与传承规划。

4. 分析理财规划方案预期效果。将按照调整后的财务状况编制的资产负债表、收入支出表列示于该部分，此表中可以同时列示调整前的数字，使客户能够直观地看到理财规划给客户财务状况带来的巨大改进。

5. 理财规划方案的执行与调整。理财规划方案的执行与调整是理财规划活动中重要的一部分。在此，银行从业人员应对具体执行工作按照轻重缓急进行排序，即编制一个具体执行的时间计划，明确各项工作的前后顺序，提高方案实施的效率，节约客户的实施成本，并应一一列明参加方案实施的人员。

6. 完备附件及相关资料。

(1) 投资风险偏好测试卷及表格。

(2) 配套理财产品的详细介绍。

(3) 可附各大银行、基金公司、保险公司、证券公司等金融机构推出的适合理财规划方案的理财产品目录及详细介绍。

7. 完成综合理财规划建议书。

(1) 制作封面及前言。

(2) 提出理财规划方案的假设前提。

(3) 开始编写正文，完成财务分析部分。

【例 7－16】 综合理财规划方案举例

客户资料：

张嘉勇，是某广告公司的创意总监。今年 37 岁，有一套 70 平米两室一厅的住房，现在价值大约 55 万元；银行活期存款 2 万元，目前股票投资 13 多万元、基金投资 23 多万元。

未婚妻李秀琳，今年 32 岁，某媒体的主任编辑，单位提供五险一金，月薪在 1 万元左右。自己有一套一房一厅51平米住房，一次性付清房款34万元，其购房款中有20万是父母资助的。李女士每年要还父母2万元，目前已经偿还了4万元。现在李女士账户里固定存款5万元，5年存期，存了2年；活期存款2.5万元，她今年购买了友邦康福终身寿险和附加康福终身健康险，每年交保费7800元，20年，保额30万元。

结婚后，张先生每月给父母1500元生活费，李女士还不用在供养父母方面操心。婚后每月生活费用控制在3000元以内，省钱为以后的小孩教育和夫妻养老做准备。

张嘉勇和李秀琳通过理财规划达到以下理财目标：

1. 张嘉勇和李秀琳2008年春节结婚，他们打算以分期付款的方式再购买一套三房两厅的房子。但是，张嘉勇和李秀琳均有自己的房子，在不影响现有生活品质的情况下，该如何处置现有房产？

2. 张嘉勇夫妇希望当年结婚当年生子，由于李秀琳供职的单位即将改制，作为计划外人员，她的职业生涯面临很大的不确定性。而结婚后生小孩以及小孩养育的费用也不是一笔小数目。如何准备一笔钱应对2~3年内李秀琳的工作危机和生育小孩的费用？

3. 张嘉勇认为自己和李秀琳的保险似乎有缺口。他想让理财师为自己和李秀琳做一个医疗、养老保险规划，保障日后生活。

4. 对于股票、基金，张嘉勇称自己是外行，平时也无暇顾及，但是他想坚持长线投资。他想知道自己的股票、基金投资是否合理。理财师能否把自己的股票、基金重组，达到最优配置？

资料来源：《私人理财》，2008年第1期。

理财规划方案：

一、家庭成员（表7-47）

表7-47

姓　名	年　龄	职　业
张嘉勇	37岁	某广告公司的创意总监
李秀琳	32岁	某媒体的主任编辑

二、理财目标（表7-48）

表7-48

理财目标顺序	需　　求	具体内容
1. 短期目标	生育需求 避险需求	准备生育“宝宝”的花费。 如何购买合适的保险，增加家庭保障？
2. 中期目标	职业生涯需求 住房需求 子女教育需求 投资需求	如何应对太太2~3年内的工作危机？ 分期付款的方式再购买一套三房两厅的住房。 储备子女的教育费用。 如何合理配备资产（金融资产、固定资产等）。
3. 长期目标	养老需求	未雨绸缪，做好养老安排。

三、财务状况分析诊断（表7－49、表7－50）

表7－49　　张嘉勇和李秀琳家庭资产负债表

姓名：张嘉勇和李秀琳			日期：2008年12月31日		
资产项目	金额（元）	占比	负债项目	金额（元）	占比
活期存款（张嘉勇）	20000	1%	房产（李秀琳）	160000	100%
活期存款（李秀琳）	25000	2%			
定期存款（李秀琳）	50000	4%			
开放式基金（张嘉勇）	236500	17%			
股票（张嘉勇）	130930	10%			
金融资产小计	462430	34%	资产净值	1192430	
房产（张嘉勇）	550000	41%			
房产（李秀琳）	340000	25%			
实物资产小计	890000	66%			
总资产总计	1352430	100%	负债总计	1352430	100%

表7－50　　张嘉勇和李秀琳家庭年度性现金流量表　　单位：元

姓名：张嘉勇和李秀琳			日期：2008年1月1日—12月31日		
收入项目	金额（元）	占比	负债项目	金额（元）	占比
张嘉勇工资收入	144000	55%	家庭生活支出	36000	44%
李秀琳工资收入	120000	45%	张嘉勇父母生活费	18000	22%
其他收入			李秀琳偿还父母房款	20000	24%
			李秀琳保险费支出	7800	10%
总收入	264000	100%	总支出	81800	100%
总收入—总支出182200（当年可投资的净收入）					

两人结婚后，家庭资产净值达到119万元。目前资产结构较为合理，但应注意几点：①张先生的保障严重不足，应对风险的能力极其脆弱。②金融资产配置不合理，未能实现高、中、低风险投资工具的有效组合。具体表现在：其金融资产中包括股票、开放式基金和银行存款，而开放式基金仅选择了股票性，银行存款占比过高。从结构来看，金融投资集中在高、低风险的品种，一方面无法降低风险，另一方面也无法有效实现资产的保值、增值，整个组合不够平衡。14万元资金分散于4只股票，难以实现有效管理。

四、基本假设

为了便于作出数据翔实的理财方案，理财师作出如下的假设和预测：通货膨胀率为每年5%，教育费用增长率为每年5%，长期投资回报率为每年8%，预期寿命为90岁。

五、理财规划

1. 现金规划。应急资金保留3～6个月的必要开支即可。而需随着家庭成员的结构、健康状况的变化等予以追加。尽管张先生预期婚后每月生活费用在3000元内，但是考虑到年内添丁、李女士供职单位即将改制、购房等诸多不确定因素，所以需要安排4万元为宜。

理财提示：（1）应急资金4万元中，安排1万元为活期存款，3万元可购买货币市场基金或短期债券基金等。（2）建议张先生申请建行与商城联合发行的双币种信用卡，在商城可获最低八五折的优惠，另携带方便、可利用银行免息还款期，提高资金运用的灵活性，增强家庭支付的应急能力。

2. 保险规划。人生的三大风险包括意外、疾病和养老。张先生作为家庭的主要经济来源，仅仅依靠社会保险远远不够，购买商业保险产品是非常必要的，其中保障类的定期寿险、意外险、健康险作为首选。一是投保新华人寿的定期保险，保障至60周岁保费每年1220元，缴费期20年，保额20万元；二是投保人保健康保险的意外险2份，可保障至74岁，每年交保费188元/份×2份=376元，保额10万元/份×2份=20万元。

理财提示：

（1）为有效地化解子女成长、供楼期内可能出现的风险，方案中为张先生首选了低保费、高保额的定期寿险且保障至60岁，主要考虑到此时子女22岁已大学毕业且房贷贷款已经还清。

（2）建议张先生暂时选用基金投资的方式来补充养老。在商业性养老保险方面，已某养老险为例：如果张先生每年缴纳10690元保险费，连续缴纳20年，则其享受有的生存保障包括：从60岁起，每年领取1万元，每三年递增600元，领取至100岁；88岁再给付10万元。考虑到家庭支出应与收入水平相匹配，因为张先生在意外、疾病方面每年需缴保费8000余元，结合其收入状况，兼顾年内添丁、李女士单位改制、购房等背景因素，所以建议张先生暂时选用基金投资、相对较灵活的方式来补充养老。

（3）李女士的保险缺口主要是意外保障，建议增加购买意外保险。

3. 消费规划。

（1）择机变现一套房产、以分期付款的方式再购买一套三房两厅。购买自住房产，需要根据自己的实际情况来确定适合的楼盘，理性和规划地消费。这里建议张先生选择适合的时机，将一套房产变现，做好新购房屋的首付准备，例如，卖房后的55万元可用于支付新房首期和家私家电等开支。

理财提示：

①以购买一套现值120万元的房产为例，收付48万元，剩余的款项建议首选公积金贷款，其余采用商业性贷款方式。由于只有李女士有住房公积金，按照目前广州市住房公积金贷款规定：个人最高额度为40万元，因此家庭每月的购房供款总额可见表7－51。

在李女士没有渡过2～3年的职业危机前，建议先选择20年供款，每月支付5332元的方式，之后可根据职业情况的变化调整家庭每月还款额，缩短贷款年限。以20年供楼期为例，房产总价每增加10万元，每月供款额约增加830元，所以购房时需要量力而为。

②房产是家庭资产中的大项，持有多套房产，建议购买财产险并关注政策变化。出租另

表 7－51

个人住房公积金贷款					个人住房商业性贷款					合计	
贷款金额	年限	期数	年利率	供款额（月）	贷款金额	年限	期数	年利率	供款额（月）	贷款总额	供款总额（月）
40 万元	10	120	5.22%	4286 元	32 万元	10	120	7.83%	3854 元	72	8140 元
	15	180	5.22%	3209 元		15	180	7.83%	3027 元		6236 元
	20	240	5.22%	2689 元		20	240	7.83%	2643 元		5332 元

一套房产，租金短期内补贴孩子的养育费，长远来说可作为养老金的补充。

4. 教育规划。子女从小到大将近 20 年持续的教育金支付，其总额是惊人的，如果不预早策划准备，届时的收入可能难以应付。教育规划的方法很简单：尽早筹划，定期积累，专款专用，可以通过教育储蓄、教育保险、国债、理财产品、定期定额投资基金等多种方式予以实现。

以基金定投为例，为满足孩子不同阶段的教育需求，每月投资的金额见表 7－52：

表 7－52

阶段	幼儿园	小学	初中	高中	大学
当前费用	3 万元	6 万元	5 万元	5 万元	10 万元
距离时间 N（年）	3 年	8 年	12 年	15 年	18 年
N 年后的费用（万元）	3.5 万元	8 万元	9 万元	10.4 万元	24.1 万元
每月需要的投资额（元）	836 元	869 元	374 元	301 元	502 元

注：假设教育费用增长率为每年 5%，长期投资回报率为每年 8%。

理财提示：

（1）由于教育费用没有弹性且可以预知时间，所以需重视安全性。如果是短期内需要使用的学费，建议采用期限固定、保证投资收益品种；6 年以后的教育费用，则可选用中等风险的配置型基金作为投资手段，通过时间来平滑资产收益的波动性。

在不考虑李女士收入的前提下，倘若家庭增加了保险、供楼等开支后，每月尚可结余 800 元。这里建议张先生从现在起就通过基金定投的方式储备孩子念小学的教育费，至于 3 年后幼儿园的花费可用现值 2 万元的债务型基金应付。

（2）以上教育开支尚未包含可能需要的高额择校费，因此教育经费的准备宜多不宜少。教育策划更重视长期的管理，越迟准备，财务负担和压力越大。

5. 投资规划。

（1）合理配置资产，控制风险，优化产品组合。资产配置是投资过程中最重要的环节之一，也是决定投资组合相对业绩的主要因素。股票市场风险及波动较大，需要花时间、精力去关注研究。张先生自称是外行，平时也无暇顾及股票基金，同时认同长期投资的理念，建议张先生无需直接投资在股市，可以通过间接参与的方式，分享经济成长的成果。

投资工具要综合考虑资产的配置、产品的组合、期限的长短、地域范围、行业分布等因素，达到分散投资、降低风险的目的，按照组合后的加权计算，调整后预期年收益率为 9.12%，风险控制在 7.83% 以内。具体方案如表 7－53：

表 7－53

品　　种	投资金额（万元）	投资占比	预期税后年收益	风　险损失率	可选产品
银行存款	1	2.17%	0.68%	0.68%	活期、个月定期。
货币市场基金	3	6.52%	3%	3%	嘉实货币、宝现金宝。
人民币理财产品	5	10.87%	4%	4%	交行“新股支支打”建行财富系列。
债券型基金	2	4.35%	5%	－5%	长盛中信全债、实债券。
配置型基金	10	21.74%	8%	－8%	广发稳健、银河银联稳健。
股票型基金	25	54.35%	12%	－12%	长城久泰 300、博时主题行业、上投摩根亚太优势 QDII。
合计	46	100.00%	预计年综合收益率 9.12%，年综合风险损失 －7.83%		

理财提示：

（1）上述资产配置的调整侧重于产品种类和时间的搭配，短期以流动性强的活期、货币市场基金为主，中、长期配以稳健的人民币理财产品、基金。这样的资产配置保障了家庭在每一个时间点都能有充沛的现金流，中、长期可获稳定收益和稳健回报，在风险与投资增长之间获得良好的平衡。

（2）降低投资品种的相关性，建议首先在组合中增加被动型的指数基金，其次进行行业配置、全球配置，降低单一市场不可回避的系统性风险，此外今后还可适当增加纸黄金、信托等金融产品。

（3）保持身体健康也是重要的理财策略，会对家庭财富的积累产生不可低估的作用。

6. 养老规划。养老金的来源主要包括保障体系、个人为退休准备的资金、商业性养老保险和投资性房产。按照该家庭的消费情况并考虑通胀等因素，退休时所需的养老金为：假设通胀率 5%，以目前人月均消费 3000/2 = 1500 元为例，$PMT = 1500 \times (1+5\%)^n$（张先生 n = 30 年，退休后所需养老金总计为 1083650 元，李女士 n = 35 年，退休后所需养老金总计为 1187964 元），两人退休后所需养老金合计大约为 200 多万元。若现在一次性投入 10 万元，按照长期投资回报率为每年 8% 测算，23 年后夫妻两人退休后就可以储备约 58 万元用于养老。

理财提示：

（1）建议李女士在解决生育、单位改制等变化后，投入工作积极开源，争取为家庭创造条件提前实现养老储备。

（2）养老金来源除了金融资产外，还需要房地产能抵御通胀的实物资产作为保障。

六、理财规划可行性分析

在未来的几年内，为实现各项理财目标，家庭将进入消费的高峰期。除了基本生活开支 3000 元外，每月需增加保险费支出 800 元、供房款 5400 元、孩子的教育定投准备金 800 元、孩子的生活费（由租金补充）等多项开支。按照目前张先生个人的收入状况，尚能应对。建议在安排好家庭重要开支及需求的前提下，做到目标明确、专款专用、避免不同需求挤占对方资源，注意协调好各项规划之间的平衡。

经过理财规划，不仅满足了各个不同时段的理财目标，还有效地增强抗御的风险阻力，令整个家庭的生活质量得到了提升。

七、总结及跟踪

以上各理财目标相互联系、相互制约，今后生活中的各种变化都会对理财结果产生影响，建议夫妇俩能经常与理财师保持联系，以定期评估目标和计划，并根据变化诊断调整、修正。

【岗位实训】

客户资料：龙先生 28 岁，某银行职员，工作稳定，但竞争激烈，压力很大；爱人叶女士 26 岁，在一家大型国企任职，福利很不错，但要想薪水再有些变化，非常困难。龙先生每年的税后收入大约为 10 万元，妻子每年的税后收入 8 万元。双方的父母都已经退休，单位均有较好的退休福利，不需要夫妇有过多的照顾。龙先生夫妻现居住在龙先生单位的福利房，2007 年中购买房款总价为 35 万元，一次付清 25 万元，其余 10 万元通过住房公积金贷款，贷款年限 5 年，采用等额本息还款方式，每月还款 1860 元，龙先生夫妻两人有 5 年期定期存款 10 万元，还有半年到期；活期存款 5 万元。另外夫妻两人还拥有 10 万元龙先生单位的股票，3 年内不能转让。商业保险方面，由于两人所在单位福利较好，所以自己均未买任何保险。两人计划两年内购车一辆，价值在 15 万元左右。

家庭每月开支主要包括：房屋贷款 1860 元，车费 2000 元，其他费用 3000 元。娱乐活动一年大约支付 10000 元左右，预计 1 年内没有大的开支。

根据龙先生夫妻家庭的情况，为龙先生家庭制定一份综合理财规划。

参考答案：

理财规划方案：

一、家庭成员（表 7 – 54）

表 7 – 54

姓　名	年　龄	职　业
龙先生	28 岁	某银行职员
叶女士	26 岁	某大型国企任职

二、财务状况分析诊断（表 7 – 55）

表 7 – 55　　龙先生家庭资产负债表

单位：元

客户：龙先生		日期：2009 年 12 月 31 日	
资　　产	金　　额	负债与净资产	金　　额
金融资产		负债	
现金与现金等价物		信用卡透支	
活期存款	50000	住房贷款	100000
定期存款	100000	负债合计	100000

续表

客户：龙先生		日期：2009 年 12 月 31 日	
资　产	金　额	负债与净资产	金　额
现金与现金等价物小计	150000		
其他资产			
股票	100000		
保险理财产品			
其他资产小计	100000		
金融资产小计	250000	净资产	500000
实物资产			
自住房	350000		
实物资产小计	350000		
资产总计	600000	负债与净资产总计	600000

表 7－56　　龙先生家庭现金流量表　　单位：元

客户：龙先生			日期：2009 年 1 月 1 日—12 月 31 日		
年收入	金　额	占百分比	年支出	金　额	占百分比
工资和薪金			房屋按揭还款	22320	24%
龙先生	100000	56%	信用卡透支	60000	65%
叶女士	60000	33%	住房贷款	10000	11%
奖金和佣金	20000	11%	其他		
投资收入			其他支出		
收入总计	180000	100%	支出总计	92320	100%
年节余	87680				

龙先生和叶女士属于中等收入水平家庭，控制支出的能力不错，但资产增值能力较低，不能有效地积累财富。另外龙先生和叶女士尽管还没有小孩，但是都有年老的父母，应为自己购买足够的保险以转移风险，保障家人的生活。由于龙先生和叶女士所在行业整体的薪金变动不大，因此建议小钱大用。

三、理财规划

1. 现金规划：龙先生在银行工作，对银行非常信任，但是也没有必要把大量的钱放在银行存活期和定期，而且两人的收入都比较稳定，所以身边的现金够一个月开支就行，另外预留两个月的备用金，其余的钱可以以货币型基金的形式存在。

2. 保险规划。龙先生和叶女士的商业保险不足，需要为两人购买寿险、重大疾病险和意外险。建议龙先生购买保费每年支出约为 1.5 万元。

3. 消费规划。龙先生有 5 年期住房贷款，利率 4.57%，把钱放在银行活期存款利率为 0.72%，扣除利息税后为 0.576%，龙先生把大量的余钱放在银行，等于白支付银行将近 4% 的利息。由于龙先生没有大额支出计划，提前归还房贷不失为一个明智的选择。两人的购车计划，建议房贷还清后再考虑。

4. 教育规划。龙先生在银行工作，知识更新很快，可以通过进修的方式为自己充电，建议他报名参加国家理财规划师培训班，花费1.2万元，这样可以使自己学到很多知识，更好地为客户服务，提高自己的竞争能力。

5. 投资规划。龙先生家庭承受风险的能力较强，建议他每月拿出3000元通过定期定投方式投资偏股票型基金，短期内会有较大的波动，但从长远看收益较好。

【岗位考核】

1. 能够对客户提供综合理财规划服务时的经济环境作出假设。

2. 能够完成客户资产负债表分析、现金流量表分析、财务比率分析报告。并能够对客户的财务状况进行预测和总体财务评价。

3. 能够将客户的理财目标具体化，并能够根据客户的财务资源，协调、整理完成各种分项规划。能够具备对理财方案的预期效果进行分析以及理财方案的执行和调整能力。

4. 能够具备综合理财规划建议书的写作能力。

任务十一　推介与销售理财产品

【任务描述】

商业银行的理财产品主要包括银行自主研发的系列理财产品，如建行“利得盈”，交行“得利宝”，招行“金葵花”等；以及代理销售的各类理财产品，包括国债代销业务、基金代销业务、保险代理业务、个人实物黄金买卖业务等。该任务主要涉及帮助客户了解银行的理财产品，提示理财产品的投资风险，推介理财产品，寻找潜在客户，提出销售意见，要求银行从业人员具备对各种银行理财产品的特性有充分了解和掌握，具备为客户推介合适的理财产品的能力，以及营销理财产品的能力。

【业务流程】

推介与销售理财产品步骤流程，如图7－12所示。

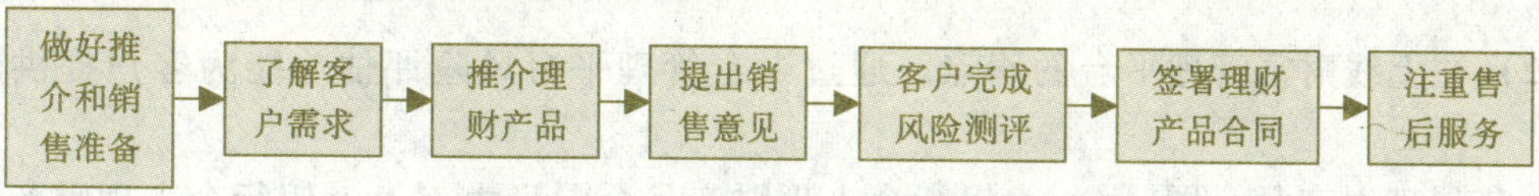

图7－12　推介与销售理财产品步骤流程

【操作要点】

1. 做好推介、销售准备。

（1）深入了解产品：熟悉产品功能；了解目标客户；了解同类产品。

（2）注重销售礼仪：穿着得体；保持亲切友善；真诚尊重客户；适当运用赞美；倾听

寻找机会。

2. 了解客户需求。这一节务必做到以下两项：确定客户愿意接收本行提供的财务规划、投资建议及推介投资产品等服务；详细了解客户的年龄、职业、个人或家庭财务状况、投资目的、投资经验、投资预期、风险偏好、风险认知等客户的基本信息。具体：（1）了解客户性格。（2）分析风险态度：风险喜好型；风险厌恶型；风险中性。（3）评估承受能力：客户一般都不太清楚自己的风险承受能力或风险厌恶程度，因此销售人员要帮助客户把握自己的风险承受水平。（4）掌握购买心理：利益追求心理；追求品牌的心理；猎奇心理；从众心理。（5）注意沟通策略。（6）抓住购买信号。

3. 为客户介绍理财产品。销售人员在客观评估客户投资风险承受能力的基础上，依据客户填写的《评估报告》，对照理财产品风险等级，进行产品适合度评估，向客户提供合适的产品，并应向客户充分说明理财产品的投资期限、投资标的、收益计算公式、投资风险等要素，由客户自主选择。

对风险承受能力等级与拟购买理财产品风险/收益评级不相匹配的客户，客户经理应充分披露理财产品存在的风险，明确告知客户其不适合投资该产品，经解释后客户仍执意要购买的，应请该客户指定一位证明人陪同，客户本人与证明人分别在产品说明书和风险评估报告上签字确认，并由网点负责人和客户经理共同与客户阐述产品风险，并签字确认后方可进行销售。此类销售资料应有明显标识，定位重点监控，必须进行事后检查和电话回访。对拟购买金额大于理财产品投资起点金额10倍及以上的客户，也应由另一名合格销售人员对销售行为进行确认。

4. 提出销售意见。

（1）客户立场思考。

（2）耐心说服客户。有针对性；具体案例；同类产品。

（3）杜绝错误营销。只谈产品特色；不会控制情绪；不懂察言观色；不能把握时间进程；偏离销售主题。

（4）处理客户异议的谈话技巧。一般步骤：重复+应和+赞美+建议+反问。

5. 客户完成风险测评。当客户有意向购买银行理财产品时，客户服务经理指导客户填写《个人客户投资风险承受能力评估报告》，目前，风险测评分为以下两种：

（1）在未上线财富管理平台的网点。仍采用纸质的评估方式，由客户亲自完成《评估报告》，由客户服务经理手工计算测评分值，评估报告的结果须由客户和销售人员签字确认。

（2）在上线财富管理平台的网点。通过财富管理平台风险评估功能为客户提供风险测评。

6. 签署理财产品合同。《××银行个人理财产品合同》由《××银行个人理财产品交易章程》、《××银行个人理财产品交易委托书》、《××银行个人理财产品风险揭示书》、《××银行个人理财产品说明书》组成。

客户服务经理应指导客户正确地填写理财产品相关合同和《理财产品业务申请表》，确保客户本人亲笔抄写相关声明和客户签名。

7. 注重售后服务。遵循“谁销售，谁服务”的原则。在产品存续期内，销售人员应及时做好产品信息披露工作。通过与客户约定的有效渠道公开产品相关情况，特别在产品运行期内，应及时准确地提供产品估值变动等重要信息。

做好客户档案表的录入 OCRM 系统或财富管理平台以及客户资料、评估报告的归档工作。

应建立全面、透明、方便和快捷的客户投诉和服务机制，客户投诉处理机制应至少包括处理投诉的流程、回复的安排、调查的程序及危机处理机制。

应为客户提供合理的投诉途径，确保客户了解投诉的途径、方法及程序，采用统一的标准，公平公正地处理投诉。

（1）客户转介绍：直接询问请求；巧妙套取的方式；触景生情的联想；明确指定目标。

（2）建立长期联系：记住你的客户；让客户记住自己。

（3）培育忠诚客户：分出优先次序；时刻惦记客户；定期寄信；树立好名声；了解客户业务范围；尽可能帮助客户。

（4）利用电子邮件。

（5）积极处理投诉。

（6）客户服务补救。

【岗位实训】

案例发生分行：××分行（××支行）

案例描述：客户郝先生（年龄 70~80 岁）购买交行“得利宝 QDII—独具汇眼”理财产品 46 万元。

产品到期后，客户在已购买衔接产品后的情况下，要求银行赔偿相当于产品本金额的一年定期存款利息。

经客户经理进一步了解后，获悉该客户有曾因向招商银行提出无理要求，得不到回应而携铺盖、棉被在该银行正门连续静卧数日的不良记录，对该行在当地的市场形象造成极恶劣的影响。

问题：为什么会卖给他产品？遇到这样的客户怎么办？真正的问题在哪里？

【岗位考核】

1. 能够具备对各种银行理财产品的特性有充分了解和掌握。
2. 能够具备为客户推介合适的理财产品的能力。
3. 能够具备营销理财产品的能力。

任务十二　理财风险控制

【任务描述】

该任务主要涉及帮助客户了解个人理财业务中所面临的主要风险，懂得个人理财顾问服务和综合理财服务的风险管理的规定，要求银行从业人员具备在开展个人理财顾问服务和综合理财服务具体操作中，为客户提供风险咨询服务以及风险提示的能力。

【业务流程】

理财风险控制流程如图 7－13 所示。

图 7－13　理财风险控制流程图

【操作要点】

1. 风险控制的基本要求。

（1）对各类个人理财业务的风险管理，都应同时满足个人理财顾问服务相关风险管理的基本要求。

（2）应当具备与管控个人理财业务风险相适应的技术支持系统和后台保障能力，以及其他必要的资源保证。

（3）应当制定并落实内部监督和独立审核措施，合规、有序地开展理财业务，切实保护客户的合法权益。

（4）应建立个人理财业务的分析、审核与报告制度，并就个人理财业务的主要风险管理方式、风险测算方法与标准，以及其他涉及风险管理的重大问题，积极主动地与监管部门沟通。

（5）接受客户委托进行投资操作和资产管理等业务活动，应与客户签订合同，确保获得客户的充分授权。应妥善保管相关合同和各类授权文件，并至少每年重新确认一次。

（6）应当将银行资产与客户资产分开管理，明确相关部门及其工作人员在管理、调整客户资产方面的授权。对于可以由第三方托管的客户资产，应交由第三方托管。

（7）应当保存完备的个人理财业务服务记录，并保证恰当地使用这些记录，除法律法规另有规定，或经客户书面同意外，商业银行不得向第三方提供服务资料和交易记录。

2. 有效的规章制度保障。

（1）理财顾问服务规章制度。

①建立个人理财业务管理部门内部调查和审计部门独立审计两个层面的内部监督机制，制定审计规范，并保证审计规范的独立性。

②建立健全个人理财业务人员资格考核与认定、继续培训、跟踪评价等管理制度。

③建立个人理财顾问的跟踪评价制度，定期对客户评估报告或投资顾问建议进行重新评估，并向客户说明有关评估情况。

④制定相关制度并及时处理客户投诉。

（2）综合理财服务规章制度。

①设置综合理财业务风险管理机构，划分相关业务运作部门的职责，采取充分的隔离措施，避免利益冲突可能给客户造成的损害。

②定期对内部风险监控和审计程序的独立性、充分性、有效性进行审核和测试。

③应当根据理财计划及其所包含的投资产品的性质、销售规模和投资的复杂程度，正对

理财计划面临的各类风险，制定清晰、全面的风险限额管理制度，建立相应的管理体系。

3. 理财产品风险控制。

（1）商业银行开展个人理财业务涉及代理、销售其他金融机构的投资产品时，应对产品提供这的信用状况、经营管理能力、市场投资能力和风险处置能力等进行评估，并明确界定双方的权利与义务，划分相关风险的承担责任和转移方式。在编写有关产品介绍和宣传材料时，应进行充分的风险提示，提供必要的举例说明。

（2）商业银行研发新的投资产品，应当制定开发审批程序与规范；应当建立新产品风险的跟踪评估制度，在新产品推出后，对新产品的风险状况进行定期评估。

4. 从业人员合规性管理。

（1）根据所从事个人理财业务管理运作方式的不同，个人理财业务从业人员可以分为个人理财顾问从业人员和综合理财服务从业人员。个人理财顾问从业人员向客户提供财务分析与规划、投资建议、个人投资产品推介等专业化服务，客户根据商业银行提供的理财顾问服务管理和运用资金并承担由此产生的收益和风险；综合理财服务从业人员在向客户提供理财顾问服务的基础上，接受客户的委托和授权，按照与客户事先约定的投资计划和方式进行投资和资产管理的业务活动，投资收益与风险由客户或客户与银行按照约定方式承担。

（2）从事个人理财顾问服务的业务人员应具备职业操守与专业胜任能力、个人理财顾问服务的合规性与规范性、个人理财顾问服务品质。

（3）在综合理财服务中，应将负责理财计划或产品相关交易工具的交易人员与负责本行自营交易的交易人员相分离，并定期检查、比较两类交易人员的交易状况。

5. 理财风险咨询服务。

（1）股票投资风险的类型。

①系统性风险是指由于社会、政治、经济等全局性的因素变化而使所有股票价格均受影响，进而导致投资收益变动的风险。

②非系统性风险是指由于某个行业或个别公司内部因素变化而使得其股票的市场价格受到影响，进而使投资这类股票的投资者收益发生变化的风险。非系统性风险主要由信用风险、经营风险、财务风险等因素构成。

（2）债券投资风险的种类。利率风险、再投资风险、违约风险、通货膨胀风险、流动性风险。

（3）基金投资风险的类型。证券投资基金与股票、债券等投资方式相比，其风险又有自身的特点。

①非规范运作引发风险。在宏观监管乏力的情况下，基金管理人与生俱来的趋利性，往往诱发基金的过度投机和操纵市场的行为。风险还可能来自基金管理人的经营能力、道德水准。

②风险选择。投资基金的风险分为三个层次：高风险、中等风险和低风险。高风险基金的投资对象主要包括蓝筹股基金和国际债券基金等；低风险基金的投资对象主要包括债券和货币基金。风险与收益成正比，因此，基金投资顾问便研究出了所谓的协助基金投资者避开高风险争取高回报。

6. 顾问服务的风险控制。

（1）个人理财顾问服务的管理。

①应该根据不同种类个人理财顾问服务的特点，以及客户的经济状况、风险认知能力和承受能力等，将客户进行必要的分层，明确每类个人理财顾问服务适宜的客户群体。防止由于错误销售损害客户利益。

②在客户分层的基础上，结合不同个人理财顾问服务类型的特点，确定向不同客户提供个人理财顾问服务的通道。

③应当明确个人理财业务人员与一般产品销售和服务人员的工作范围界限，禁止一般产品销售人员向客户提供理财投资咨询顾问意见、销售计划。

④从事财务规划、投资顾问和产品推介等个人理财顾问活动的业务人员，以及相关人员，应了解所销售的银行产品、代理销售产品的性质、风险收益状况及市场发展情况等。

⑤向客户提供财务分析、投资顾问、推介投资产品服务，应首先调查了解客户的财务状况、投资经验、投资目的，以及对相关分析的认知和承受能力，评价客户是否适合购买推介的产品，并将有关评估意见告知客户，双方签字。

⑥对于市场分析较大的投资产品，特别是与衍生交易有关的投资产品，不应主动向无相关交易经验或经评估不适宜购买该产品的客户推介或销售该产品。

（2）个人理财顾问服务的风险提示。

①向客户提供的所有影响客户投资决策的材料，销售的各类投资产品介绍，以及对客户投资情况的评估和分析等，都应包括相应的分析提示内容。分析提示应当充分、清晰、准确。确保客户能够正确理解分析提示的内容。

②在向客户进行分析提示时，应设计客户确认栏和签字栏。客户确认栏应载明以下语句，并要求客户抄录签字：“本人已经阅读上述分析提示，充分了解并清楚知晓本产品的分析，愿意承担相关风险。”

7. 综合理财服务的风险控制。

（1）综合理财服务的管理。

①应采用市场风险的限额，如交易限额、止损限额、错配限额和风险价值限额等。

②除了制定商业银行总体可承受的市场风险限额外，还应当按照风险管理权限，制定不同的交易部门和交易人员的风险限额，并制定每一理财计划或错配的风险限额。各部门都应当在规定的限额内进行交易，任何突破限额的交易都应当按照有关内部管理规定事先审批。

③对信用风险限额的管理，应当包括结算前信用风险限额和结算信用风险限额。结算前信用风险限额可采用传统信贷业务信用额度的计算方法，根据交易对手的信用状况计算；结算信用风险限额应根据理财计划所涉及的交易工具的实际结算方式计算。

④可根据实际业务情况确定流动性风险限额的管理，但流动性风险限额应至少包括期限错配限额，并应根据市场风险和信用风险可能对银行流动性产生的影响，制定相应的限额指标。

⑤对相关风险的评估测算，应当按照有关规定采用适宜、有效的方法，并应保证相关风险评估测算的一致性。

⑥应当将负责理财计划或产品相关交易工具的交易人员，与负责银行自营交易的交易人员相分离，并定期检查、比较两类交易人员的交易状况。

（2）综合理财服务的风险提示。

①应当充分、清晰、准确地向客户提示综合理财服务和理财计划的分析。对于保证收益

理财计划和保本浮动收益理财计划，分析提示的内容应至少包括以下语句："本理财计划有投资分析，您只能获得合同明确承诺的收益，您应充分认识投资风险，谨慎投资。"

②对于非保本浮动收益理财计划，分析提示的内容应至少包括以下语句："本理财计划是高风险投资产品，您的本金可能会因市场变化而蒙受重大损失，您应充分认识投资风险，谨慎投资。"

【岗位实训】

你将如何就以下理财产品，向客户提示风险呢？

某银行"新股申购4期人民币资金信托理财计划"，期限1年，到期一次性还本付息，预期收益率为4%～12%。但风险提示为："理财产品收益来源于申购中签的新股在公开交易市场出售的价差收入，本产品说明书所指的预期收益并非承诺收益。新股申购中签率以及新股上市后的价格波动情况直接影响到理财产品的收益及本金。由此产生的理财本金及收益损失的风险由投资者自行承担，我银行不承担还本付息的责任。"

【岗位考核】

1. 能够具备在开展个人理财顾问服务和综合理财服务具体操作中，为客户提供风险咨询服务。

2. 能够具备为客户提供风险提示的能力。

模块二　综合理财服务

学习目标

通过对综合理财服务的学习，应掌握综合理财服务中商业银行在向客户提供理财顾问服务的基础上，接受客户的委托和授权，按照与客户事先约定的投资计划和方式进行投资和资产管理业务活动的技能和技巧、工作程序、工作要求。充分认识客户授权银行代表客户按照合同约定的投资方向和方式，进行投资和资产管理，投资收益与风险由客户或客户与银行按照约定方式获取或承担，是一项更加突出个性化的理财服务。

1. 了解综合理财服务的概念；

2. 熟悉综合理财服务的流程；

3. 掌握综合理财服务中接受客户的委托和授权，按照与客户事先约定的投资计划和方式进行投资和资产管理业务活动等专业服务业务的技能和具体操作步骤；

4. 具有银行从业人员职业道德和从业操守；

5. 具备明确的客服意识和规范的客服礼仪；

6. 具备顺利处理该类业务的岗位能力。

学习准备

1. 商业银行模拟理财中心客户接待室；
2. 各种业务凭证、印章、表格等；
3. 小组教学，每小组8～10名学员。

任务一　私人银行业务

【任务描述】

该任务主要涉及帮助高端客户进行财富管理，提供专享产品、专属产品、专户理财、专属服务等项业务服务，要求银行从业人员具备在提供专享产品、专属产品、专户理财、专属服务业务中的专业知识和专业能力。

【业务流程】

私人银行业务流程如图7－14所示。

图7－14　私人银行业务流程图

【操作要点】

1. 确定私人银行业务服务客户。

（1）私人银行业务的概念。所谓私人银行业务，是指专门为处于财富金字塔顶端的富裕人士，即那些被称为“具有高净资产值的个人”提供专业化的一揽子金融服务。该业务以财富管理为核心，以高层次人才为支撑，以研究分析为手段，既有很高的专业化经营水平，又综合运用多种金融工具，是提升商业银行与客户合作价值、延长客户关系价值链的高级财富管理业务。

（2）私人银行客户准入标准。对外标准：某银行私人银行客户准入标准为具有200万美元可投资金融资产的客户。投资金融资产包括现金、银行存款、基金、股票、理财产品等，客户的金融资产不局限在本行。内部标准：本行内部认定私人银行客户的标准是在本行季日均金融资产500万元（含）以上的客户。

2. 提供专享产品（见表7－57）。

3. 提供专属产品（见表7－58）。

4. 提供专户理财（一对一、一对多）。

专户理财优点：

（1）激励机制明显。资产管理人的收入来自业绩提成，与委托人利益一致。

（2）市场反应速度快。只要合同三方达成一致，修改协议报证监会即可修改投资策略。

（3）费率优势。和公募基金相比，管理费低于申购赎回总费用。

表7－57　理财产品定制产品的种类期限、项目和特征

	期　限	定制项目	特　征
现金管理类	3个月以下	起息日 期限	期限短、风险1R、收益略高于同等期限存款利率；主要用于存放闲置资金以周转。
固定收益类	3～6个月 6～12个月 1年以上	起息日 期限 风险、收益	本金保证、风险1R～2R，收益稳定并高于市场同等期限存款利率，能满足客户稳健投资需要。
权益类产品	中长期	打新股 产品结构 收益支付方式	本金全部或部分保本，风险2R～3R，收益浮动区间较大，适合对股票一二级市场感兴趣并有一定风险承受能力的客户。
结构性产品	偏中长期	挂钩标的 产品结构	本金全部或部分保本，风险2R～3R，收益浮动区间较大，适合对某一市场有一定认识并有较高风险承受能力的客户。

表7－58　专属产品分类

投资类	投资标的或者方式特殊：私募股权类（至尊1号、2号）。 资产来源特殊：租赁资产（海蓝137号）。
贷款类	经营类贷款：最高可达2000万（普通客户200万）。 信用贷款：最高可达1000万（普通客户50万）。

（4）产品线。与32家基金公司展开合作，下辖多种组合，包括灵活配置型、债券型和保本型。

5. 提供专属服务。

（1）异地漫游服务。在已进行私人银行服务试点的分行，建立跨地区联动服务机制，使我行私人银行客户有异地服务需求时，可通过我行内部联动服务机制，将需求传导至异地客户经理，由其在异地代为提供客户所需的服务。

（2）财税咨询服务。包括：服务流程；讲座信息和电子刊物的传递；客户需要财税咨询相关服务时，为客户提供财税咨询服务。

（3）享旅行定制服务。银行与世界最大旅行社集团携手，通过其遍布世界的多个海外分、子公司与中国国内的合作公司，为银行私人银行客户提供旅游度假、商务差旅和旅游相关咨询服务。

（4）私人管家服务。

①国际旅行关怀服务：国际旅行援助；国际医疗救援。

②顶级生活礼遇服务：全球私人旅行助理；全球私人商务助理；全球高品味餐饮助理；奢侈品采购助理；全球高雅文化艺术活动助理。

③行车关爱服务：汽车服务供应商介绍、推荐、建议；紧急路边快速维修；紧急拖车援助；协助提供加油站信息；协助提供路径指导；自驾游旅游路线设计协助；安排紧急医疗救援；安排转送回国内经常居住地。

【岗位实训】

黄先生是一位成功人士，平时工作繁忙，听说银行推出私人银行业务，并对专享服务和

专享产品等感兴趣，想了解这方面知识，作为理财师，你将如何为黄先生提供这方面的服务？

【岗位考核】

1. 能够熟悉提供专享产品、专属产品、专户理财、专属服务的专业知识和业务程序。
2. 能够具备为客户提供专享产品、专属产品、专户理财、专属服务业务中的专业能力。

任务二　理财计划

【任务描述】

该任务主要涉及帮助高端客户了解理财计划的类型和理财产品的特征，要求银行从业人员具备针对不同的高端客户提供适合的理财计划的业务能力和素质。

【业务流程】

理财计划流程如图 7－15 所示。

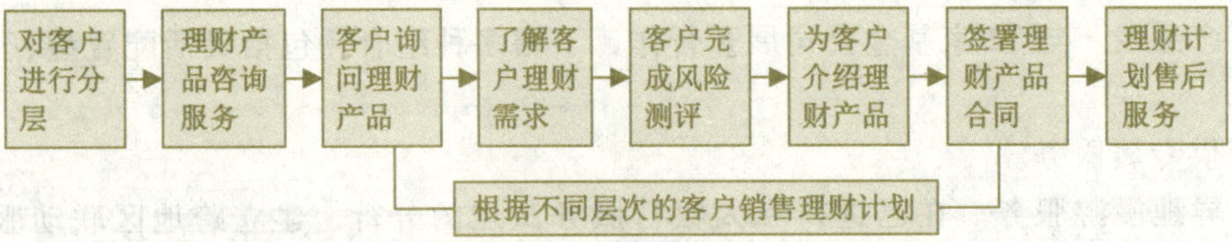

图 7－15　理财计划流程图

【操作要点】

一、对客户进行分层

适合的客户指客户本人亲自完成《××银行个人客户投资风险分析评估报告》（以下简称《评估报告》，见表 7－59）测评后，其风险承受能力等级（见表 7－60）与拟购买理财产品风险/收益评级相匹配的潜在投资客户。

表 7－59　　客户风险承受度评估报告

客户名称：　　　　客户号：

1	您的年龄属于以下哪个组别？（　　）
	A. 70 岁以上/18 岁以下
	B. 55 至 70 岁
	C. 45 至 54 岁
	D. 18 至 30 岁
	E. 31 至 45 岁

续表

2	您有多少年非保本类投资产品的经验（非保本类投资产品包括股票、基金、外币、商品、结构投资产品、认股权证、期权、期货和投资连结保险计划等）？（　　）
	A. 没有经验
	B. 少于1年
	C. 1年至3年
	D. 3年至5年
	E. 多过5年
3	以下哪项最能说明您的投资经验？（　　）
	A. 我没有任何投资经验
	B. 除存款、国债等，我几乎没有其他投资经验
	C. 大部分投资于存款、国债等，较少投资于股票、基金等风险产品
	D. 资产均衡地分布于存款、国债、股票、基金等各类产品
	E. 大部分投资于股票、基金、外汇等高风险产品，具有丰富的投资经验
4	您目前投资的非保本类投资产品，占您可投资资产（不包括自住物业）的百分之几？（　　）
	A. 0%
	B. 0%～10%
	C. 10%～20%
	D. 20%～30%
	E. 大于30%
5	以下哪种描述最适合用于形容您对投资收益的态度？（　　）
	A. 我要确保投资能够保本，即使收益低于通货膨胀
	B. 投资收益率低些没关系，但本金的风险要尽量避免，最高不可超过10%
	C. 如果能够有较高的投资回报，我可以承受一定的风险，如超过10%
	D. 为追求较高回报，我可以接受超过20%且最多不高于50%的本金损失
	E. 只要能取得高收益，即使本金损失可能超过50%，我也可接受
6	当投资于非保本产品时，您会愿意接受下列哪项投资年限？（　　）
	A. 少于1年
	B. 1年至2年
	C. 2年至3年
	D. 3年至5年
	E. 多过5年
7	一般情况下，在您每月的家庭收入中，有多少比重可用做投资（储蓄存款除外）？（　　）
	A. 0%
	B. 大过0%～10%
	C. 大过10%～25%
	D. 大过25%～50%
	E. 大过50%
8	您随时可以调动的、以作不时之需的金额，大约相当于您所负担的几个月的家庭开支？（　　）
	A. 我没有储备金额以作不时之需
	B. 少于3个月
	C. 3个月至6个月
	D. 6个月至9个月
	E. 多于9个月

表 7－60　　　　　　　　您的投资风险的承受程度得分

评分标准：选 A 为 1 分，B 为 2 分，C 为 3 分，D 为 4 分，E 为 5 分									
问题	1	2	3	4	5	6	7	8	
分数	（　）	（　）	（　）	（　）	（　）	（　）	（　）	（　）	总分（　）
您经我行评定为有投资经验客户 您的投资风险承受程度：（　　）									
评估意见：（银行填写） 该客户是否适宜投资保守型产品？　□是　□否 该客户是否适宜投资稳健型产品？　□是　□否 该客户是否适宜投资平衡型产品？　□是　□否 该客户是否适宜投资增长型产品？　□是　□否 该客户是否适宜投资进取型产品？　□是　□否 该客户是否适宜投资激进型产品？　□是　□否 客户经理签字确认：＿＿＿＿＿＿									
郑重提醒：投资金融产品有风险，投资人需具备相应的风险承受能力。如果投资人有情绪激动会导致对身体不利的疾病，如高血压、心脏病等，请慎重选择投资金融产品。请您核对上述风险评估内容后签字确认您的真实意思表达无误。									
评估结果客户确认：（客户填写） 本人声明：在投资风险测试过程中，本人提供的全部信息、资料是真实、准确和完整的，测试结果真实、准确地反映了本人的投资风险承受程度。 客户签字：＿＿＿＿＿＿　填写日期：＿＿＿＿＿＿									
评估意见中不适合购买产品、但本人仍坚持购买该产品的客户填写： 本人声明：本人已进行××银行个人客户投资风险承受能力评估，并被明确告知本人投资风险承受程度或投资经验不适合购买＿＿＿＿＿＿产品，但本人仍然申请购买上述产品，并愿意自行承担上述产品的所有投资风险。 客户签字：＿＿＿＿＿＿　填写日期：＿＿＿＿＿＿									

二、理财产品咨询服务

1. 理财计划的分类和特点。理财计划：是指商业银行通过理财计划向客户提供的代理投资和资产管理操作的综合委托投资服务。理财计划是指商业银行在对潜在目标客户群进行分析研究的基础上，针对特定目标客户群开发设计并销售的资金投资和管理计划。

（1）按照客户获得收益方式不同，理财计划可分为：

- 理财计划
  - 保本收益理财计划
  - 浮动收益理财计划
    - 保本浮动收益理财计划
    - 非保本浮动收益理财计划

①保本收益理财计划：是指商业银行按照约定条件向客户承诺支付固定收益，银行承担由此产生的投资风险，或银行按照约定条件向客户承诺支付最低收益并承担相关风险，其他

投资收益由银行和客户按照合同约定分配，并共同承担相关投资风险的理财计划。

目前银行推出的部分短期融资融券型债券理财、信托理财产品、银行资产集合理财都属于这类产品。投资对象包括短期国债、金融债、中央银行票据以及协议存款等短期、风险低的金融工具。例如，招商银行的分3个月、6个月的票据集合理财计划属于固定收益理财计划，银行将理财资金投资于包括转贴现银行承兑汇票、固定收益产品等。

这类产品计算简单，投资期限灵活，适合那些追求资产保值增值的稳健型投资者，如毕业不久的年轻人、退休人员等。

②浮动收益理财计划：

a. 保本浮动收益理财计划：是指商业银行按照约定条件向客户保证本金支付，本金以外的投资风险由客户承担，并依据实际投资收益情况确定客户实际收益的理财计划。该类产品的优点是预期收益可观，缺点是投资者要承担价格波动不确定性的风险。例如，某银行"新型市场组合美元理财计划"，期限18个月，风险提示中说明投资者可能面临零收益的投资风险，但该银行保证到期日向投资者支付全部本金。

该类产品比较适合有一定风险承受能力的进取型投资者，像刚组建家庭的年轻人，其收入稳定增长而且生活稳定，注重投资收益。

b. 非保本浮动收益理财计划：是指商业银行根据约定条件和实际投资收益情况向客户支付收益，并不保证客户本金安全的理财计划。例如，建设银行2007年6月发行的"建行财富四号"一期精选人民币信托理财产品，其预期最高收益率是20%，投资期为3年，委托起始金额为20万元。

该类产品比较适合风险承受能力强、资金充裕的投资者。

（2）理财计划还可分为：

①结构性理财产品。结构性理财产品是指结合了固定收益证券和金融衍生产品，其收益率与产品中规定的国际市场上的利率、汇率、商品或者金融衍生产品等挂钩的组合存款。

风险点：银行赚取固定手续费收入；客户承担产品连接标的的市场风险。

②QDII产品代客境外理财（QDII）产品。QDII产品允许投资者以人民币购汇后以外汇投资于境外。按照商业银行开办《代客境外理财业务管理暂行办法》的有关要求，取得代客境外理财业务资格的商业银行，受境内机构和居民个人（境内非居民除外，以下简称投资者）委托以投资者的资金在境外进行规定的金融产品投资的经营活动。

风险点：以人民币投资时，除产品本身风险外，客户还需承担人民币汇率风险；客户除需承担产品连接标的的风险外，还需承担票据发行人的信用风险（银行角色的转换）。

（3）银行系列理财产品。个人理财产品是指个人客户通过与银行签订协议，购买该行推出的约定期限的本外币结构性存款或代客境外理财产品，银行根据协议，支付客户相应收益，并保留协议规定的可终止权利。

工商银行的"稳得利"个人理财产品；农业银行的"金钥匙"个人理财产品；建设银行"利得盈"个人理财产品；中国银行"汇聚宝"个人理财产品；交通银行的"得利宝"个人理财产品；招商银行的"金葵花"个人理财产品。以交通银行"得利宝"产品与客户适配图为例，如表7-61所示。

表 7-61　　交通银行“得利宝”产品与客户适配图

系列	“绿”系列	“红”系列	“橙”“黄”系列	“紫”系列	“蓝”系列	“QDII”系列
特点	收入型 结构简单 收益明确 类似储蓄	收入型 结构简单 风险较大	增长型 结构较复杂 回报较丰富 产品较稳定	增长型与股票类似，但风险及回报均小于股票	增长型 与股票类似，但风险及回报均小于股票	增长型 结构简单 风险较大
客户群	要求稳定回报、极低风险的客户	“外汇宝”客户，对外汇有一定基础	对风险有一定承受能力，追求高回报	风险承受能力较强、追求增长型收益	要求稳定回报较低风险的客户	进取型风险承受程度更高的投资者
已发售过的产品	新绿	深红、骄红	金橙、灰黄	绚紫、明紫	宝蓝、海蓝、天蓝	澳视群雄 珠穆朗玛 独具汇眼

三、根据不同层次的客户销售理财计划

1. 销售前的基本工作。

（1）准备纸质资料及合同文本。

（2）熟练掌握银行系列理财产品的特点。

（3）准备销售话术，向客户准确说明产品特点，并详细揭示产品投资风险。

2. 销售流程讲解。

（1）客户询问理财产品。根据“适合的销售人员”的原则，如果客户向大堂经理询问如何投资理财产品时，大堂经理应当准确识别客户，并将有投资需求的客户交由客户服务经理进行个人理财产品销售工作。

（2）了解客户理财需求。当客户服务经理接待客户时，严格遵守“了解客户”的原则，务必做到以下两项：

①确定客户愿意接受本行提供的财务规划、投资建议及推介投资产品等服务；

②详细了解客户的年龄、职业、个人或家庭财务状况、投资目的、投资经验、投资预期、风险偏好、风险认知等客户的基本信息。

（3）客户完成风险测评。当客户有意向购买本行理财产品时，客户服务经理指导客户填写《个人客户投资风险承受能力评估报告》。目前，风险测评分为以下两种：

①仍采用纸质的评估方式。由客户亲自完成评估报告，由客户服务经理手工计算测评分值，评估报告的结果须由客户和销售人员签字确认。

②通过财富管理平台风险评估功能为客户提供风险测评。

（4）为客户介绍理财产品。销售人员在客观评估客户投资风险承受能力的基础上，依据客户填写的“评估报告”，对照“得利宝”理财产品风险等级，进行产品适合度评估，向客户提供合适的产品，并应向客户充分说明理财产品的投资期限、投资标的、收益计算公式、投资风险等要素，由客户自主选择。

对风险承受能力等级与拟购买理财产品风险/收益评级不相匹配的客户，客户经理应充分披露理财产品存在的风险，明确告知客户其不适合投资该产品，经解释后客户仍执意要购

买的，应请该客户指定一位证明人陪同，客户本人与证明人分别在“产品说明书”和“风险评估报告”上签字确认，并由网点负责人和客户经理共同与客户阐述产品风险，并签字确认后方可进行销售。此类销售资料应有明显标识，定位重点监控，必须进行事后检查和电话回访。对拟购买金额大于理财产品投资起点金额10倍及以上的客户，也应由另一名合格销售人员对销售行为进行确认。

（5）签署理财产品合同。《××银行“×××”个人理财产品合同》由《××银行“×××”个人理财产品交易章程》、《××银行“×××”个人理财产品交易委托书》、《××银行“×××”个人理财产品风险揭示书》、《××银行“×××”个人理财产品说明书》组成。

客户服务经理应指导客户正确填写“×××”系列理财产品相关合同和《理财产品业务申请表》，确保客户本人亲笔抄写相关声明和客户签名。

3. 个人理财产品禁止事项。个人理财客户经理要严格执行“十禁”：

①禁止非适合的销售人员销售个人理财产品。

②禁止没有挂牌上岗的销售人员销售个人理财产品。

③禁止向年龄偏低或年龄偏高的客户销售个人理财产品。

④禁止向患有高血压、心脏病等由于情绪激动可能导致对身体不利的疾病的客户销售个人理财产品。

⑤禁止向文化程度较低的客户销售个人理财产品。

⑥禁止客户漏选测评报告中的题目。

⑦禁止适合的销售人员代替客户抄录客户声明或代替客户签名。

⑧禁止测评报告计算分值与客户实际填写不相符。

⑨禁止个人理财产品测评报告和相关合同存在遗漏签字的情况。

⑩禁止适合的销售人员单方面对客户作出口头或书面的个人理财产品与实际情况不符的收益保证。

四、理财计划的售后服务

遵循“谁销售，谁服务”的原则。在产品存续期内，销售人员应及时做好产品信息披露工作。做好客户档案表的录入及客户资料、评估报告的归档工作。

应建立全面、透明、方便、快捷的客户投诉和服务机制，客户投诉处理机制应至少包括处理投诉的流程、回复的安排、调查的程序及危机处理机制。

为客户提供合理的投诉途径，确保客户了解投诉的途径、方法及程序，采用统一的标准，公平公正地处理投诉。

【岗位实训】

1. 客户想知道商业银行理财产品的买卖程序，作为理财师，你将如何提供这方面的知识？

参考答案：

投资者在购买理财产品之前应该仔细了解情况，主要应做到以下几点：

一是要了解清楚产品的性质，是保本的还是非保本的，收益是固定的还是浮动的，本金是否提前收回，费用怎样收取，等等。结合自身对于风险的承受能力选择适合的理财产品。

二是富余的资金进行投资。即使是保证收益理财计划的债券型理财产品也具有一定的风险，即流动性风险，因为这类产品往往不允许投资者提前中止合同。

三是要看产品的投资方向。预期收益就是根据这些投资市场的表现来决定的，包括汇率、利率、黄金、期货、基金等。如果投资者看好某些投资领域，但是不懂操作的技巧，不愿冒太大的风险，或者无法直接进行投资，就可以选择挂钩这些领域的理财产品。

四是一定要认清预期收益。投资者不要把预期收益当做实际收益。预期收益是银行认为在正常的市场走势下渴望得到的收益，银行并没有保证支付义务。而实际收益往往与预期收益有偏差，即使是相对安全的固定收益理财产品，也会有实际收益低于预期收益的可能。

五是计算收益率。投资者购买理财产品时要注意收益率的计算方法。

六是应留意各商业银行营业网点及有关媒体宣传，掌握商业银行理财产品的发行信息。

【岗位考核】

1. 能够熟悉为高端客户提供适合的理财计划的知识和业务程序。

2. 能够具备针对不同的高端客户提供适合的理财计划的业务能力和素质。

教学研讨

《个人理财业务与服务》内容还是比较繁多的，对中专生来说是有一定的难度，如何让中专生在课堂教学中学到知识，并对今后的人生有益，能否在教学中从以下几方面入手，展开教学呢？

1. 从观念入手，让学生树立正确的理财观念。在授课时，首先在观念上让学生弄清楚个人理财的真正含义，使学生区别与日常生活中对理财所形成的观念。

（1）节俭与理财。多数学生从父母在家庭生活中节俭过日子的体验中得出“理财是节俭吗？省吃俭用是理财吗？”的疑问。应该让学生对节俭有一个更深的认识，我引用了“中国老太太和美国老太太的对话”，让学生明白中国人的节俭观念带来的并不能是生活水平的提高，中国老太太拿攒了一辈子的积蓄买到了一套房，而她享受这套房的时日又有多少呢？虽然美国老太太年轻时背负了房贷，可她一辈子享受到了房子带给她的诸多好处。让学生明白中国老太太在节俭中得到了房子，却无时日享用，并没有改变她拮据的生活状况，这不是理财的真谛。理财是开源节流，要节俭，更要开源。生活中人们会发现，一个人的富有程度取决于他的支出，而非他的收入，有收入，但花钱无计划，辛苦攒的钱会在无形中流失，等待你的仍是贫穷。仅仅靠攒钱或节省是无法获得最终的财务自由，理财是你既要增加收入，又要减少不必要的支出，这样才会产生事半功倍的效果。

（2）投资与理财。有些学生的家长涉猎股票投资，买基金、债券等，给家里带来不小收益，学生会问：理财就是投资赚钱吗？解决这个问题，首先要让学生弄明白“投资”和“理财”能否同等看待。投资关注的只是如何“钱生钱”，让钱增值的问题，而理财的内容比投资宽泛得多，理财不仅考虑增值，第一要考虑的是钱的安全性，在安全的基础上，才能谈投资赚钱。个人理财的实质是个人资产分配合理和投资收益最大化，而投资的实质是使现有财产增值。理财活动包括投资行为，投资只是理财的一个组成部分，个人理财首先是对个人财务的计划，妥善安排，在此基础上再通过合理投资实现财富增值，投资不是理财，只是理财的一部分。

（3）贫富与理财。有些学生说，自己家里没有什么钱，无财可理，没有钱怎么理财？而一些学生家庭比较富有，会问富人也需要理财吗？针对这些问题，我用了生活中很多实际案例引导学生。钱的减少对富人影响不大，而对穷人却至关重要，假如你有10万元，因理财不当造成损失，很可能立即危机到生活保障；而拥有百万、上亿元的有钱人，即使理财损失了家里财产的一半，也不致于影响其原有的生活，因此，越是没有钱的人越需要理财。那么，有钱人需要理财吗？回答是肯定的，有很多“百万财富付之东流”的案例，还通过观看“从千万富翁到街头艺人”的案例故事，启发学生富人更需要理好财。无论贫富，理财都应是伴随一个人一生的大事。

通过案例教学、体验教学法，让学生从观念上对个人理财有一个清晰的认识，生活中处处有理财，每个人都应有理财的意识，养成健康的理财习惯。并懂得理财是一个长期积累的过程，需要恒心和毅力；要参加理财实践，理好一生的财。理财的最终目的是让人生的每一个阶段的财务都是安全的，生活都是有保障的，生活品质都处在理想的状态。通过观念的引导，让学生有理财的想法，并决心学好以后的专业知识。

2. 从知识入手，让学生掌握适用的理财技巧。学生渴望理财，还要掌握一些理财技巧。每个人未来的财务状况并不是从步入社会开始第一份工作、领取第一份收入开始，而要从学生时代就应准备，学生时代要为将来的财务自由做好专业知识上的准备。个人理财涉及的知识面也很广泛，如储蓄、贷款、保险、证券、基金、信托等，在这么繁多的知识海洋中，如何让学生掌握有用的理财技巧呢？在教学中，重点让学生学到以下几方面的理财技巧。

（1）理财技巧之一，记收支账。记账看似不难，但要记好还要坚持下去就不是一件容易的事了。有些学生对这个理财招数不屑一顾，不认为记账中能学到理财技巧。我用一名大学生刚进大学总是入不敷出的案例引导学生：这名大学生刚到学校的几个月里，总要借钱才能渡过月末的几天，很是苦恼，于是她就把每天的收支记录下来，三个月过去了，她发现了问题所在，并找到解决问题的办法，外出兼职，解决了“开源”问题，并减去不必要的支出，做到合理“节流”，她开始不必再为每月末该向谁借钱而苦恼了。学生通过案例学习，的确认为记录自己的生活日记账，会发现很多问题，从中寻找解决方法，培养好的花钱习惯，同时让学生体会记账的好处有哪些呢？

（2）理财技巧之二，储蓄。对学生而言，要有自己的储蓄，不是一件容易的事，学生的钱是父母给的，他们是没有自己收入的，更不可能有结余来形成储蓄。但是在教学中，还是要让学生明白储蓄的深层含义，储蓄对个人理财有多么的重要呢？通过列举案例的方法，如“谁更富有？”的案例，让学生对这个问题产生兴趣；再列举出美国哈佛大学所教授的理财理念，让学生明白理财必须树立“先储蓄，后消费”的观念，有工资后，要把收入的30%储蓄之后，再安排消费，这才是正确的理财观念。有了正确的观念，还要养成正确的理财行为。

（3）理财技巧之三，“钱生钱”。要理财，光会攒钱是不够的，还要学会投资，要让“钱生钱”。台湾有俗语叫“人两脚，钱四脚。”意思是钱有四只脚，钱追钱比人追钱要快得多。有一对叔侄，钱进了叔叔的口袋就出不来了，但放进侄子的口袋就会不见了。因为叔叔赚的钱都存到银行，而侄子赚到钱都拿出来投资，几年后，侄子的钱远远多于叔叔。这说明一生能积累的钱，不是取决于你赚了多少钱，而是如何投资理财的。投资理财是在生活需求满足后进行的证券投资，把资产配置到股票、债券和基金等资产上的投资组合计划，证券投资可以带来高收益，当然对风险也要有一个充分的认识，控制风险并在实践的环节，让学生认识投资在个人理财的重要性。

3. 从实践入手，让学生养成良好的理财习惯。理财实践对学生学好理财更是重要的环节，实践是认知的升华，只有让学生动手实践，他们才能够更深地理解和掌握所学到的理财知识。在教学中，通过运用以下手段，完成了实践教学环节。

（1）学记日常收支账，让学生养成理财的良好习惯。课程开始就要求学生对自己日常生活的收支情况进行记录，每月末对支出进行分类汇总，如生活支出、用品支出、活动支出等，并随着课程的深入，逐渐教授学生对各类支出的合理性进行分析。还不断强调让学生在记账中不断体验记账有哪些好处？通过几个学期的教学，与学生共同总结出了记账的体验：记账可以让你成为一个很细心的人；可以让你成为一个做事严谨的人；可以让你在消费时变得很理智；可以让你养成精打细算的好习惯；可以让你善待生活中的很多事情；可以让你学会安排复杂的事务；可以让你学会管理自己，从而规范行为；可以改变你对生活的认识，进而改变生活态度；可以改变你对钱的认识，使用好每一分钱；可以改变你对理财的认识，有创造财富的想法。

（2）强制储蓄，培养对自己收支进行合理规划的能力。学生的储蓄能力极弱，但储蓄意识的培养却要不断加强，让学生首先懂得储蓄是所有理财计划的源头，一个人或家庭的所有理财目标是从储蓄开始的。教学中列举实例，让学生对储蓄有一个深刻的理解。假如一个人每月工资15000元，月末只剩下1000元；而另一人，每月工资只有8000元，但每月剩下3200元。10年后，谁更富有？学生是能分辨出的。富有的定义，并不是每月工资挣得多，而是每月“剩下多少”——剩下的才是财富。继而引伸著名的美国学府哈佛大学，在第一堂经济学课上只教两个概念，其中之一是：每月先储蓄30%的工资，剩下来才进行消费。哈佛人与一般人比，只有一点不一样：那就是“储蓄30%的工资是硬指标，剩下才消费”。每月储蓄的钱是这个月最重要的目标，只会超额完成，剩下的钱就越来越多。而一般人的做法是先花钱，能剩多少便储蓄多少，储蓄剩下的钱并不多。学生也能辨别出哪种做法更应提倡，他们欣然接受了我强制他们每周至少储蓄1元钱的提议，1元钱距离理财储蓄的目标甚远，但在这个过程中，学生慢慢确立了“先储蓄，后消费”的观念，对他们养成理财习惯是有帮助的。虽然我让他们有一点儿为难，但他们非常明白我让他们养成储蓄意识的心情有多么迫切，同样更明白这样做，对他们日后合理规划自己的收支是非常有意义的。

（3）模拟证券买卖操作，培养学生对风险的承受能力。利用广发证券网站模拟炒股平台，要求每个学生申请模拟买卖股票账户，一旦申请成功，每个账户中有模拟资金50万元。学生第一次体验到在自己的名下有这么多资金，从他们的一片欢呼声中，能听出他们忘乎所以的感叹。随后再教授学生买卖股票的一些技巧，如何对股票进行分析等，让学生自主申请买卖。学生总在问他买的股票能赚钱吗？亏损了怎么办？这种无法确定盈亏的结局，让他们坐立不安，学生开始对风险有了感触，虽然资金是虚拟的，盈亏也是不真实的，但学生们还是很在意，赢利的不免高兴一会儿，亏损的也难过一阵儿，他们心里有了对风险的体验，对他们以后是有好处的。学期结束，对每个账户的操作情况进行记录和讲评，让学生写一份模拟操作的体会，让每个人再次细细地体味一学期以来，在操作中的每一次成功和失利中蕴含着哪些值得汲取的经验教训，使学生对“钱生钱”的投资理财方式有一个基础的认识。

(4) 到金融机构实地观摩，让学生身临其境体验实际岗位的操作程序。利用到商业银行、保险公司等实地观摩和调研的机会，让学生了解课堂讲授的知识在实际的工作场景中将怎样运用；理财产品是如何运用到老百姓的理财生活中去的；同时学生也体会到理财是老百姓日常生活中很重要的组成部分，进而引伸到学生本人应该提早重视自己的理财课题，开始自己和家人的理财规划。观摩和调研的结果，让学生增强了信心，找到了发挥才能，施展作为的突破口，他们有了坚定的信念：理财是自己一生的事业。

主要参考资料

[1] 李小可：《银行业务综合实训》，华东师范大学出版社 2008 年版。

[2] 王宇：《银行结算业务》，机械工业出版社 2008 年版。

[3] 吴莹，张红梅：《银行柜面业务处理》，高等教育出版社 2007 年版。

[4] 徐菲，吴仲华，杨成长：《金融理财实务与规范》，上海人民出版社 2008 年版。

[5] 廖红，蒙丽容：《点钞与收银》，立信会计出版社 2008 年版。

[6] 王汝梅：《银行外汇业务》，机械工业出版社 2008 年版。

[7] 朱雯娜：《国际结算业务处理》，华东师范大学出版社 2008 年版。

[8] 韦雁玲：《银行结算业务处理》，高等教育出版社 2007 年版。

[8] 魏玲：《保险基础》（金融事务专业），高等教育出版社 2002 年版。

[9] 邓泽明，韩国春：《职业教育实训设计》，中国铁道出版社 2008 年版。

[10] 罗晓娟：《银行代理业务》，机械工业出版社 2001 年版。

[11] 蔡伟文：《银行中间业务处理》，华东师范大学出版社 2008 年版。

[12] 邓泽明：《职业分析手册》，煤炭工业出版社 1999 年版。

[13] 孙颖，郭福春：《银行卡业务》，中国金融出版社 2008 年版。

[14] 陈利荣：《金融基础》（金融事务专业），高等教育出版社 2008 年版。

[15] 周伟：《银行柜员业务》，机械工业出版社 2008 年版。

[17] 刘育锋："论职业教育教师标准"，《职业技术教育》，1998，9：21。

[18] 徐兆栋，郭昆玉："中外中等职业学校教师业务素质的比较分析"，《郑州铁路技术学院学报》，2001，13（3）：75—76。

[19] 姜春霄，林刚："'教学设计'培训策略研究——中小学教师教学设计能力现状的调查与思考"，《现代教育技术》，2007，17（2）：68—70。

[20] 朱新山，贺文瑾："我国职教师资队伍的现状分析及对策研究"，《江苏技术师范学院学报（职教通讯）》，1998，8：3—6。

[21] 赵新："关于中职学校'双师型'师资队伍建设的几点思考"，《珠海城市职业技术学院学报》，2007，13（1）：45—54。

[22] 闫丹芬，杨世民，傅强，冯变玲，陈有亮："中等职业学校药剂专业教师教学能力的调查分析"，《药学教育》，2009，25（1）。

[23] 孙颖，郭福春：《银行卡业务》，中国金融出版社 2008 年版。

[24] 章敏：《银行业务综合实训》，高等教育出版社 2007 年版。

[25] 马蔚华：《银行卡业务营销技巧》，清华大学出版社 2008 年版。

[26] 徐敬泽：《银行窗口服务礼仪》，鹭江出版社 2009 年版。

［27］吕福智：《纳税实务》，化学工业出版社2009年版。

［28］杨则文：《商业银行综合柜台业务》，中国财政经济出版社2009年版。

［29］丁俊峰：《商业银行业务实验教程》，中国金融出版社2006年版。

［30］钟云燕：《模拟银行实验》，上海财经大学出版社2008年版。

［31］朱传华：《企业与工商局、税务局、银行业务模拟实训教程》，清华大学出版社2008年版。

［32］武飞：《商业银行柜台业务》，中国人民大学出版社2009年版。

［33］苏昌蕾：《银行卡业务处理》，华东师范大学出版社2009年版。

［34］王鸿发，周芷梅：《银行客户服务理念与方法》，经济管理出版社2009年版。

［35］庄乐梅：《国际结算实务精要》，中国纺织出版社2008年版。

［36］叶陈云，叶陈刚：《国际结算》，复旦大学出版社2007年版。

［37］董瑞丽：《商业银行综合柜台业务》，中国金融出版社2008年版。

［38］李小可：《银行柜面业务处理》，华师大出版社2009年版。

［39］中国银行业从业人员资格认证办公室编：《个人理财》，中国金融出版社2008年版。

［40］建设银行网站，http：//www. ccb. com。

［41］谢怀筑：《个人理财》，中信出版社2006年版。

［42］杨老金：《助理理财规划师专业能力》（国家职业资格理财规划师考试指南），中国发展出版社2008年版。

［43］陈雨露：《助理理财规划师专业能力》（中国就业培训技术指导中心组织编写），中国财政经济出版社2007年版。

［44］杨老金：《理财规划师专业能力》（国家职业资格理财规划师考试指南），中国发展出版社2008年版。

［45］李心愉：《个人理财》，中国发展出版社2007年版。

［46］招商银行网站，http：//www. cmb. com。

［47］工商银行网站，http：//www. icbc. com。

［48］中国人民银行网站，http：//www. pbc. gov. cn。

［49］中国投资资讯网交易在线。

［50］人寿保险有限公司网站。

［51］财富之舟，fbc08. com。

［52］交通银行网站，http：//creditcard. bankcomm. com。

［53］中国证券报网站，http：//www. cs. com. cn。

［54］金融界信息网站，http：//www. jrj. com. cn。

［55］上海证券交易所网站，http：//www. sse. com. cn。

［56］深圳证券交易所网站，http：//www. szse. cn。